叢書・ウニベルシタス　1046

批評的差異

読むことの現代的修辞に関する試論集

バーバラ・ジョンソン
土田知則 訳

法政大学出版局

THE CRITICAL DIFFERENCE: Essays in the Contemporary Rhetoric of Reading
by Barbara Johnson

Japanese translation published by arrangement with
The Johns Hopkins University Press
through The English Agency (Japan) Ltd.

ボウリング・シューズの紐を上から通したいのか下から通したいのかと妻に尋ねられて、アーチー・バンカー〔Archie Bunker〕は “What's the difference?” という質問によって返答する。彼の妻は感嘆すべきほど単純な読み手であるため、上から通すことと下から通すことの違いを辛抱強く説明することで応じようとするが、違いが何であれ、夫の怒りを煽るばかりである。この場合、“What's the difference?” は違いを尋ねているのではなく、「どう違おうとかまうものか」を意味している。同一の文法的パターンが相互に排他的な二つの意味を生み出しているのだ。字義的な意味は概念（差異）を求めているが、その存在は比喩的な意味によって否定されてしまう。ボウリング・シューズの話であるかぎり、結果はさほど深刻ではない。不快を感じているとはいえ、起源の権威（むろん、正しい起源でなければならないが）の大いなる信奉者アーチー・バンカーは、字義的な意味と比喩的な意味が衝突し合う世界の中で何とかお茶を濁しているからだ。だが、ここで “What's the difference?” と問うのが「バンカー〔Bunker〕」ではなく、否定する人〔*de*-bunker〕であり、起源〔arche〕（origin）の “de-bunker” ——例えばニーチェやジャック・デリダのような “archie De-bunker” ——だとしてみよう。彼の文法からは、彼が「実際に」、「どんな」差異を知りたがっているのか、あるいはそんなものは見出そうとさえすべきではないと言っているのかが分からないのである。文法と修辞の差異という問題に直面するとき、文法はわれわれに質問を発することを許すが、われわれが質問を発するために用いる文は、まさに質問の可能性そのものを否定してしまうかもしれない。つまり、私はその点を問いただしたいのだが、ある質問が問うているのか問うていないのかを明確に決定することさえできないなら、質問を発することはそもそも何の役に立つというのだろうか。

ポール・ド・マン『読むことのアレゴリー』

目次

凡例

・本書で用いた記号類は以下のことを示す。

傍点　原文でイタリック体にして強調されている箇所。

（　）原文で（　）が用いられている箇所。

［　］原文で［　］が用いられている箇所。著者が原語を補う際、（　）中にさらに（　）が入る場合に用いていることが多い。

〈　〉原文において冒頭が大文字で始められて強調されている語句。

〔　〕訳者による補足。原文を補足的に表示する場合のほか、著者が表示していない文献の箇所の指示を行う場合や、内容上の説明を補う場合にも用いた。

・各章の注で示される文献の書誌情報については、原書の誤りを訂したほか、情報を付加した場合がある（これらはいちいち注記しなかった）。邦訳があるものは書誌情報および該当頁を併記した。

・引用に際しては、邦訳のあるものは参照したが、訳文の文責は訳者にある。

緒言

Difference　1 似ていない、同じでない、別である、ということの条件あるいは程度。相違・不同〔disparity〕、異形・変体〔variation〕。2 種に関する相違点あるいは非類似点。異形・変体の一つ。3【古体】際立った特徴あるいは特異性。4 不同意、論争、仲違い。5 識別、区別。6【数学】(a) ある数量と別の数量の大小を決する数量。(b) ある数量を別の数量から減じたあとに残る数量。「剰余」とも呼ばれる。(さまざまな方向に運ぶ、という意味のラテン語 *differre* (*dis*〔ばらばらに〕+ *ferre*〔運ぶ〕より)。

Critical　1 厳しく判断する傾向にある。痛烈に批判したがる。2 綿密で正確な評価・判断を特徴とする。3 批評家や批評に関する、または、それらを特徴づける。4 危機を生じさせる、あるいは、危機の性質を帯びた。難儀な・決定的な

〔crucial〕。 5 危険・危難に満ちた。危険な〔perilous〕（「決定的な」という意味のラテン語 *criticus*, ギリシア語の *kritikos*〔識別できる、批評眼のある〕、*kritos*〔分離された、選ばれた〕、*krinein*〔分離する、選択する〕より）。

『アメリカン・ヘリテッジ英語辞典』

ここで問題にする「差異〔difference〕」とは、はたしてどんなものであるのか？

この問いに接近するには、たぶん、私が右に引いた二つの定義の関係をたどってみればよいだろう。一方で、一見異なると思える二つの言葉 *critical* と *difference* は驚くほどよく似ている。両者の意味はともに識別という無私公平な作用（「区別」、「綿密で正確な評価」）から、非難という論争的ないしは好戦的な作用（「不同意もしくは仲違い」、「厳しく判断する、批判する」）にまで及んでいる。両者は危機の火急性、あるいは分類の平穏性を帯びることも可能だし、また、同じことを意味する言葉——「ばらばらに運ぶ」、「分離する」——に由来してもいる。換言するなら、*difference* と *critical* の違いは、われわれがこれまで考えようとしてきたほど明晰判明ではないということだ。

他方、それぞれの定義内でも、ギリシア・ラテン語根からの歴史的漂流を通じ、二つの言葉の内に、それらをみずからと異なるものにしてしまうような一連の意味領域が開かれている。二つの言葉はいずれも、動的で衝突的な対立、もしくは静的で記述的な区別を名指すことができる。また、どちらも、分裂という事実、抗争〔differends〕という性質の双方に関わることが可能なのだ。

したがって、差異の問題は分離可能性〔separability〕に関わる不確かさ、および同一性〔identity〕内部の漂いとして捉えることができる。そして、結局のところ、何かが与えているものが記述〔description〕なのか不同意〔disagreement〕なのか、情報〔information〕なのか批判〔censure〕なのかを知ることができないということこそが、おそらくあらゆるものの中で最も問題含み〔problematic〕で難儀な〔critical〕差異なのだ。というのも、まさに差異の性質の内にこそ、差異がみずからの性質に関わる不確かさだけでなく、ほかならぬその増殖の危険性あるいは有用性に関わる不確かさを生み出すものがあるからだ。しばしば最も根本的な不同意〔意見の食い違い〕が表明されるのは、その不同意は事実の複雑さから生じるのか、はたまた力のはずみから生じるのか、ということである。

この書物に収められた論考は、こうしたタイプの「差異〔difference〕」が読む行為〔the act of reading〕を構造化したり切り崩したりする際の問題にともに焦点を合わせている。だが、すでに明らかなように、二つの言葉 *difference* と *reading* の意味を疑問の余地なしとすることはできない。それらは、それぞれの論考において、テクスト方程式の中の二つの未知数のように機能していて、この方程式の解決不可能性は、それ〔方程式〕にそなわるさらなるテクスチュアリティの創生力としか折り合えない。

どの論考でも、テクストや、そのテクストに対するこれまでの読み方が差異のネットワークを形成し、そこに読者が理解という約束を抱いたまま誘い込まれていく、という事態が目撃されることになる。ここで取り扱われる主な対立は以下のとおりである。男性／女性、文学／批評（第一章）、セクシュアリティ／テクスチュアリティ（第二章）、散文／韻文、オリジナル／反復（第三章）、詩／理論、行為遂行的／事実確認的、言及／自己‐言及（第四章）、明瞭／不明瞭、科学／文学、統辞論／意味論（第五章）、純真／

皮肉、殺人／過失、犯罪者／犠牲者／裁定者（第六章）、そして最後は、文学／精神分析／哲学、および、これにともなうあらゆる二項および三項対立。また、差異が解釈に介入する方法にこうした数方程式を適用できるのか、という議論も含まれることになるだろう（第七章）。

ここでの読み〔reading〕は、さまざまな差異を、完全に同定あるいは除去できない別の差異を介して同定・除去する、という手続きにより進められていく。しばしば出発点になるのは二項的な差異だが、そうした差異はさらに把捉困難な差異の働きが生み出す幻想であることがたちどころに明らかにされる。実体間の差異（散文と韻文、男性と女性、文学と理論、有罪と無罪）は、ある実体がみずからと一致しないこと、すなわち実体内の差異を抑圧することに依拠していることが確認される。だが、あるテクストがみずからと一致しないという事態は決して単純なものではない。つまり、そこには何らかの厳密で矛盾めいた論理が存在し、その効果をある点までは読むことができる、ということだ。したがって、二項対立の「脱構築」は、あらゆる価値や差異を無効にすることではない。それは、二項対立という幻想内ですでに立ち働いている微妙で強力な差異の効果を追跡しようとする試みなのだ。例えば、書き直された韻文詩と二項対立の関係にあるボードレールの散文詩は、この散文詩がそうであったと思われるものとはすでに一致しなくなっていることを明らかにしてくれる。しかしながら、二項対立がこの本の中でたとえこうした批評的な鴨〔fall guy〕の役回りを負っているとしても、それは二項対立が是が非でも乗り越えようと努力しなければならないものだからではない。「乗り越える」という衝動そのものが、自身と自身が乗り越えようとするものの二項対立によって構造化されているのだ。決して、批評用語から二項対立を排除するなどということではない。確認できるのは、二項的な差異は人が考えているようには機能しない、ということ、そして、批評的な物語〔the critical narrative〕の中で二項的な差異に降りかかると思われるある種の転覆は、二項的な差異よりも論理的に先行しており、まさにその差異の構築に必要である、ということだけなのだ。差異はいかなる主体の支配をも超えて働き戯れる〔*plays*〕かぎり、一つの作用＝作動〔*work*〕形式である。つまり、差異なしには、いかなる主体も決して構成されえないだろう。

「差延〔La différance〕」と題された論考で、ジャック・デリダは差異の空間的な力学と時間的な力学の分離不可能性を強調している。彼は *a* という文字を用いて *différance* という新たな用語を造ることで、フランス語の動詞 *différer* にそなわる二つの意味——異なる〔differ〕および延期する〔defer, postpone〕——を合体させ、現前・同一性・意識という幻想を生み出すもの、およびそれを転覆するものを、この一つの用語によって指示している。

> 差延が生じさせる事態とは、現前性の舞台に現れる、「現前的＝現在的」と言われる各要素が、それ自体とは別のものと関係をもつことで意味作用の運動が可能になる、ということである……現在が現在自体であるためには、ある間隔が現在を現在でないものから分離しなければならない。しかし、現在を現在として構成するこの間隔は、同時にまた、現在を現在それ自体において分裂させなければならず、かくして、……現在を基点にして思考可能ないっさいのもの……、とりわけ「実体」ないしは「主体＝主観」をも分割しなければならない。(1)

このデリダからの引用が明示するように、本書は、現代のいわゆる脱構築的批評理論によって提示された諸問題に正面から立ち向かおうとする一読者の苦闘の記録でもある。差異はもちろん、理論それ自体の言説内でも作動している。実際のところ、われわれにそのことを気づかせてくれたのはまさしく現代の理論なのだ。したがって、ここで示される理論的な見解は、文学的な構造を把捉する際に利用される道具のようなものではない。まったく逆に、理論的な道具は、文学との接触を通じ、まさに利用者の手の中で変化し分解するかぎり、有効なのだ。ここでの理論はしばしば引き立て役〔straight man〕であり、文学は、まさにこの引き立て役の心許ない実直さ、隠された笑い癖、熱情、情念を、どういうわけかすでに予見している。というのも、文学はみずからの誤読様態を上演し、理論の核心にある文学性を明らかにし、理解という理論的企ての効果を予測不可能にするからである。とはいえ、理論をそれ自体の言説によって修辞的に転覆することは、理論が効果を生み出すことを妨げない。それどころか、ほかならぬ、理論が標的を逸するという事態こそが、どこか別のところに、計り知れないほどの興味深い効果を生じさせるのだ[2]。

　本書全般にわたって関心の対象になるものがもしあるとすれば、それはおそらく、文学ないしは理論の内で未知のものが立ち働いている、ということの重要性である。未知のものとは断じて否定的＝消極的な要因あるいは不在の因子ではなく、往々にして、意味の展開の背後にある不可視の誘導力なのだ。無知、盲目、不確実、誤読といったものの力は、恐るべきものとして認識されていないだけに、しばしば、いっそう恐るべきものになる。文学は未知のものに最も余念のない言説だと、私には思えるのだが、こうした言い方は、通常の理解とはいささか意味を異にしている。「未知のもの」とは知識の限界を超えたもの、われわれが空しく焦がれる到達不可能な点、言語を絶する神聖不可侵の場といったものではない。それはむしろ、X（未知数）が代数方程式の連関を可能にするのと同じやり方でわれわれの生を構造化している、見落としや失錯の内に潜んでいる。文学がしばしばわれわれに語っていると思えるのは、未知のものが未知のものとして見られていない、という事態がもたらすさまざまな帰結である。結局、あなたがたを損なう可能性がある――あるいは、ない――のは、あなたがたが知らないものではない。「われわれが生と呼ぶあの永遠の過ち」を紡ぎ出し、もつれさせるのは、それを知らないということを、あなたが知らないものなのだ。

原注

（1） Jacques Derrida, "La différance", Michel Foucault, Roland Barthes, Jacques Derrida, etc., *Théorie d'Ensemble* (Paris: Seuil, 1968), pp. 51-52〔ジャック・デリダ「差延」、『哲学の余白』上巻、高橋允昭・藤本一勇訳、法政大学出版局、二〇〇七年、五一頁〕.

（2） 理論がその標的を逸するという意味深い事態と、それによって生み出される効果の重大な豊饒さを忍耐強く適切に分析したものとしては、（オースティンの言語行為理論について論じた）次の著作を参照せよ。Shoshana Felman, *Le scandale du corps parlant: Don Juan avec Austin, ou la séduction en deux langues* (Paris: Seuil, 1980)〔ショシャナ・フェルマン『語る身体のスキャンダル——ドン・ジュアンとオースティン、あるいは、二言語による誘惑』立川健二訳、勁草書房、一九九一年〕.

第一部　セクシュアリティと差異

1 批評的差異

BartheS/BalZac
バルト／バルザック

文学批評なるものは、おおかた再読の術と呼ぶことが可能である。そこで、まずはロラン・バルトが『S／Z』で示した再読についての見解を引用することから始めたいと思う。

> 再読は、物語が一度消費（「貪り読み」）されたら、他の物語に移り、他の本を買うように、それを「投げ捨てる」ことを勧める、現代社会の商業的・イデオロギー的慣習に反した操作であり、ある周縁的なカテゴリーに属する読者たち（子供、老人、教師）にしか許されていないが、ここ〔本書〕では再読が間髪を容れず推奨されている。なぜなら、それだけがテクストを反復から救うからである（再読を軽んじる人は、至る所で同じ物語を読むよう強いられる）。(1)（強調はジョンソン）

この逆説的な言明は何を示唆しているのか。まず示唆されているのは、一回だけの読みは既読のものによって構成されている、ということ、われわれがテクストの中に初めて見るもの、それはテクストではなく、すでにわれわれの中にある、ということだ。つまり、われわれ自身が一つのステレオタイプ、既読のテクストである以上、それはわれわれの中にあり、既読のものが、テクストと読者が共有しなければ読みうるもの〔readable（lisible）〕にならない、あのテクストの相を指し示す場合にかぎり、それはテクストの中にある、ということになる。別言するなら、テクストを一度読む時、そこに見ることができるのは、すでに以前、見ることを習い覚えてしまったものだけだ。

　次に、再読しない人は、至る所で同じ物語を読まなければならない、という言明は、同じ〔*same*〕、違う〔*different*〕という語の通常特性を反転させることを意味している。ここでは、違う物語の消費が同じものの反復と同等視され、同じものの再読が、バルトの言う「テクストの差異」を生み出しているのだ。ソシュール言語学およびニーチェ的な哲学伝統――とりわけジャック・デリダの仕事――によって評価されてきた差異という批評概念は、脱構築批評と称されるものの実践にとってきわめて重要である。したがって、ここではそれが含意するものとその作用のいくつかを精査してみたい。

　ある意味で、批評的差異を生じさせることは、しかるべき批評すべての目標と言えるだろう。批評〔*criticism*〕という言葉はまさに、「分離する、あるいは選択する」、すなわち差異を生み出す〔differentiate〕ことを意味するギリシア語の動詞 *krinein* に由来している。批評家はテクスト間の差異を見積もるための基準を確立しようとするだけではなく、自身が読むそれぞれのテクスト内に無類に異なる何かを読み取り、そうすることで、他の批評家たちとは異なる自身の独自な差異を確立しようとするのだ。しかし、バルトがテクストの差異について語る時に意図していることはそれとはかなり異なっている。『S／Z』の最初の頁で彼はこう書いている。

こうした差異はもちろん、(文学的創造という神話的な視点に応じるような) 何らかの満ち足りた確たる特性などではない。それは各テクストの個別性を示し、それに名を与え、署名し、花押し、それを完結させるものではない。それは逆に、止まることなく、無限のテクスト・言語活動・体系と連動する差異、すなわち、それぞれのテクストがその回帰であるような差異なのだ。(p.9／五頁)

別言するなら、テクストの差異とはその唯一性、それ独自の同一性ではない。テクストがそれ自体と異なっていくという事態なのだ。そして、こうした差異は再読の行為においてしか感知されない。フロイトの表現を用いるなら、テクストの意味するエネルギーが反復のプロセスを通じて解き放たれるという事態だが、ここでの反復は同じものの回帰ではなく、違うものの回帰を意味している。換言するなら、差異は一つの同一性を別の同一性と区別するものではない。それはあいだの (あるいは、少なくとも別個の単位間の) 差異ではなく、内部の差異なのだ。テクストの唯一的な同一性を構成するどころか、まさに同一性という概念を転覆するもの、テクストの諸部分や意味を総計し、総体的・統合的な全体に達する可能性を無限に繰り延べるものなのである。

ルソーの『告白』を瞬時参照することで、こうした概念をさらに詳しく説明してみよう。冒頭にあるルソー自身についての言明は、紛れもなく差異の肯定である。「私は自分が見てきたどの人のようにも作られてはいない。現に存在するどの人のようにも作られてはいない、とあえて信じている。優れていないとしても、少なくとも別の人間である」[1]。つまり、これは唯一性、すなわち、ルソーと他の世人すべてとの差異を明白に主張する言明として読むことができる。これはこの書物を支える誇りなのだ。だが、こうした自己の唯一性はいったいどこに存在するのか。それはまもなく明らかになる。「私はあまりにも自分自身に似ていないので、まったく反対の性格の人間と間違えられる時がある」[2]。「どのような形によってかは分からないが、ほとんど相容れない二つのものが私の中で結合している」[3]。別言するなら、自己と他者の差異を語るこの話は、不可避的にそれ自体との架橋不可能な差異を語る話になる、ということだ。差異は同一性間の空間に生み出されるのではない。それは自己同一性の総体化やテクストの意味の総体化をすべて不可能にするのだ。

　脱構築批評のプロセスを特徴づけるのはこうした形のテクスト的差異である。だが、脱構築〔*deconstruction*〕は破壊〔*destruction*〕と同義ではない。実は、語源的には「外す・解く〔undo〕」——「脱-構築〔de-construct〕」の実質的同義語——を意味する分析〔*analysis*〕という語の原義にはるかに近い。テクストの脱-構築はむやみな疑いや恣意的な転覆によってではなく、テクスト自体の内で競合する意味作用の力を注意深く丹念に引き出すことによって遂行されるのだ。脱構築的な読みにおいてもし何かが破壊されるとしたら、それはテクストではなく、一つの意味表明のあり方を別の意味表明のあり方に有無を言わさず優先させようとする主張である。脱構築的な読みとは、テクスト自体の内に生じる批評的差異の特異性を分析する読みなのだ。

　ここではバルトの『S／Z』を介して、この批評的差異という問題に接近することにした。理由は三つある。

　一、バルトが差異というパラダイムに明確に依拠する批評的価値評価システムを打ち出すことで、フランス現代理論思想の最も早生で影響力のある、さらには、最も明晰で強力な統合の一つを成し遂げたこと。

二、バルトが『S／Z』で分析対象に選んだバルザックの物語自体が、ある意味で差異の研究——性的差異という問題に関わる転覆的で壊乱的な記述——であること。

三、バルトとバルザックの遭遇は、一方で理論と実践間の、また他方で批評と文学間の批評的差異と関係しているかもしれない、ということ。

まずは、バルトが彼の価値評価システムのあらましを述べるやり方を思い出しておこう。

> われわれの価値評価は一つの実践としか結びつけることができないが、その実践とはエクリチュールの実践である。一方に書きうるものがあり、もう一方にはもはや書きえないものがある。……価値評価が見出すのは以下のような価値である。つまり、今日書かれうる（再度書かれうる）もの、すなわち書きうるもの［le *scriptible*］である。書きうるものがなぜわれわれの価値なのか。なぜならば、文学的労働（労働としての文学）の目的は、読者をもはやテクストの消費者ではなく、生産者にすることだからだ。……したがって、書きうるテクストに対して、その反価値、否定的・反動的価値が定立される。書かれうるものではなく、読まれうるもの、すなわち読みうるもの［le *lisible*］である。われわれは読みうるテクストすべてを古典的と呼ぶ。（p. 10／六頁）

このように、ここにはバルトがテクストを価値評価するための手段として掲げる枢要な二項性がある。すなわち、読みうるもの対書きうるもの、という二項性である。読みうるものは読者によって消費される生産物と定義される。書きうるものは生産のプロセスであり、読者はそこで生産者になる。つまり、それは

「書いているわれわれ自身」なのだ。読みうるものは表象への考慮に縛られる。それは逆転不可能・「自然」・決定可能・連続的・総体化可能であり、シニフィエに基づく一つの統一ある全体に統合されている。書きうるものは無限に複数的であり、表象的な考慮に縛られることなく、シニフィアンや差異の自由な戯れに開かれている。そして、決定可能な意味、統一化・総体化された意味への欲望をことごとく侵犯する。

こうした価値評価システムによって、バルトは書きうるものの曖昧さをそなえたジョイスやマラルメなどの作品に見られる果てなき複数性の戯れを称揚する。われわれは当然そう期待するだろう。しかし、そうではない。彼は、自身が主張するように、読みうる作家の最たる一人、バルザックに目を向けるのだ。いったいなぜ、バルトはバルザックについて語ろうとするのか。バルトはそうした疑問と向かい合うことを巧妙に回避している。だが、おそらく、バルトがバルザックを選ぶまさにこのやり方は、彼の価値評価システムから論理的に帰結するものではない。つまり、こうした方法を採用するバルトは、どういうわけか、自分自身と異なっているのだ。これは、われわれがここで分析しなければならない批評的差異をさらけ出している。

バルザックのテクストは外見上、バルトにとって否定的な階層側、すなわち、読みうるものの側を代表するものと見えるが、このテクストに対するバルトの取り扱いはすべてが肯定的な側、すなわち、書きうるものの側の特徴を明らかにしているように思われる。何よりもまず、われわれはバルトのテクストの複数性に驚かずにはいられない。数々の種類の印字サイズ、「計画的な脱線の使用」、冒頭に置かれたジロデ〔アンヌ＝ルイ・ジロデ＝トリオゾン、一七六七—一八二四年。フランスの画家〕作『エンデュミオン』の複製から、本書の内容を異なる形式で反復する四つ〔実際は三つ〕の付録に至るまでの、連続的に配された、同一ながらも異なる物語の、重ね合わせ可能な変奏。これに見合う独特な読みの技巧もまた、断片化や複数化の要求に応じて、テクストを「虐待して」いる。

> われわれが追求しているのは、一つのエクリチュール（ここでは、古典的な読みうるエクリチュールということになるだろう）の立体投影画法的な空間を素描することである。したがって、複数的なものを肯定することに依拠する注釈は、テクストを「尊重」しながらは作業できない。原テクスト〔le texte tuteur〕は、自然な分割を何ら考慮されることなく絶えず破壊され、中断されるだろう。……注釈の作業は、総体性というあらゆるイデオロギーから脱するや否や、まさにテクストを虐待し〔*malmener*〕、その言葉を遮る〔*couper la parole*〕ことになるのだ。しかしながら、否定されているのはテクストの質（ここでは、比類のない〔質〕）ではなく、その「自然さ」である。(pp. 21-22／一八頁)

バルトは続いて、物語（『S／Z』）を通時的に、レクシ〔*lexies*〕と呼ばれる五六一の断片、そして共時的に、いわゆる五つの声〔voix〕ないしはコード〔codes〕に分割し、このテクストを「多数の出入口」をもつ「複雑なネットワーク」へと変形させる。

こうした切断やコードの目的は、読者の取り入れ口を複数化し、テクストを整然とした意味の広大な集合体に仕立て直そうとする読者の欲望に抵抗を生じさせることである。「もしも一つのテクストにそなわる複数的なものに注意深くあろうとするなら……、古典的な修辞学や学校での説明がしてきたようなやり方で、このテクストを大きな集合体によって構造化することを断念しなければならない。つまり、テクストの構築など存在しないのだ」(p. 18／一五頁)。テクストを可能なかぎり不均質・不連続なものとして据え置くこと、メッセージを支配し、テクストを一つの究極的な意味に無理やり還元しようとする企ての抑圧を回避すること。バルトはそうした形で、最大限の分解的暴力と最小限の統合的暴力を行使しているのだ。ここで問われるべき問題は、断片化されたシニフィアンへの「反‐構築主義的」（「脱‐構築的」に対するものとしての）な忠誠が、バルザックのテクストの機能的な複数性を首尾よく暴き出しているのかどうか、あるいは、バルトがこのテクストの再整理・再構築を拒絶することで、結局は、テクスト的な差異のある体系的なレヴェルまでもが失われ、均されてしまっているのではないか、ということである。

それでは、バルザックの『サラジーヌ』自体に目を向けてみよう。この物語は二つの部分に分かれている。語りの物語と物語の語りである。最初の部分では、語り手が美しい侯爵夫人に第二の部分を物語ることで彼女を誘惑しようとする。つまり、物語的な知識と官能的な知識を交換しようというわけだ。夫人はパーティに現れた謎めいた老人の秘密を、そして語り手は夫人のことを知りたいと思う。つまり、バルトが指摘するように、物語を語ることは無垢で中立的な行為ではなく、むしろ取り引きの一部、誘惑の行為なのだ。だが、ここでの取り引きは維持されない。失敗に終わるのだ。夫人が手にした知識は、彼女の屈服をもたらすどころか、それを遠ざけてしまう。実際、彼女が最後に漏らすのは、「誰も私のことを知ることはないでしょうね」という言葉である。

この取り引きを失敗に導く鍵が、それを果たすために用いられる物語の内容にあることは明らかである。この物語はオペラ歌手ラ・ザンビネッラに対する彫刻家サラジーヌの熱情を語るものだが、根底にあるのは知識ではなく無知である。つまり、この彫刻家はオペラの舞台でソプラノ・パートを演じるとき、女性の代わりに去勢された男性を使うというイタリアの慣習を知らないのだ。ラ・ザンビネッラに、一人の人間の内に初めて実現された完璧な女性の身体、生気ある本物のピュグマリオン像を見ていた彫刻家は、この女性的完璧さのイメージが、文字どおりナイフによって、石にではなく、まさに肉そのものに刻まれたものであることを理解する。愛のために死ぬ、とみずから宣言していた彫刻家は、そのとおりの最期を迎えることになる。ラ・ザンビネッラの護衛に殺害されるのだ。

この浅ましくも些細な話は、いったいどういうわけで、完遂が目論まれた取り引きを覆すことになるのか。これに対するバルトの応えは明快である。「去勢は伝染する」(p. 73／七八頁)、「彼女は語られたばかりの去勢に感染し、語り手を去勢に引きずり込むのだ」(p. 43／四二頁)。

この誘惑と去勢の物語に関して興味深いのは、それがバルト自身の批評的な価値評価システムに図らずも反映されていることである。というのも、「原テクストは、自然な分割を何ら考慮されることなく絶えず破壊され、中断されるだろう」と予告する時、バルトは、自身が「総体性というイデオロギー」と呼ぶものに対し、去勢のようなものを暗黙裡に特権視してはいないだろうか。「テクストが一つの形式に従うとしても」と、彼は書いている。「その形式は統一的……、最終的なものではない。それは断片、切れ端、断ち切られたり掻き消されたりしたネットワークである」(p. 27／二四頁)。ありていに言うなら、理想的な女性対去勢歌手というバルザックの対比は、読みうるもの対書きうるものというバルトのそれと、隠喩的に同一化可能なものとして読めるのではないだろうか。読みうるものと同じく、サラジーヌが抱く惑されたラ・ザンビネッラ像は、完璧な統一性や全体性を賛美するものにほかならない。


彼はこの瞬間、理想美に見とれていました。彼はそれまで、自然におけるこの理想美の完璧さをあちこちに探し求め、概して見栄えのしないモデルには完成された脚の丸みを、他のモデルには胸の線を、かのモデルには白い肩を求め、挙げ句の果てには、ある少女からは頸を、この婦人からは手を、あの子供からはつるつるの膝を寄せ集めましたが、パリの寒空の下では、古代ギリシアの豊かで心地よい創造物には一度も巡り会えませんでした。ラ・ザンビネッラは、彼があれほど熱烈に欲し求めた女性モデルのえも言われぬ均整を一身に集め、生き生きと繊細に、彼に示していたのです。(p. 243／二七六頁、強調はジョンソン)

しかし、書きうるテクストと同様、実際のラ・ザンビネッラは断片的かつ不自然であり、性的にも決定不可能な存在である。ソプラノ歌手が読みうるものと同じく「貪られる」生産物であるなら(「サラジーヌは、彼のために台座から降りてきたピュグマリオンを貪るように見つめていました」[p. 243／二七六頁])、去勢は書きうるものと同様、生産のプロセスであり、活発で暴力的な非決定なのである。ソプラノ歌手の登場は、まさに「女性」のシニフィエとしての本質を具現化していると思われる(「それは女性そのものでした……」[p. 252／二八七頁])。他方、去勢歌手の実態は、書きうるテクストと同様、究極的なシニフィエをもたない、つまり、テクストが「心」と呼ぶものを奪われた、単なるシニフィアンの戯れにすぎない。「私には心がないの」とラ・ザンビネッラは言う。「あなたが私をご覧になったあの舞台が……私の生活なのよ。他に生活はないわ」(p. 252／二八六頁)。

つまり、ここには、バルトがなぜこのテクストを選んだのかという問いに対する最初の答えがある。このテクストは、彼の提示する読みうるものと書きうるものの対立を基礎づける統一性と断片性との対立、理想化されたシニフィエと空虚で不連続なシニフィアンの戯れとの対立を腹蔵なくテーマ化しているのだ。要するに、バルトが転覆しようと試みる伝統的な価値評価システムは、彼が分析するテクストの内部ですでに入念に策定されている、ということである。しかしながら、三つの疑問がただちに提起されるだろう。

(一)バルザックの物語は、バルトがそれに割り当てた読みうるものという価値評価をはたして明白に是認しているであろうか？　㈡バルザックは理想美を失われた楽園、そして去勢を恐ろしい悲劇とみなしているだけではないだろうか？　㈢バルトが総体性のイデオロギーの虚妄を暴こうとしていることが確かであり、彼の批評的戦略が去勢に積極的な価値を暗黙のうちに付与しているとしたら、なぜバルザックのテクストに対する彼の分析は去勢を相変わらず額面どおりに、すなわち、純然たる破滅的恐怖として捉えているように見えてしまうのか？

これらの問いに答えるために、バルザックの物語に別のまなざしを向けてみよう。バルトが繰り返しそうしているように、去勢を物語の究極的な解明、サラジーヌの悲劇の決定的な理由とみなすことは、この物語を多少ともサラジーヌの視点から読むことを意味している。つまり、テクストを複数化するというバルトの試み自体が、事実上、彼の視野を狭めているのだ。いかに「不敬に」物語を切断、あるいは虐待しても、彼の読みはおおむねシニフィアンの線状性、すなわち、去勢の真実をサラジーヌや読者に連続的に解明していくことに頼り続けている。だが、サラジーヌの無知は単なる知識の欠如にとどまるものではない。それは、彼が身に受けている不正への、さらには、彼もまた他者になしているかもしれぬ不正への、盲目でもあるのだ。このことが意味しているのは、バルザックの物語は去勢歌手たちへの残虐防止を訴えているのではなく、このカップルが合一に失敗する理由は、おそらく、去勢という字義的な事実だけに帰せられるものではない、ということである。では、サラジーヌの情念の特質をさらに厳密に検討してみることにしよう。

ラ・ザンビネッラを最初に見た時、サラジーヌは絶叫する。「彼女に愛されるか、死ぬかだ！」（p. 243／二七七頁）　この二者択一は情念のエネルギーすべてを客体であるラ・ザンビネッラではなく、主体であるサラジーヌに向けている。愛されるか、死ぬか。欲望される客体として存在するか、まったく存在しないか。つまり、ここで問題とされているのは二人の人間の結合ではなく、一人の人間のナルシスティックな覚醒なのだ。ラ・ザンビネッラを見ることとは、サラジーヌが自身を愛の客体として初めて体験することにほかならない。彫像のように完璧なイメージによって、サラジーヌはまさしく自分自身と恋に落ちる。バルザックの虚構上の語り手はサラジーヌの情念のナルシスティックな性質を明らかにすると同時に、そうした性質を自身と郷愁的に結びつけながら、次のように形容している。「こうした愛の黄金時代。その間、われわれは……ほとんど自分自身だけで幸福なのである」（p. 245／二七八頁）。サラジーヌは、ラ・ザンビネッラのことを自身の彫刻家としての想像力が生み出したものと考え、それで満足している（「それは一人の女性以上のものでした。それは傑作でした！」[p. 243／二七六頁]）。そして、彼女が実際誰なのかを追求しようとはしない（「すぐに行動を起こさなければ、と気づき始めた時……、つまり、彼女に会って話しかける手段について考えていると、彼の胸は野心的な考えですっかり一杯になってしまい、そうした手立てを翌日に延ばしてしまうのでした。彼には肉体的な苦痛も知的な快楽も同じように楽しかったのです」[p. 245／二七九頁]）。とうとう愛する人と直面せざるをえなくなった時、彫刻家が彼女の内に読み取るのは、自身の男性性の証――彼女は理想的な女性である。ゆえに、彼は理想的な男性である――でしかない。コルク栓のはじける音に驚き、身を震わせるラ・ザンビネッラを見た時、サラジーヌは彼女のか弱さに魅了され、こう言う。「私の力［puissance］を楯のようにお使いください」（p. 249／二八二頁）。このように、ラ・ザンビネッラのか弱さは、サラジーヌの力の逆さまの鏡像なのだ。こうしたナルシスティックなシステムにおいては、性差は対称性に基づいている。つまり、サラジーヌが実際に愛しているのは、まさに去勢歌手、すなわち、彼自身が自分は所有していると考えているものの欠如したイメージなのだ。サラジーヌが自分は強い女性は愛せないだろう、と言う時、彼が事実上口にしているのは、自分と対称的に対立しない者、自分ラ・ザンビネッラ的な対称的対立者でもない」（同、二八四頁）。「サラジーヌにとって、ラ・ザンビネッラが本当の女性だったとしても、サラジーヌの愛は彼女を真正な他者として扱うことを拒絶するものとなっていただろう。実際、このタイプのナルシシズムは去勢と同じく物語中に感染している。例えば、語り手自身の情念に潜在するナルシスティックな妄想に気づいた侯爵夫人は、彼を究極的に拒絶する理由の一つを皮肉たっぷりにほのめかしながら、こう言い放っている。「まあ！　あなたは私をお好みどおりの女に仕立てていらっしゃるのね。おかしな暴君ね。あなたは私が私でなければいいのでしょう」（p. 238／二七一頁）。

　サラジーヌは他者としての他者に耳を傾けることができない。それは、ラ・ザンビネッラが一連の曖昧な言葉によって真実をほのめかし、（愛のためにすべてを犠牲にするというサラジーヌの申し出に対して）「私が女でないとしたら？」という究極の問いを発しても何ら変わることはない。サラジーヌはそれに対し、こう叫ぶのだ。「結構な冗談だ！　芸術家の目をごまかせると思っているのですか」（p. 252／二八六頁）。このように、サラジーヌの力はラ・ザンビネッラのための楯ではなく、彼女に対する楯になっている。彼はラ・ザンビネッラを彼自身の対称的な対立者として創造し、その彼女をとおして自身だけを愛しているのだ。真実の暴露が致命的なのはそのためである。去勢歌手は性差の外部にいると同時に、その欺瞞的な対称性を文字どおり表象している。彼はそれを果たすことで、対称的・二項的な差異への欲望を転覆しているのだ。彼はサラジーヌを活気づかせる男性性が去勢に基づくことを暴露することで、それを粉々に破壊する。だが、自身がそうして去勢され、自身の紛れもない鏡像を目にしていることに気づいても、サラジーヌは何よりもまず、自分が愛することができなかったという事実に対し、依然盲目のままである。彼の愛は最初から他者の抹殺・去勢なのだ。

したがって、サラジーヌの死因は、まさにこの章の冒頭で示した厳密な意味での再読に失敗したことにある。彼がラ・ザンビネッラの内にしきりに貪り読もうとするものは、実は彼自身の内部にあるのだ。それはつまり、女性美に関する彫刻のごときクリシェの集合と彼自身のナルシシズムである。自分は差異がどこにあるかを知っていると考える時——すなわち、差異が性のあいだにあると考える時——、彼はあいだではなく、内部にしか存在しえない差異に気づいていない。つまり、バルザックの物語では去勢が文字どおり「内部の差異」として機能し、主体がそれ自身と一致することをことごとく妨げているのだ。デリダ流に言うなら、サラジーヌはこのオペラ歌手を純粋な声（「ラ・ザンビネッラの声に対する彼の熱狂」［p. 246／二七九頁］）、想像的直接性という幻想（「彼とラ・ザンビネッラのあいだには距離がなく、彼は彼女をわがものにしていた」［p. 244／二七七頁］）、完全に読みうる動機づけられたシーニュ（「芸術家の目をごまかせると思っているのですか」）、十全で透明な〈ロゴス〉として読んでいる。ところが、彼女はまさに空虚で恣意的なシーニュ、自身との滅却不可能な差異に棲まわれたエクリチュールのイメージそのものなのである。したがって、再読の失敗は少しも些細な事柄ではないと分かるだろう。サラジーヌにとって、それは致命的なのだ。

このように、バルザックのテクスト自体が、サラジーヌのラ・ザンビネッラ的なテクストに対する読みに固有の、ロゴス中心主義的盲目性を暴き出している。だが、サラジーヌがラ・ザンビネッラを完璧な総体性や明白な女性性のイメージとみなすことが、文学に関する古典的——バルトの定義に従うなら、読みうる——という概念と類似的なら、バルザックのテクストは、まるで古典的なテクストに抗うように、読みうるものという理想に対し、バルトが遂行しようとしているのと同じ形の脱構築をすでに成し遂げているることになる。換言するなら、バルザックのテクストは、サラジーヌの内に体現されている読みうるものの限界と盲目性をすでに「知っている」のだ。バルザックはある意味で、バルトに代わって彼の仕事をすでになしてしまっている。つまり、読みうるテクストそれ自体が、読みうるテクストの脱構築にほかならない、ということだ。

とはいえ、バルザックのテクストは読みうるもののヒエラルキーをただ単に転覆させているだけではない。バルザックは、読者を信じ込ませるバルトの率直さとは違い、読みうるものの盲目性の背後に、真実としての去勢を明示したりはしない。というのも、バルザックのテクストは、去勢という言葉を使いそうになる度に、それを空白〔省略を示すダッシュ記号〕のまま据え置くからだ――「「ああ！　おまえは女だ」と芸術家〔サラジーヌ〕は有頂天になって叫びました。「なぜなら、たとえ……」。彼は最後まで言いませんでした。「いや」と彼は言葉を続けました。「それ〔il〕はこれほど卑劣ではないだろう」」(p. 256／二九〇頁)〔強調はバルザック〕。バルザックは繰り返し、去勢という言葉から彼のテクストを去勢している。去勢はテクストの謎への明快な解答であるどころか、それによって謎への解答が保留されるのだ。去勢とは物語が言わなければならないもの、そして、言うことができないものである。しかし、バルトが自身の読みで行っているのは、こうしたテクスト的な空白を「去勢歌手という名詞に対するタブー」(p. 81／八八頁、p. 183／二一〇頁、p. 201／二三一頁、p. 216／二四八頁)と、明確に名指すことなのだ。彼はテクスト的なギャップを一つの名称で埋め合わせている。去勢をテクストの唯一の意味、究極的なシニフィエに仕立て上げているのだ。だが、そうすることで、バルトは去勢という概念自体を読みうるものという物神、テクストの問いすべての解答とされるもの、「解釈学的」コード内での最終的な解明に変えてしまうのである。バルザックは自身のテクストから去勢という言葉を排除するだけではなく、それと対立するものの名称をひた隠しにすることで、まさしく解答がそれほど単純でありえないことを告げ知らせている。サラジーヌが最初に性的な快楽を感じる時、そうした快楽は「他に言葉がないので、心と名づけられている所」(p. 243／二七七頁）にある、とバルザックは述べている。そして、ラ・ザンビネッラはのちに「私には心がないの！」(p. 252／二八六頁）と言っている。バルトは「心」を性器の婉曲表現とすかさず呼んでいるが、バルザックのテクストは、心の表しているものは名指すことができない、言葉が欠けている、と明言することで、セクシュアリティの問いを、性器を名指すだけでは解決できない修辞的な問題として、未決定のまま留め置いている。したがって、バルザックのテクストは、総体性という幻想を去勢という真実に置き換えることで、読みうるものと書きうるもののヒエラルキーを単純に転覆しているのではない。それはまさに、差異を名指すことの可能性そのものを脱構築しているのだ。

文学テクストと批評テクストのこうした対決を基にするなら、ともに差異の検討を孕みつつ、文学テクストのほうは、「知って」いても口にすることができない、自身との差異を伝え、対する批評テクストは、差異を口にしようとして、それを同一性に還元している、とおそらくは結論づけられることになるだろう。だが、バルトのテクストもまた、奇妙な両義性をあらわにしている。というのも、バルトのテクストのあらゆる隠喩的な次元＝意味は、去勢を書きうるものの望ましい本質と宣言しているが——去勢歌手が「何も言うべきことがない者」(p. 220／二五三頁）〔強調はジョンソン〕であるのとまさに同じように、書きうるものは「おそらく何も言うべきことがない」(p. 11／七頁）ものである——、去勢の字義的概念は読みうるものの不当行為に属するものとして、バルトに声高に否認されているからだ。「過度に一義的な読みによって、テクストを意味の単一性に還元することは、……去勢行為に着手し始めることである」(p. 166／一八九頁)。こうした分裂によって、バルト自身のテクストはバルザックのテクストと同様、明白性という価値評価に対してはいかなる明白性も無難に定立できないことを明らかにしている。バルザックのテクストが、理想美の迷妄を暴露することで、読みうるものと書きうるものの差異ではなく、読みうるものという理想内の差異を暴き出しているのと同じように、バルトのテクストは、去勢に対する両義的な姿勢によって、読みうるものという他者〔the other〕がみずからとの差異を免れえないことを明らかにしている。このような差異は決して究極的な価値と断言できるものではない。なぜなら、それはまさに、価値の断言すべての礎を転覆するものだからである。去勢は引き受けられることも、否定されることもありえない。それはただ、あらゆるテクストに回帰する位置づけ不可能な差異として演じられるにすぎないのだ。したがって、文学と批評の差異はおそらく以下のような事実のみに存するであろう。つまり、批評はみずからとの批評的差異が、結局は批評を文学的にしているという事態に対し、より盲目になりがちだ、ということである。

原　注

（1）　Roland Barthes, *S / Z* (Paris: Seuil, 1970), pp. 22-23〔ロラン・バルト『S／Z——バルザック『サラジーヌ』の構造分析』沢崎浩平訳、みすず書房、一九七三年、一九頁〕.

訳　注

〔1〕　Jean-Jacques Rousseau, *Œuvres complètes*, Édition publiée sous la direction de Bernard Gagnebin et Marcel Raymond avec, pour ce volume, la collaboration de Robert Osmont (Paris: Gallimard, « Bibliothèque de la Pléiade », 1959), I, p. 5（ジャン＝ジャック・ルソー『告白』、『ルソー全集』第一巻、小林善彦訳、白水社、一九七九年、一三頁）.

〔2〕　*Ibid.*, p. 128（同書、一四五頁）.

〔3〕　*Ibid.*, p. 113（同書、一二八頁）.

2 アレゴリーのトリップ＝ティーズ

「白い睡蓮」

The White Waterlily

人間が二つの生物学的な性に分けられていなければ、文学はたぶん必要とされないだろう。また、〔二つの〕性の関係がどのようなものであるかを文学が寸分違わず語ることができるなら、文学の多くはおそらく不要になるだろう。だが、ともあれ、それは文学にセクシュアリティの真実を語る能力があるか否か、といった単純な問題ではない。というのも、文学がその点にまっすぐ照準を据えようとした瞬間から、文学自体が、理解しようと目論むセクシュアリティから抜け出せなくなってしまうからだ。文学が捉えられないものはセクシュアリティの生ではない。文学こそ、われわれ話す動物にとってセクシュアリティを不確かなものにしているもののまさに核心に位置している。文学はセクシュアリティという問題の挫折した探究者であると同時に、手に負えない下手人でもあるのだ。

文学をセクシュアリティ――われわれが字義どおり考えるものとはかけ離れたセクシュアリティ――を誘惑する行為の内に捉えるため、私は「白い睡蓮〔Le Nénuphar blanc〕」と題されたマラルメによる散文詩を分析することにした。この詩は、漕ぎ舟に乗る男性と岸辺に立つ――あるいは立っていないかもしれない――未知の女性のあいだの、何も生じない物語を語っている。舟が婦人の地所の端にある蘆の茂みに乗り上げた時、漕ぎ手は聞き取れないほどの物音――おそらく足音――を耳にし、よりいっそう低く舟の中に身を屈めるが、その間ずっと、物音は女性のものと思われるなだらかなスカートを喚起し続ける。現実に誰かがそこにいるかどうかを確かめられないまましばらく佇んだあと、彼は舟を逆に向け、一本の白い睡蓮を奪い去る自身の姿を想像しながら、静かに漕ぎ去って行く。

こうした行為の欠如を嘆くどころか、マラルメの語り手はまさに非決定の極みに佇み、それを親密さの優れた形として概括している。

隔てられているからこそ、共にいるのである。私の夢想がその定かでない女性を引き留《とど》めている水上での、こうしたどっちつかずの状態の中で、私は、訪問に継ぐ訪問の末にやっと許されるに至るよりも首尾よく、彼女の恥じ入る〔雑然とした〕親密さに引き入れられているのだから。……今と同じほどの直観的な和合を再度見出すまでには、私が先ほど聞かれぬように話しかけたのと比べ、何と多くの無駄口が必要になることだろう(1)。

この一節はしばしば、現実的なものに対する、想像的なものの優位性、あるいは、ありふれた社交もしくは性交の陳腐さに対する、女性性という理想化された美的イメージの優位性を言明するものとして読まれてきた。マラルメは確かにこうした慣習を利用しているが、この詩はそのような見解を完全に支持するのではなく、むしろそれを繰り返すことで、文学とセクシュアリティの関係の本性そのものを分析し、問いただそうとしている。私のここでの目的はその点を明らかにすることである。

西洋文学においては、字義どおりの性的目標に達しないことを過大評価しようとする美的傾向が、長期にわたって印象的な来歴を示してきた。性的目標の非達成は、遅延による心地よい刺激や落胆を促すとともに、より高邁な精神的価値――肉体的な生活は、こうした価値に無骨な物質的イメージしか与えてくれない――を助長するために生じるというわけだ。その最たる例はアレゴリー的な文学であり、ここでは『バラ物語〔*Le Roman de la Rose*〕』を規範とみなすことができるだろう。『バラ物語』の解釈の歴史（「論争〔la querelle〕」）は、喜ばしい遅延と神々しい変貌のあいだで揺れ動いているからだ。

マラルメは彼の睡蓮を、いくつかの明白なやり方で、バラのアレゴリカルな軌跡の内に位置づけている。なるほど、文学史におけるマラルメの役割は、おそらく、花の色を赤から白、あるいは無色（"blanc"）に変えたことだ、と単純に要約できるかもしれない。どちらのテクストも、女性性という花を摘むこと――あるいは摘まないこと――を語るために、ロマンスの探求という構造を遊戯的に利用している。『バラ物語』における夢想者の使命は、一連の障害をかい潜り、バラを中世の要塞のように護衛している擬人化された監視者たちから、防御手段を奪うことである。ギヨーム・ド・ロリス〔一二〇〇頃―一二四〇年。『バラ物語』第一部の作者〕の物語では、夢想者は決してバラに到達しないが、こうした宙吊り的な結末は、ギヨームの伝記に生じた単なる偶発事というより、むしろこのテクスト固有の必然性だと言ってよいだろう。マラルメの詩の語り手は冒険に出発する探検家、あるいは水上の略奪者と自称している。彼はこの冒険で未知の女性の地所を偵察しなければならないのだが、結局は、睡蓮という想像上の戦利品を携え、生じなかった性の戦いから帰還することになる。詩は目にされなかった女性を次々と具体化＝典型化する形で締め括られている。

もしも、突飛な感情に引かれて、〈瞑想的な女〉、あるいは〈高慢な女〉、〈荒々しい女〉、〈陽気な女〉として彼女が現れたとしたら、私が永久に知ることのないその言いようもない容貌にとってはまことに残念なことだ！〔p. 286／四四頁〕

そして、テクストはこう続いている。

なぜなら、私は規則に従って操作を果たしたからだ。〔p. 286／四四頁〕

この言明は、最初の段階では、漕ぎ手が舟を逆に向けることに関わっている。だが、大文字による〔女性の〕四つの具体化＝典型化と、想像上の戦利品を持ち去るという最後の描写のあいだに置かれると、この一文は文学的な操作規則——愛する男の戦利品が一つの比喩にすぎないと規定するアレゴリーの規則——に言及するものとしても読むことが可能になる。詩人はここでまさに詩人として期待されることを行い、その内に「無傷のままの夢想と、生じないであろう幸福……でできた一つの無〔un rien〕」〔p. 286／四四頁〕を囲い込む修辞の花に甘んじようとしている。こうして、このテクストは、しかるべき文学的操作には字義どおりのセクシュアリティを修辞的に置換したり、出し抜いたりすることがともなう、とする従来の考え方との近似性を表明しているのだ。

マラルメが問いただしている比喩と所有の対立、比喩的なものと本来的なもの〔the *propre*〕の対立を追跡するため、『バラ物語』と「白い睡蓮」のもう一つの類似性に立ち戻ることにしよう。その類似性とは、中心に置かれた反射する池、もしくはナルシスティックな鏡が、どちらのテクストにおいてもエロティックな欲望を誘発する機能を負っていることである。『バラ物語』では、夢想者が明らかにナルキッソスの死に場所と思われる池に近づくのだが、彼はそこで、愛するものとして選んだバラが水に映し出されるのを初めて目にすることになる。一方、「白い睡蓮」の語り手は、水際の庭園を婦人の地所と見定めた時、彼女への関心を覚え始める。

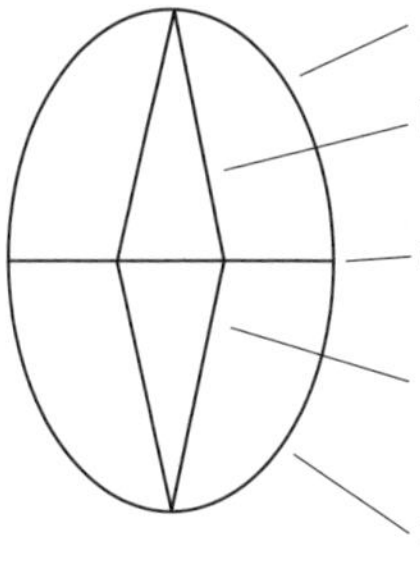

この季節のあいだの好ましい隣人と言うべきか、これほどまで水に囲まれ、入ることのできない隠れ家を選んだ人の気質は、私の趣味にこよなく適《かな》っていると言う他ない。間違いなく、彼女は……この水晶《クリスタル》のような水面を自分の内面の鏡にしていたのだ。〔p. 284／四一頁〕

この二つの花の物語はいずれも、ナルキッソスの神話が停止する場所から開始される、と言えるだろう。ナルキッソス自身、その死後、一本の花に変えられてしまうからだ。だが、物理的に言うなら、飛翔が決してほとばしり出ることのない白鳥の卵〔p. 286／四四頁〕に喩えられる白い睡蓮自体が、転倒された婦人の正確な鏡像なのである。二本の櫂をそなえた漕ぎ船もまた、婦人の転倒されたイメージと見ることが可能である。すると、白い睡蓮は女性だけではなく、男性の隠喩にもなるし、今度は男性のほうが女性のナルシスティックな反射像になるわけだ[2]。

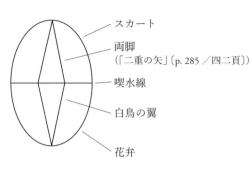

このように、ここでの鏡の機能は二重化するだけではなく、逆転させることにある。つまり、水に映し出される婦人は上下があべこべになっているのだ。フロイトが夢における細部の転倒について語っていることを考慮するなら――そして、マラルメも一つの経験としてみずからの夢に呼びかけている――、テクストの残りの部分にもこうした逆転との、何らかの、さらに全般的な類似物が存在するのでは、と問うことが可能かもしれない。まず、男性と女性の位置は、エコー〔ナルキッソスを愛したが、やつれ果て、ついには声だけになってしまったニンフ〕とナルキッソスの物語を念頭に逆転されている。ここでは女性が池に映り、男性が無力に見つめている。あるいはまた、婦人の映っている姿が見えないのに対し、男性の言明は「聞かれぬよう」留め置かれている。別の言い方をするなら、本来的なイメージとエコー〔こだま〕の関係が、空白と沈黙の関係になってしまった、ということである。

しかし、より一般的なレヴェルで言うなら、どうもこのアレゴリーそのものが、従来の構造と比べて、転倒しているように思われる。通常のアレゴリーでは、具体的出来事についての物語が提示され、そこから解釈に基づいて、比喩的・抽象的な第二の物語がもたらされる。だが、ここでは字義的なレヴェルで抽象的な無が生じ（「何も起こらなかったようだ／〔起こるための〕場所の他には」[1]）、詩の比喩的なレヴェルで具体的な性描写がなされているのだ。湿原の水路を進む漕ぎ手は、「……水に囲まれ、入ることのできない隠れ家」が覗ける蘆の茂みで停止するが、この隠れ家は隠遁を求める婦人の「内面の鏡」である。だが、彼は決して見ないし、何も具体的な行動をしない。彼は見通しのきく場所に身を置いて、そこから、想像されたに違いない「下着の裡に潜むその本能的な魅力」〔p. 285／四三頁〕と合体できるのだ。彼は彼女の親密さから身を離す際、実際には睡蓮を摘むことさえしていない。類推によって、自分がそうしていると想像するだけなのだ。つまり、「散在する汚れなき不在」〔p. 286／四四頁〕の花をもぎ取り〔陵辱し〕、「私の理想的な花を奪うこととの透明な類似性」〔p. 286／四四頁〕は何一つ置き去りにしていないという期待とともに立ち去る、自身の姿を想像しているのである。

　このように、この詩によってもたらされる快楽は、字義的に生じる無と比喩的に設えられた性行為とのあいだの緊張から生じている。したがって、「隔てられているからこそ、共にいるのである」というキー・センテンスは、まさにこうしたアレゴリー自体の機能を描写していると見ることができる。比喩的な描写があまりにも暗示的なので、読者は不可避的に、男性が、彼の存在＝現前に気づかない女性のスカートをじっと覗き込んでいる、と考えてしまうが、実は、女性の存在＝現前こそがまったく仮想的なのだ。

　だが、この詩は単純に、舟旅〔ここで舟旅と訳した“trip”という語には、陶酔、妄想といった意味もある〕は性行為の等価物だと言っているのだろうか。それとも、エロティックとは名ばかりのあらゆる密接な遭遇について、それとは何か違うことを言っているのだろうか。テクストに双方のレヴェルが十全に確認され、それらが統合されないことが読者に快楽を与えると考えるなら、生起と不生起、不在と親密、所有と侵入不可能性、字義性と修辞の不一致そのものを、より複雑なアレゴリー的構造の根本レヴェルとして考察することが有益かもしれない。すると、この詩は一つのものを別のものによって語っているのではなく、不一致や分裂を本質的なメッセージとして発していることになるだろう。われわれは、アレゴリー的なレヴェルにおいても、対人関係的なレヴェルにおいても、一つのものが本当に二つでないのかどうかを、あるいは、二つのものが一つでないのかどうかを、まったく確証できない状態にいるのだ。もう一度あの決定的な一文に目を向けてみよう。そこには数的な両義性が盛り込まれていることが判明する。

　隔てられているからこそ、共にいるのである。……私は彼女の恥じ入る〔雑然とした〕親密さに引き入れられているのだから……〔Séparés, on est ensemble: je m'immisce à de sa confuse intimité ...〕

例えば、「隔てられている〔séparés〕」という形容詞は形式的には複数だが、分離を意味している。"on"という語は非人称・単数だが、本来なら、私たち〔*nous*〕という複数人称が予想されるところだろう。このように、文の最初の部分の主語と動詞は、内密な一対関係というコンテクストにより、単数形・全称的な形になっている。「共に〔ensemble〕」という副詞〔ジョンソンは形容詞としている〕もまた、形は常に単数、意味は常に複数である。引用部の後半にある"je m[e]"がようやく人称代名詞を与えてくれるが、それもすぐさま、主語を二つ〔je と m[e]〕に分割してしまう。また、「引き入れられる〔m'immisce〕」、「恥じ入る〔雑然とした〕〔confuse〕」という表現はともに、もはや数的に分離できない混成態を指し示している。要するに、「隔てられているからこそ、共にいるのである」では2=1、「私は彼女の恥じ入る〔雑然とした〕親密さに引き入れられている」では1=2→8といったありさまなのである。共にいることの必須条件は離れていることだと思われる。一方、他者との融合行為は主体を二つに分割してしまうのだ。

分割はエロティックな衝動が発生する瞬間にも存在＝現前している。婦人が魅力的になるのは、彼女がみずからの反射像により二重化されていると想像されるからだ。つまり、エロティックなものを特徴づけているのは、まさに数のレヴェルや変更に見られる不一致の作用なのである。そして同時に、この分離と融合、投影と遮断との絶え間ない転換を読むという行為自体が、暗に一つのエロティックな経験と化している。いずれの場合も、二つの隔てられた項――男性と女性、テクストと解釈――のあいだに相補的な結びつきを創造するかと思える構造が、むしろそれとは逆の構造、すなわち、始めに想定された二項の分離性が当然視できないと同時に、各項の統一性がその無限の分割可能性に存するような構造になってしまうのだ。事物のつつましい（無意味な）存在と、それがエロティックないしは修辞的な意味を獲得する境界＝余白が、それ〔事物〕をコンテクストが要求する以上の――あるいは以下の――何かにしてしまうように思えることだろう。そして、婦人にエロティックな潜在力を染み込ませる鏡像もまた、その鏡像によって欲望されるものの現実的な所有をすべて不可能にしてしまうだろう。

このように、この詩はセクシュアリティを多数化・分割・融合のリズム、統一性・固有性の境界の連続的な侵犯、区分の出現および消失として劇化している。分割、敷居、覆い、境界線が遍在することで、暴露と隠蔽、逸脱と禁止の揺らめきが、分割という事実、リズムの働きを、最後には、アレゴリー的トリップ＝ティーズ〔おそらくストリップショー（striptease）をもじったと思われるジョンソンの用語。トリップ（trip）は「旅、小旅行」、ティーズ（tease）は「からかう、せがむ」を意味する〕の究極的な指示対象として定位するのだ。

マラルメの詩が真実、むき出しの事実、あるいは理想性ではなく、純粋な差異のリズムの動的な劇化を目指していることは、自身の明快な言明および統語論的な実践によって証明されている。[3] これは彼の詩に意味が欠けているということではなく、しかるべき意味を生成ならびに転覆する行為の中で差異や分割を捉えようとしている、ということである。例えば、彼が意識と無意識を分かつ棒線〔bar / barre〕のようなもの――ラカンによるソシュール的な記号解釈S／sを持ち出すなら、シニフィアンと（抑圧された）シニフィエの分割線[4]――を提示する幾多のやり方を考察してみればよいだろう。まったく別のコンテクストから例を採ってみよう。観ている舞台上の見せ物が理解できない俗物の顔に、マラルメは「揉み上げの線〔la barre de favoris〕」を見て取っている――「揉み上げの線が影で頰を切るのがまるで、問題になっているのは私ではない、と言わんばかりだ[2]」。もう一つの例は、ハムレット論の次の有名なくだりにあるフットライト〔*rampe*〕という語を強調することで確認されるだろう。

彼の孤独な劇だ！　そして、それは時として、錯乱と不満の迷路をかくも彷徨うこの者が、不完全な行為の中断により、その経路を引き延ばすからだが、それ〔孤独な劇〕は、フットライトならびにフットライトが守るほとんど精神的な黄金の空間が存在する理由とさえ映じているようだ。というのも、他の主題は何もないからだ。よく確認しておこう。主題とは、人における夢と不運によってその人に分け与えられた宿命との対立である。（p. 300／「ハムレット」渡辺守章訳、一六〇―一六一頁）

これは失われた幸福な夢への単なる嘆きではない。これは還元不可能な人の分割〔*départition*〕――それは、劇場を黄金の意識的な舞台と薄暗い観客たちの場所に分断するフットライトによって見事に提示されている――を描き出してもいるのだ。

「白い睡蓮」では、婦人のベルトが彼女を二つに分割する役目を果たしている。頭あるいは顔が世俗的・意識的な自己であるなら、ベルトより下の部分は「下着の裡に潜むその本能的な魅力」（強調はジョンソン）を表象しているからだ。「漠然とした概念」、「普遍性の刻印された喜び」といった表現が、これ〔「下着の裡に潜むその本能的な魅力」〕をシニフィエとみなしうる可能性を示唆している。だが、ここで詩人が抑圧したいと願うのは意識、つまり女性の顔なのだ。

きわめて漠然とした概念だけで十分なのです。それに、それは普遍性の刻印された喜びに背くこともないでしょう。この喜びがあらゆる顔を排除することを可能にし、またそうするよう命じるのですが、仮に一つの顔があらわにされようものなら（ですから、私が支配しているこのひそかな敷居に、どうか公然とお顔を傾けたりなさらないでください）、それは私のときめきを追い払ってしまいそうなほどなのです。それ〔顔〕は私のときめきなど気にもとめないでしょうけれど。〔p. 285／四三頁〕

打ち解けた意識的・世俗的な頭が加わる際に生じる分割や矛盾との交渉なしに、他者の無意識と一つになることは、「ひそかな敷居」上での、不確かな独断行為・幻想行為でしかありえない。語り手と、彼が幻想の水上に宙づりにしている定かでない女性——分割されていないもの——とのあいだで達成される「直観的な和合」は、「無傷のままの夢想と、生じないであろう幸福……でできた一つの無」でしかありえないのだ。より現実的ないかなる一体性も、他者の分割を受け入れなければならない以上、こうした「直観的な和合」を必然的に掻き乱すことになるだろう。したがって、詩人の括弧付きの命令——「私が支配しているこのひそかな敷居に、どうか公然とお顔を傾けたりなさらないでください」——もまた、テクストの言明をなすのは敷居の彼方にあるものではなく、敷居のひそかさ〔furtiveness〕そのものである、ということを読者に忠告・警告するものとして読むことができる。つまり、分割、矛盾、両立不可能性、そして省略は、愛する者および文学の読者双方の挑戦、謎、失望、そして歓喜として位置づけられているのである。

原注

（1）　Stéphane Mallarmé, *Œuvres complètes*, Édition établie et annotée par Henri Mondor et G. Jean-Aubry (Paris: Gallimard, « Bibliothèque de la Pléiade », 1945), pp. 285-286〔ステファヌ・マラルメ「白い睡蓮」松室三郎訳、『マラルメ全

集』第II巻、筑摩書房、一九八九年、四三—四四頁。本文中の邦訳の該当頁はすべてこの巻のものである。また、注記がない限り同作品〕.

(2) Cf. Roger Dragonetti, “*Le Nénuphar blanc*: A Poetic Dream with two Unknowns”, *Yale French Studies*, no. 54 (*Mallarmé*, 1977).

(3) 次の著作を参照せよ。Jacques Derrida, “*La double séance*”, *La dissémination* (Paris: Seuil, 1972)〔ジャック・デリダ「二重の会」、『散種』藤本一勇・立花史・郷原佳以訳、法政大学出版局、二〇一三年〕.

(4) 次の一節を参照せよ。Jacques Lacan, “La signification du phallus”, *Écrits* (Paris: Seuil, 1966), p. 688〔ジャック・ラカン「ファルスの意味作用」、『エクリ』第III巻、佐々木孝次・海老原英彦・蘆原眷訳、弘文堂、一九八一年、一五一頁〕.「シニフィアンとシニフィエの対立に……有効な重要性を与えているのはフロイトの発見である。つまり、シニフィアンは、意味をもちうるものがその刻印を受けたものとして立ち現れ、その情熱によってシニフィエになるという確実な効果を決するのに、積極的な機能を有している、ということである」。

訳　注

〔1〕 Stéphane Mallarmé, *Œuvres complètes*, Édition établie et annotée par Henri Mondor et G. Jean-Aubry (Paris: Gallimard, « Bibliothèque de la Pléiade », 1945), pp. 474-475〔『マラルメ全集』第I巻、筑摩書房、二〇一〇年、xi頁〕. これは散文詩「骰子一擲（Un coup de dés jamais n'abolira le hasard）」（全集は「賽の一振り」清水徹訳）の一節である。

〔2〕 *Ibid.*, p. 315〔『マラルメ全集』第II巻、筑摩書房、一九八九年、一八五頁〕. これは「風俗劇、あるいは近代作家たち（Le genre ou des modernes）」（全集は渡辺守章訳）の一節である。

第二部　詩と差異

3　詩とその分身

二つの「旅への誘い」

Two Invitations au voyage

『ルネ』の中で、人はものを食べるだろうか。
バルザック『ファルチュルヌ』

フロベールの小説では、人は大いにものを食べる。
ジャン゠ピエール・リシャール『文学と感興』

詩の料理法

散文による「旅への誘い」は、同じタイトルをもつ有名な韻文詩から二年後の一八五七年に発表された[1]。とはいえ、韻文詩と同じ成功を博することはなかった。すでに韻文詩の律動的な精密さや静謐な叙情性に熱狂させられていた読者には、散文詩の誘いを常に断ち切ろうとする傾向があったのだ。遺憾から憤慨にまで及ぶ彼らの拒絶は、ほとんどの場合が比較という形を取り、韻文詩に対して散文詩を低く評価している。例えば、ジャック・クレペは散文詩について、「音を純粋さと音楽性から無限に遠ざけている。道徳的あるいは実際的な次元への考慮が作品を重苦しくし、思想の陳列、もしくは日常的な現実のほうへと引き寄せてしまっている(2)」と記している。また、韻文詩のリフレイン、

あそこでは、あるものすべてが秩序と美、
豪奢、落ちつき、そしてよろこび(1)。

と散文詩の「〈宝〉の国〔pay de Cocagne〕」の描写、

そこでは、豪奢は秩序のうちに己の姿を映して悦び、そこでは、生は吸う一息にも豊かで甘美である。そこには無秩序も、喧噪も、意外な出来事もない。そこでは、幸福は静寂と一つになっている。そこでは、料理そのものも詩的であり、こってりとしていると同時に刺激に富んでいる……

を並置したあとで、シュザンヌ・ベルナールは次のように叫んでいる。「ああ何と！　ボードレールの悦楽的な美に対する夢想とはそれだけのものでしかなかったのだ！　快適で静かな生活、こってりとした刺激的な料理(3)！」。

このように、これらの読者は散文への誘いを拒みながら、ボードレールの比較への誘いを躍起になって受け入れている。そして、彼らの評決はおおむね同じである。散文詩の過ちは、それが韻文詩の比喩表現

〔imagery〕に付加しているものにある、というのだ。新しい諸要素は、不調和で筋違い、そして非詩的とみなされている。つまり、こうした読者にとっては、散文詩のプラスすべてがマイナスなのである。

一方、少数の読者にとっては、散文詩の詩的効果を高めているのは、まさにその比喩表現の不均質性である。「〔散文詩の〕「旅への誘い」においては……魅惑と優しさが、抽象的感情を料理法という最も散文的な対象と結びつける隠喩のうちに、その極地を見出すことになる」[4]。

だが、散文詩を裁定する二つの方法の乖離がいかに根源的であろうと、双方が評価あるいは非難している要素——すなわち、料理（法）——が同じなのは印象的である。趣味の欠如とも新たな文体的スパイスともみなされるこうした料理法のイメージが、「詩的な」テクストの中に思いがけなくも存在＝現前する事実は、「料理は本当に詩的でありうるのか？」という同一の問いを常に提起してきた。ところが、これはまさに、このテクストが提起することを許さない問いなのだ。というのも、それはすでに答えを与えられている——「料理そのものも詩的であり……」——からである。問題なのは料理という語のステイタスではなく、むしろ詩的という語のステイタスである。つまり、「料理は詩的でありうるのか」ではなく、「詩的とは何を意味するのか」が問われなければならないのだ。最初の問いに肯定的な答えを与えていることを考えるなら、ボードレールの散文詩「旅への誘い」は第二の問いの緊急性や不確実性を改めて表明していると言えるだろう。

テクストが料理というコンテクストで詩的という語を用いるのを拒絶する読者がいるとしても、そうした拒絶はどこか別の所から導入された詩的という概念に基づいてなされるだけである。シュザンヌ・ベルナールの場合、この概念はボードレールがバンヴィル論で発したいくつかの主張から借用されている。

竪琴＝詩想〔lyre〕は小説が満喫するあらゆる細部からわざと逃れてしまう。叙情的な魂は総合のように大股で進む。小説家の精神は分析を大いに楽しむ。(5)

要するに、ベルナールにとっては詩的イコール叙情的であり、叙情詩の内には台所の場所などないのである。ボードレールによるこの叙情的なものと小説的なものの区別は、われわれが二つのエピグラフによって示した区別、すなわち、シャトーブリアンの「叙情的な」散文と、フロベールの「写実的な」散文の区別に照応している。つまり、両作品における食べるという行為の有無が、ボードレールによる「細部」の有無という区別を例証しているのだ。このように、テクストでは、「食べること」がそのテクストのジャンル標識というステイタスを帯びている。

したがって、散文詩「旅への誘い」の「こってりとした刺激的な料理」に対するベルナールの憤りは、単に細部の過剰だけではなく、コードの衝突にも起因している。ここでは確かに、叙情詩の伝統とは明らかに相容れない料理が、詩的コードの統一性を攪乱している。だが、それはまさに、「詩的」なるもの自体が一つのコード以外のものではないことを暴き出すためなのだ。ボードレールが散文詩「旅への誘い」および他の多くの散文詩で真摯に探究しているのは、詩が一つのコードとして機能する際のそのあり方にほかならない。多くの読者は『小散文詩集〔パリの憂愁〕』のジャンルを問題含みと捉えているが、それは、「コードの闘い」と呼ばれうるような事態が韻文詩と散文詩のあいだだけではなく、個々の散文詩自体の内でも生じているためである。(6)

このように、散文詩「旅への誘い」における料理への言及が、詩的コンテクスト内への小説的あるいは写実的コードの侵入を示すとするなら――むろん、「詩的」が何を意味するかは依然不分明のままだが

——、いわゆるこのコードの闘いの中で、いったい何が「叙情的」コードを示していると言えるのか。ボードレールの区別に再度目を向けてみよう。

竪琴＝詩想〔lyre〕は小説が満喫するあらゆる細部からわざと逃れてしまう。叙情的な魂は総合のように大股で進む。小説家の精神は分析を大いに楽しむ。

はなはだ興味深いことだが、ここでは、小説・細部と食べ物の密接な関係が、ボードレールの言明の意味だけでなく、言葉使いそのもの——すなわち、小説家の仕事を描写する動詞、満喫する〔se régaler（食べる）〕と大いに楽しむ〔se délecter〕の比喩的な使用法——においても示唆されている。小説と結びつけられる動詞が一種の代謝的な吸収〔metabolic incorporation〕を喚起するとしたら、叙情性と結びつけられる動詞〔表現〕——逃れる〔*fuir*〕、大股で進む〔*faire des enjambées*〕——はむしろ、超過的な移動〔hyperbolic motion〕を示している。つまり、叙情的なものにおいては、食事の快楽が旅行＝移動の快楽に場を譲り渡しているのだ。換言するなら、叙情的なものとは結局、一種の旅にほかならない。

修辞的な旅

> 分節化以前、すなわち、地方的＝局所的な差異が生じる以前には、言語と呼びうるようなものは何もない。……社会、言語、歴史、分節化……は、近親相姦の禁止と同時に生じる。

デリダ『グラマトロジーについて』

散文詩「旅への誘い」におけるコードの闘いに関与している主要なテクストが、韻文詩「旅への誘い」――ボードレール作品の中でも特に際立つ叙情的な旅――であることは明白である。したがって、まず始めにこの韻文詩で提示されている叙情的な旅の性格を分析しておこう。

私の子、私の妹、
　思ってごらん
あそこに行って一緒に暮らす楽しさを！
　しみじみ愛して、
　愛して死ぬ
おまえにそっくりのあの国で！

この詩の語り手は、相手の女性を彼女と「そっくりの国」へ誘いながら、その国を描写することではなく、まずはその隠喩的なステイタスを主張することから始めている。女性に提示されているのは、彼女自身のイメージの中に創造された場所、彼女がそれに対して必然的・対称的な関係を有するような場所、換言するなら、彼女にとって鏡として役立つような場所である。そして実際、鏡という語がこの詩のまさに中央に現れる。つまり、この叙情的な旅は、鏡を横切る旅、映し出されたものの幻想的な「深淵」（「底知れぬ鏡〔les miroirs *profonds*〕」〔随所の強調はジョンソン〕）へと立ち入る旅である。この旅が望んでいるのは、メッセージを受け取る女性〔*destinatrice*〕と目的地〔*destination*〕が隠喩的に完全に合致することなのだ。

しかし、一見透明と思われるこの隠喩的な鏡像性も、文法的に言うなら、それほど単純なものではない。女性と国の関係を完全なる対称的二元性の関係として語る時、そうした隠喩的な主張の対話的ステイタスは何ら考慮されていない。だが、語り手がこの隠喩を女性と国の視覚的類似性という、客観的に最も指示的な言葉で描写していると思われるまさにその瞬間、その類似性は第三の焦点によって媒介されていることが明らかになるのだ。

　曇り空に
　うるむ太陽
それが私の心を惹きつけるのだ
　不思議な魅力
　おまえの不実な目が
涙をすかしてきらめいているような。

国と女性、太陽と目の重要な公分母は、両者が共有する輝く丸さというより、眺める者の「心〔esprit〕」に生じる共通の効果である。二つの項（目と太陽）の修辞的な交点は、ただ単に隠喩的な類似性だけではない。それは、両項に隣接する換喩的な第三項、すなわち、語り手の欲望でもあるのだ。言い方を換えるなら、隠喩とは欲望の換喩の原因ではなく、その効果なのである。

だが、この隠喩の一見透明と思われる指示的基盤には、もう一つの問題が存在している。というのも、フォンタニエが述べているように、隠喩が「一つの概念を、それよりもさらに強烈でよく知られている別の概念のもとに提示すること」(7)であるなら、ここで「さらに……よく知られている」比較点〔別の概念〕とは、逆説的ながら、この不思議な魅力と不実な目を有する女性——換言するなら、ほとんど未知で、おそらく知ることができない女性——なのではないだろうか。〔比較の〕参照点となる「おまえ」（「おまえにそっくりのあの国」）自体が〔比較の〕等式の未知数となっている。また、「あるものすべてが秩序と美、豪奢、落ちつき、そしてよろこび」であるような国は、実は女性そっくりの国ではなく、女性がそのようであって欲しいと語り手が望むものを描写しているにすぎない。

つまり、ここでは隠喩それ自体が一つの「旅への誘い」、一つの誘惑のプロセスと化している。そして、デュ・ボス司祭が言うように、詩が「人々を感動させ、彼らを望む所に導く芸術＝技巧」だとするなら、この隠喩的な誘惑、この詩的な旅は、空間を移動することではなく、人の欲望を移動させること〔moving〕によって形作られている。

こうした修辞的操作の性格をさらに綿密に吟味してみよう。「私の子、私の妹」という冒頭の訴えでは、親密さ〔familiarity〕が家族性〔familiality〕と合致している。つまり、望まれている二つの隣接存在の結びつき（「一緒に暮らす」）は、発生論的類似性という自然記号のもとに置かれている。隔てられた二つの主体の換喩的な出会いが、生物学的な類似性という隠喩的絆の内部で生じているのだ。したがって、このような結びつきが、定義上、近親相姦的であるとするなら、近親相姦は——修辞的な言葉で表現すれば——隠喩と換喩の完全な収斂になるだろう。

同じ収斂は実際、女性と国の関係にも見出すことができる。人と場所の関係は、定義上、換喩的、すなわち、恣意的、偶然的だが、ここでは隠喩的、すなわち、必然的、対称的である、と言われているからだ。

隠喩はこうして、書き入れ〔writing〕のプロセス――類似性の書き入れ――と同時に、消去〔erasing〕――差異の消去――のプロセスと化している。また、隠喩が消去するのは人と場所の差異だけではなく、まさに隠喩と換喩の差異でもあるのだ。言語の全領野が、隠喩と換喩の二軸によって生み出される空間として[8]、すなわち、両者の分離によって記述されるなら、「旅への誘い」の修辞は、この二軸の交点、数学用語で原点と呼ばれる点に完全に位置づけられると思われる。

はなはだ興味深いことに、この詩がわれわれを導くのは、言語のこの「原点」なのである。

……、すべてが
　魂にそっと
　語ってくれよう
なつかしく優しいふるさとの言葉〔*langue natale*〕。

このように、最初の言葉・原初の言葉を喚起することで、この旅は出発ではなく回帰、すなわち、先の旅によって踏破された距離を抹消するもの、「魂」とその起源＝原点の間隔を消去するものとされている。われわれは、叙情性に関するボードレールの指摘と再度結び合わされることになる。「あらゆる抒情詩人は、その本性によって、宿命的に、失われた〈楽園〉への回帰を遂行する」[9]。起源、〈楽園〉、近親相姦。あらゆる差異――空間的、時間的、言語的、あるいは間主体的〔差異〕――の抹消を通じて、この旅は未分化で不動の、そして、運動、時間、法に先立つ本源的充溢性へと歩みを進めているように思われる。この楽園的な完全状態は、その欠性的な文法表現、「あるものすべてが……〔すべては……でしかない〔Tout *n'est que ...*)〕」が示すように、まさに不完全性の排除によって作り出される。「あるものすべてが……〔すべては……でしかない〕」に続く抽象名詞は、各々が、それだけで、この「すべて」の総体を名指しているように思われる。つまり、逆説的にも、この「すべて」は、その諸部分の総計と等しくはない、ということだ。それはむしろ、あらゆる分割を排除しているのである。

だが、こうしたあらゆる差異・分割・距離の抑制は、結局のところ、統辞法なき同語反復へと、すなわち、差異によって構造化された分節空間としての言語を廃棄する結果へと至る他ない。また、数学的座標の原点が、すべての変数がゼロに等しい地点であるように、こうして言語中の変動あるいは差異がすべて排除された地点、本源的充溢といった楽園的な地点は、ユートピア〔u-topia〕、すなわち、空間なき場所、非場でしかありえないだろう。実は、意味作用の起源＝原点、隠喩と換喩の収斂である詩的「ふるさとの言葉」は、しかるべき言語の消失以外のものを指し示してはいないのである。

では、言語の起源であると同時にその終焉でもある沈黙に対し、このテクストの言語をどう位置づけられるだろうか。旅の到達点がテクストの不在だとするならば、このテクストはいかにして旅の到達点を語ることができるのか。この詩の最終節を見てみよう。

ごらん　運河に
眠るあの船
放浪の心をもって生まれた船たちを、
おまえのどんな望みでも
かなえるために

あの船は世界の涯からここに来る。
　——沈む日が
　野を染める、
運河を染める、町全体を染め上げる、
　紫色と金色に、
　世界は眠る
いちめんの　熱い光の中で。

「おまえのどんな望みでもかなえる」ために、「世界の涯から」やって来る、この「放浪の心をもって生まれた」船たちは、到着しようとしているのだろうか、それとも出発しようとしているのだろうか。指示詞（「〔これらの〕運河〔*ces canaux*〕」、「あの船〔*ces vaisseaux*〕」）や現在時制（「〔あの船は……来る〔ils viennent〕」、「世界は眠る〔le monde s'endort〕」）の存在にもかかわらず、旅の到達点は奇妙にも欠落しているように思われる。また、さらに奇妙なことに、こうした終点の掩蔽は、ダッシュ記号の使用によってテクストの中にそのまま書き入れられている（——沈む夕日が〔— Les soleils couchants〕）。そして、このダッシュ記号は、まさに言語空間の内側で、終焉の——恍惚あるいは死の——場所を開示すると同時に抹消しているのだ。実際、この終点に関する沈黙は、終点とはまったく別のものである。つまり、それは帰結をしばし引き延ばすための一筆にすぎないのだ。このように、この詩の言語がそれ自体の消失をめぐって組織されているとしても、そうした消失はテクストの外部にある漸近線的な限界——テクストの終わりや始まり——ではなく、テクスト自体の必然的・内在的な不連続性、テクストの間隔化・分節化・リズムの原理そのものなのである。

誘いを辞退する

今度は、そうした寓意的体系に捩れ〔l'effort〕が感じられる
――それが韻文詩の終わりで喚起されている光り輝く静かな光景に取って代わるのだ。

シュザンヌ・ベルナール『ボードレールから今日までの散文詩』

たった今検討したように、叙情的な誘いは伝統的に修辞的と呼ばれる二つのレヴェル、すなわち、説得（誘惑）のレヴェルと比喩（隠喩と換喩の収斂）のレヴェルで作動している。双方の場合とも、詩はあらゆる複数性や差異を単一性や同一性に転換する方向に向いている。対照的に、散文詩「旅への誘い」の修辞は、まさに冒頭の一文から、それとはまったく異なったものになっている。

類い稀な国、〈宝〉の国と人の呼ぶ国がある、私が古くからの女友達と訪れたいと夢見ている国だ。

韻文詩の近親相姦的な親密さや、それが散文詩と分かち合う夢とは逆に、散文詩は訴えも対話もなく始まる。女性は最初、テクストに直接呼びかけられるのではなく、テクストの中に三人称の形で（「古くからの女友達」）記されるのだ。つまり、バンヴェニストの言葉を借りるなら、彼女は人称ではなく非‐人称[10]、

すなわち、現前ではなく不在を指し示す文法事例になっている。誘いにおけるこの文法的な変化――つまり、誘いはもはや真の誘いではないのだが――は、「私」と「おまえ」の親密さを転覆してしまう。韻文詩では楽園的な「私たち」へと導き（「私たちの部屋」）、同じものに変えられた相手の内に己自身の魂の本質を見出すことを可能にした、あの親密さを転覆するのだ。「私」と「古くからの女友達」のあいだには、いかなる直接的な誘惑も生じえない。つまり、……に語るが、……について語るになってしまったのだ。女性は個性を剝奪され、単なる社会的な役割、「古くからの女友達」あるいはそのあとにある「選ばれた妹〔sœur d'élection〕」――この表現は、「私の子、私の妹」という叙情的な訴えがもつ、恣意的・慣習的な性格を暴き出している――という役割に変えられる。散文詩の女性は、社会的ステレオタイプとして、近親相姦的な恋愛の無比なる対象から、無限なる代替可能性の場へと姿を変えているのだ。

　これと同じ形で、三人称の使用も語り手自身の独自性や単一性を転覆している。夢はまさに最初から、他者の言葉に属するものとして告げられている。「類い稀な国、〈宝〉の国と人の呼ぶ国がある、……」。この夢の真の当事者は「私」ではなく、「人〔on〕」である。夢見る人は伝聞を介して、究極的にはあらゆる誘い状の発送が――あるいは、あらゆる恋愛詩の発送までもが――関係する社会的な慣習目録の一部として、夢を見ているのだ。

　このように、散文詩は三人称を不断に侵入させることで、一・二人称間の対話の直接性を転覆することから始まるが、それでもなお、一・二人称の代名詞――これは実際、文法的な主語としては韻文詩にはいっさい現れない――を豊富に使用し続ける。散文詩の冒頭にはなかった対話がこれ見よがしに立ち戻ってくる。つまり、散文詩は対話――私／おまえ――を、その可能性の条件自体を問いただすようなコンテクスト内に維持することで、みずからの対話を一・二人称のあいだではなく、人称（私〔*je*〕、おまえ〔*tu*〕）

の機能と非-人称（彼女〔*elle*〕、人〔*on*〕）の機能のあいだ、対話的相互性・対称性という叙情的な幻想と、そうした幻想を瓦解・移動させるアイロニカルな非対称性のあいだに据えているように見えるだろう。

散文詩はこのように、「私」と「おまえ」の鏡像的な対称性を問いただしている。だが、その一方で、国と女性の鏡像的な対称性を強調し、そうした強調にさらに磨きをかけているように思われる。

これこそは真に〈宝〉の国、……そこではすべてがあなた〔vous〕に似ている。……おまえ〔te〕に似た国がある。……

比類のない花、再び見出されたチューリップ、寓意的なダリアよ、……おまえもまたみずからの類似の中に嵌めこまれ、神秘思想家のように語るなら、おまえ自身の照応物〔*correspondance*〕中に自分の姿を映すことができるのではないだろうか。……むしろ私たちは生きようではないか、日々を過ごそうではないか、私の精神が思い描いたこの一枚の絵の中で、おまえによく似たこの一枚の絵の中で。

これらの宝、これらの家具、またこの栄華、この秩序、この匂い、これらの奇跡の花々、それはおまえである。これらの大きな河、これらの静かな運河、それもまたおまえである。（強調はボードレール）

この詩で言及されている「照応（物）」という概念は、ボードレールの時代に実際に流通していた芸術的隠喩観を体現している。スウェーデンボルグ〔スヴェーデンボリ〕からスタール夫人まで、そしてシェリングからコンスタン司祭まで、照応（物）という考えは、「さまざまな物理的自然要素間の類似性」を説明する手段としてのみならず、「創造という至上の法則、統一性の中の多様性、多様性の中の統一性」[(11)]を開示する手段としても役立っていた。換言するなら、隠喩は〈神〉の存在証明だったのだ。

　極小のものから極大のものに至るまで、自然に存在するものすべてが照応物である。なぜなら、自然世界は精神世界によって、またこの両者は〈主〉によって存在し、維持されるからである。(12)

　ボードレールの散文詩の場合、「花」に譬えることができる国――花「自体の照応物」である国――へ花を移植することには、花のアイデンティティの不動性（花の花自体との類似性）と、詩的世界全体の統一性・秩序をともに保証する狙いがあるように思われる。この花が、逆説的にも、「比類ない＝比較不可能な花〔Fleur *incomparable*〕」と言われ、また換言的に、比類ない＝比較不可能と同時に比較可能、詩の比較体系を築くと同時に超越する、とされているなら、それはまさに〈神〉と同じく、単一でありながら、すべてのものに譬えることが可能なものということになるだろう。つまり、ここでの隠喩は、代替的なもの（比較可能なもの）と単一的なもの（比類ない＝比較不可能なもの）のあいだに内在する矛盾の解消プロセスであることが明らかになる。

　だが、ボードレールが照応（物）という概念に言及しているとしても、それは単に「神秘思想家のように語る」ためではなく、もう一人のボードレール、すなわち、「万物照応〔Correspondances〕」と題されるソネットを書いたボードレールのように語る――また、それについて注釈する――ためなのだ。このソネットでは、……のように〔*comme*〕という語――一四行の中で七回使用されている――が一種の「アルキメデスの支点(13)」の役割を果たし、世界の「暗く奥深い一体〔ténébreuse et profonde unité〕」を支え上げている。一方、散文詩においては、この……のようにという語は一〇回出現し、次の一節で極点に達している。

　真に〈宝〉の国、と私はおまえに言った。そこにすべては富み、清潔に、かつ光り輝く。美しい良心のように、厨房の見事な一揃いの器具のように、壮麗な金銀細工のように、色とりどりの宝石類のように！

しかし、……のようにという語はこの場合、「暗く奥深い一体」を表現していない。それはすでに見たようなコードの闘い・衝突をともないつつ、不均質で不統一な複数性を表現しているのだ。散文詩は、比較の可能性を不条理の域にまで推し進めることで、……のようにという語を世界秩序内の必然的な紐帯から、単なる慣習的・恣意的な言葉の反射〔reflex〕に変えている。類似性のこうしたアイロニカルな増殖は、比較を不可能にするのではなく、比較を世界の究極的統一性の記号＝標識〔sign〕とみなすことの妥当性を問いただしているのだ。

　同様に、「すべて」に譬えられる女性は、あまりにも雑多な集合体（「宝」、「家具」、「栄華」、「匂い」、「河」、「運河」）と化しているので、結局は、どのようなものにも譬えられるものでしかない。つまり、この「寓意的な花」は、隠喩と換喩、シニフィエとシニフィアンが調和的に結合する原初的な収斂点、隠喩的な融合点ではもはやなく、まさに代替と散種〔dissemination〕の場、無限に伸長可能な等式中の単なる言語的一定数でしかないのである。

　この寓意的な花が、類似性の機械的な増殖によって、確実なアイデンティティを修辞上すべて奪われているように、ここでは叙情的な「魂」――それは、韻文詩の内的旅の中心に位置する（「……すべてが／魂にそっと／語ってくれよう／なつかしく優しいふるさとの言葉」）――もまた、同様の変形をこうむっている。

「おまえはそれら〔私の思想〕を、〈無限〉である大海のほうへ静かに運んで行く、おまえの美しい魂の清純さに大空の深みを清澄に映しながら」と主張することで、詩人は、ほかならぬ魂の「深み〔profondeurs〕」を単なる鏡像的な幻影に変えているのだ。この世と天界の照応は、二つの深み――あるいは本質――の照らし合いではなく、文字どおり、清澄に輝く二つの表面間の反射作用と化している。清澄に輝く表面のイメージは、実際、この詩に遍在している。

鏡も、金属も、布地も、金銀細工も、陶器も、見る者の目に無言の……交響曲を奏でている。……
真に〈宝〉の国、と私はおまえに言った。そこにすべては富み、清潔に、かつ光り輝く。美しい良心のように、厨房の見事な一揃いの器具のように、壮麗な金銀細工のように、色とりどりの宝石類のように！

このように、この想像の国では、「良心あるいは意識〔conscience〕」も含め、「すべて」が光り輝く鏡に似ている。「美しい良心〔belle conscience〕」は、ここでは皮肉にも、字義どおりの意味で、しばしば比喩的な意味でそう呼ばれるもの、つまり、映し出す場所になってしまっている。

しかし、すべてが鏡と化してしまったなら、アイデンティティの確認という鏡の通常機能は不気味にも破壊され、無限に入れ子構造化〔*mise en abyme*〕されてしまうだろう。詩人は、女性を彼女自身と照応する国に誘い、彼女に自己の無限の反射像を与えることで、事実上、彼女の自己を空虚な鏡の広間に変えている。つまり、女性が彼女と似ているものの中にみずからを映し出せたとしても（「おまえもまた、……おまえ自身の照応物の中に自分の姿を映すことができるのではないだろうか」）、彼女はもはや鏡の中で目にされてはいない。彼女自身が鏡そのものと化しているのだ。また、女性に「固有の〔propre〕照応物」（彼女「自身の照応物」）が単なる「清潔な〔propre〕」表面だとするなら、アイデンティティを構成するとされる固有性〔propriétés〕は、清潔さ〔propreté〕から生じるにすぎない、ということになるだろう。"propre"という語の二つの意味は、奇妙にも、互換可能と化しているのである。

しかし、清潔さと固有性の問題はここで終わらない。というのも、良心が一揃いのポットや鍋と同じくらい清潔であるとするなら、それ〔良心〕自体が日々の行き届いた清掃に関わるものでなければならないからだ。つまり、食器洗い〔dishwashing〕と頭脳の洗濯〔brainwashing〕がなぜか同等なのである。読者はこうして、散文詩「旅への誘い」のテクストにある、摩訶不思議な倫理的・経済的考察に導かれることになるだろう。

倫理学、経済学、そして政治学

> 私は教育の邪説のことを言いたいのであり、それは当然の成り行きとして、情念、真実、道徳の邪説を含んでいる。……詩はたとえ息の根を止められようとも、機能停止に追いやられようとも、科学や道徳と同一視されることはありえない。それは〈真実〉を目的とはせず、〈それ〉自体だけを目的としている。
>
> ボードレール「エドガー・ポーについての新しい覚え書」

「おまえに似た国がある。そこでは、すべてが美しく、富み、静かで誠実〔honnête〕」。まるで韻文詩のリフレインの響きの中に立ち現れたかのような誠実という語は二重に調子外れである。まずは、この語が反復を断ち切るからであり、次いで、この語が散文詩の内に、韻文詩の享楽的な無軌道性とはまったく相容れない、道徳的な価値体系を持ち込むからである。料理と同じく、誠実さは異なるコードの侵入を指し示す記号＝指標〔sign〕となっている。それはボードレールがしばしば罵りを浴びせたブルジョワ道徳的な文学――、ボードレールの言う、「妻の気に入る術を知っている誠実な男はすべて崇高な詩人です[14]」と主張しているかのような文学――に属するものなのだ。その道徳性に対し〔モンティヨン〕賞が授与されたエミール・オージェの戯曲『ガブリエル』について、ボードレールは次のように扱《こ》き下《お》ろしている。

> ガブリエル、例の徳高きガブリエルが、その徳高き夫に向かって、元金に利息が加わり、さらにそれが利息を生むと仮定して、一万ないし二万フランの年金を得る身分となるにはどれだけのあいだ、徳高き吝嗇を続けなければならないかを計算しているのに耳を傾けよう。五年か、一〇年か……。この誠実な夫婦は言うのである。その時には、
>
> **裕福な道楽者のような生活ができる！**
>
> ……オージェ氏は……美徳の言葉を喋っていると信じながら、……実は勘定台の言葉……を喋っていたのだ[15]。

だが、はなはだ興味深いことに、この商いと吝嗇の言葉は散文詩「旅への誘い」の言葉でもある。

真に〈宝〉の国、と私はおまえに言った。そこにすべては富み、清潔に、かつ光り輝く。美しい良心のように、厨房の見事な一揃いの器具のように、壮麗な金銀細工のように、色とりどりの宝石類のように！　世界の富は、全世界に貢献した勤勉な商人の邸宅に見るように、そこに集まる。

……さまざまの富を積む巨大な船は……、私の思想である。……おまえはそれらを〈無限〉である大海のほうへ静かに運んで行く、……そして波のうねりに疲れ、〈東洋〉の産物を満載して船が故郷の港へ帰り着く時に、それはやはり私の思想、〈無限〉の彼方からおまえの元へと戻って来た、さらに豊かになった私の思想である。

〈東洋〉へ向かうこの旅は情事よりも商用に似ていると思われる。この旅で探し求められるのは愛ではなく、「富」なのだ。誠実さは財産を確保するためにのみ存在している。つまり、「勤勉な商人」にとっては、ポットや鍋と同じくらい有用な「美しい良心」も含め、すべてが商品と化しているのだ。〈宝〉の国はもはやエロティックな空想の国ではなく、開拓可能な富の源泉、つまりは植民地である。

詩的想像力に関するテクストの中に、不意に「勘定台の言葉」が立ち現れることで、読者は、この散文詩と結託しているブルジョワ体系の基礎をなす三つの基本概念――価値、労働、そして経済という概念――を詳しく吟味するよう強いられる。

韻文詩では、豪奢という語が、「東方の国の見事さ」と呼ばれる、生産あるいは交換の問題とは関係のない、ある漠然とした詩的特質を示していたように思われる。だが、散文詩の〈宝〉の国に「集まる」「富」の源泉は、労働者の労働の内に明確に位置づけられている。「世界の富は、全世界に貢献した勤勉な商人の邸宅に見るように、そこに集まる」。ここで、空想の国の価値（「富」、「豪奢」、「宝」など）が、労働と賃金の照応（「貢献した＝値した〔a merité〕」）から生じているとしたら、（万物）照応という審美的な概念は経済（学）的な意味を帯びることになるだろう。

詩学と経済学のこうした類似性は、「さまざまの富を積み」出港した船（「私の思想」）が、「〈東洋〉の産物を満載して」戻って来るという散文詩の大詰めに至り、頂点に達する。ソネット「万物照応」が「精神と五感の熱狂〔transports〕」と呼ぶものがここでは字義どおりに捉えられ、隠喩的な旅（隠喩は、語源的に、文字どおり「運搬〔transport〕」を意味する）は商用の旅に仕立て上げられる。散文詩はつまり、「詩的性質〔poeticity〕」にはそれ自体の経済があること、シニフィアンとシニフィエ、女性と国の等式化が、賃金と労働、製品と価格の等式化と同じように機能していることを暴き出しているのだ。

とはいえ、散文詩はみずからの究極的な欲望対象を、交換経済とまさに対立する形で位置づけている。

> この園芸学の錬金術師たちが探究し、さらにいっそう探究し、彼らの幸福の限界を絶えず推し進めていくように！　彼らが、彼らの野心的な問題を解決する者のために、六万フローリンの、いな一〇万フローリンの賞金を賭けるように！　私はと言えば、すでに私の黒いチューリップを、私の青いダリアを発見した！（強調はボードレール）

最上の詩的価値を表象しながら、詩的宇宙を経済的な領域の彼方そして上方に据えていると思われるのは、値踏み不可能なこの「比類のない花」である。経済的交換構造からのこうした審美的な超越は、実のところ、伝統的詩学の陳腐な言い種となっている。

というのも、芸術は次のような二重の意味において自由な技芸でなければならないからである。芸術は契約労働と対立する。つまり、芸術はその量が一定の基準に従って判定・強要され、賃金が支払われるような労働ではない、というのが一つ目の理由である。そして、二つ目の理由は、心は確かに仕事に従事するが、その場合でも、他の目的には目もくれず〔報酬を顧みず〕、みずから満足と興奮を感じる、というのが二つ目の理由である(16)。

散文には内容だけが要求されるのに対し、ここでは〔詩においては〕形式のみが支配し生き延びる。一つに決められた確実な意味として消費されるという言葉の特性を犠牲にして、そこを支配しているのは、音、リズム、語の物理的な結びつき、語の誘導効果、あるいは語相互の影響といったものである(17)。

このように、芸術作品の経済はシニフィアンとシニフィエ、媒体と内容間の単なる交換＝やり取りを超越した、意味作用の余剰をめぐって組織されている。詩的価値を生み出すこの超過は、等価交換システムにとっては、他者〔other〕にも存在理由〔*raison d'être*〕にもなっている。なぜなら、詩的価値生産の否定的な比較点として〔現前的な〕役割を演じているため、決して消失することのないこうした交換システムは、もはや比べうるもの〔「決められた確実な意味」〕のために存在しているのではなく、逆説的にも、今は比類なきもの、すなわち、詩という花「〈自体〉」のために機能しているからである。「詩はたとえ息の根を止められようとも、機能停止に追いやられようとも、科学や道徳と同一視されることはありえない。それは

〈真実〉を目的とはせず、〈それ〉自体だけを目的としている」[18]と、ボードレールは書いている。これと同じ考えは、今日、詩的機能に関するヤーコブソンのおなじみの定義の中で永続化されている。「**メッセージ**〔MESSAGE〕そのものへの指向〔*Einstellung*〕、メッセージそのものへの焦点合わせは、言語の**詩的**〔POETIC〕機能である」[19]。

隠喩的な等価システムとみずからの超越性の生成というこの逆説的な関係を、はたしてどう理解すればよいのだろうか。興味深いことに、マルクスはこれと同じ言い方で、直接交換システムと資本主義の出現の関係を記述している。詩と経済学のテクストからの抜粋をいくつか並行的に引き比べてみよう。

マルクス　ある特定の商品が一般等価物という性格を獲得する。なぜなら、他のすべての商品が、その特定の商品を、みずからの価値がそこに一律に表現されるものにするからである[20]。

ボードレール　……私の親しい天使よ、そこではすべてがあなたに似ている。……これらの宝、これらの家具、またこの栄華、この秩序、この匂い、これらの奇跡の花々、それはおまえである。

マルクス　一般等価物として登場する商品は

……相対的な価値形態から排除されている（p. 68／一〇六頁）。この等価物は、他の商品とはいかなる相対的価値形態も共有していない。（p. 69／一〇六頁）

ボードレール　比類のない花……

マルクス　商品の単純な流通——買うために売る——は、流通とは結びつかない目的——すなわち、使用——価値の所有、欲求の満足——を達成する手段である。逆に、資本としての貨幣の流通は、それ自体が一つの目的である。（p. 151／二二四頁）

ボードレール　それ〔詩〕は〈真実〉を目的とせず、〈それ〉自体だけを目的としている。

マルクス　したがって、資本の流通には限界がない。（p. 152／二二五—二二六頁）。

ボードレール　さまざまの富を積む巨大な船は……、私の思想である。おまえはそれらを〈無限〉である大海のほうへ静かに運んで行く、……

マルクス　したがって、このプロセスの正確な形態はM-C-M'［貨幣―商品―貨幣＋］であり、そこではM' = M+△Mすなわち、M'は前払いされた元金と利潤の総計になっている。この利潤、あるいはもともとの価値に対するこの超過分を、私は「剰余価値」と呼んでいる。したがって、始めに前払いされた価値は流通中も維持されるだけではなく、みずからに剰余価値を加え、さらに大きくなるのである。価値を資本に転化させるのはこうした動きである。（p. 150／二二三頁、強調はマルクス）

ボードレール　……彼方、そこにさらにゆるやかな時の歩みは、さらに豊かな思想を含み、そこに大時計は、……さらに深く、さらに意味ある荘厳さをそなえ、幸福の時を告げる。……それは……戻って来た、さらに豊かになった私の思想である。

こうした引用のコラージュから浮かび上がるメッセージは確かに単純なものではない。だが、それはまさに等価システムを永続させるプロセスにおいてそのシステムを超越する、という共通の方法を通じて、疑いなく、〈詩〉と〈資本〉の類似性を示唆している。詩としての言語の流通は、資本としての貨幣の流通に著しく似ているし、「詩的なもの〔poetic〕」はまさに言語の剰余価値と定義できるだろう。

このように、商いの隠喩と値踏みできないものへの賛辞を結びつける散文詩は、詩的なもの対経済的なものという旧来型の対立を首尾よくテーマ化すると同時に、詩的性質〔poeticity〕という構造の裏面に資本（主義）的なモデルを刻み込むことで、そうした対立自体の転覆に成功している。しかし、詩がまさに交換経済――それは本来的な「経済」とされている――に対する対峙と超越を宣言する行為において資本の論理と結ばれるにもかかわらず、詩がみずからと経済構造の類似性に盲目なのは決して偶然ではない。逆に、他のコードとの関係についてのこうした思い違いや否定こそが、しかるべき詩を構成していると思われるだろう。つまり、散文詩の機能は、そうした詩的なものと代わるがわる対立することではなく、みずからの作用をより鮮明にすることで、ほかならぬ、詩がみずからに関して盲目である事態を暴き出すことのように思われる。

優しいふるさとの言葉

園芸家たちの想像力は大変なものなので、自分たちの空想の産物が最初から存在しないとみなしつつも、彼らはもはや……ホラティウスの黒い白鳥や、フランスの伝承にある白ツグミのように架空の存在とみなされている、あの大きな黒いチューリップのことしか考えなかったのである。

アレクサンドル・デュマ・ペール『黒いチューリップ』

彼の頭に渦巻く
不思議な夢と比べたら、
はかなき美女たちよ、君らなど何ものでもありはしない。
〈神〉の創った作品など、
彼にとって完璧と思えるものはどこにもない、
彼は青いダリアを夢見ているのだ。

ピエール・デュポン「青いダリア」

したがって、散文詩「旅への誘い」の経済においては、すべてが等しい「おまえ」、比類ないと同時に無限に比較可能な「花」が一般等価物の役割を演じ、必然的に詩〈自体〉を表象している。ここで詩が花によって表象されているのは、たぶん偶然ではあるまい。この散文詩が最も直接的に指向している詩的実体は、紛れもなく『悪の華』だからである。おそらく、この詩の真の語り相手は一人の女性ではなく、一篇の叙情詩、すなわち、韻文詩「旅への誘い」であろう。つまり、散文詩の本当の対話は、二つのテクストのあいだに設定されているのだ。

しかし、この「寓意的な花」のテクスト性は、『悪の華』への指向に限定されるものではない。というのも、この比類のない花は、単に新しい、あるいは二番煎じのボードレール的修辞によって構成されるどころか、よく知られた二つの別の文学作品の名――アレクサンドル・デュマの『黒いチューリップ』とピエール・デュポンの「青いダリア」（両者〔黒いチューリップと青いダリア〕は、ボードレールの時代、到達不可能な理想を示す共通のクリシェと化していた）――によっても名指されているからである。読者はしたがって、次のような逆接と直面していることに気づかされる。つまり、（「彼ら〔園芸学の錬金術師たち〕が探究し、……私が発見した」）この希有で比類のない花、このただ一人の所有物（「私は、と言えば、すでに私の黒いチューリップを、私の青いダリアを発見した」）も、実は、非個人的なありきたりの言葉、まったく月並みな発見物であることが判明するのだ。このように、最も高い詩的価値を表現するのに、価値を下げた言葉を使用することの目的はいったい何なのか。希有なものとありきたりのもの、値踏みできないものと値を下げたものとの関係とははたして何なのか。比類のないものをクリシェとすることで、ボードレールはみずからの詩的価値システムを転覆しているのではないだろうか。コンテクストとしては、何らかのきわめて斬新な表現がむしろ要求されると思える時に、こうした二つの常套句を使用することは、ロマン派の詩を絶えず支えてきた独創性の崇拝と事実上抵触することになる。ジョルジュ・ブランほどの優れた批評家さえもが、凡俗性へのこうした由々しき下降には当惑を感じている。

同時代のもの（一冊の大衆小説と一つの常套句）を典拠にする凡俗さ、その一方で、その神秘さが一世紀後のわれわれに醸し出す黒と青の叙情性、この両者のあいだにはとてつもない隔たりが存在している。この作家〔ボードレール〕の意図はどこにあったのだろうか。[21]

だが、散文詩がまさにここで問いただしているのは、この「作家の意図」という概念によって仮構される、主体の統一性という公準なのだ。テクストの中でイタリックにされた黒いチューリップと青いダリアが指し示しているのは探究の頂点ではなく、探究者の権威の不安定さである。活字上の変化は声の変化を、いやむしろ、言葉の「源泉」の制御し難い複数化を示唆している。実際、クリシェとは作者なき引用でなくして、いったい何であろうか。つまり、問題はブランが言うような、「ここでは誰が語っているのか、私か人か」ではなく、むしろ、「語る行為は一つの主体しかもちえないのか。私と人の境界線は本当に見定めることができるのだろうか」なのである。

したがって、韻文詩によって仮構された「優しいふるさとの言葉」は、一人の個人の単一的で初源的な言葉ではなく、むしろ、作者なき常套句の言葉、借用された言説である。そして、人はそれ介して、語る主体としてではなく、語られる主体として、言葉の中に生まれ出るのだ。

詩的言説の結果でも源泉でもある言語。そうした言語すべての基礎に横たわるステレオタイプ化のプロセスを明らかにすることで、ボードレールの散文詩は、みずからの価値の引き上げと引き下げをまさに同時に予言しているのである。

> 一人の音楽家はワルツへの誘いを書いた。愛する女、選ばれた妹へ捧げるための、旅への誘いを作曲する者はいったい誰だろうか。〔強調はボードレール〕

みずからのタイトルを愛する女への未来の贈り物として引用することで、テクストはここですでに、それ自体を潜在的なクリシェとして、ステレオタイプ化された交換儀礼に与るために鋳造＝偽造された誘惑の通貨として指示している。「旅への誘い」はみずからを引用することで、それ自体を、〈宝〉の国や黒いチューリップと同じく、人〔*on*〕の言語的所有物――いまだ書かれてはいないが、すでに歴史的反復（物）の一部と化しているもの――として読んでいるのだ。

このように、常套句的な花（黒いチューリップ、青いダリア）から常套句的な国（〈宝〉の国）に、故郷の港である「おまえ」から異国の岸辺である「おまえ」に向かうこの詩的な旅は、すべてがおなじみのクリシェの範囲内で行われている。つまり、修辞的な移動は、事実上、共通の場＝常套句を決して離れてはいない。しかしながら、こうした共通の場＝常套句（それはまさに、すべてのものと普遍的＝一般的に等価である）は、同時にまた、奇妙なほど異質である。それにそなわる魅力は、なじみのない「見知らぬ国」の魅力なのだ。だが、逆説的にも、この旅を動機づけている「見知らぬ国に寄せるあのノスタルジア」は、まったく新しいものへの憧憬ではなく、回帰への誘い、「立ち返り＝繰り返し〔revenez-y〕」への呼びかけが有する魅惑なのである。

……すべてのものから、すべての隅から、抽出の隙間からも布地の襞からも、不可思議な薫りが、住居の魂とも言うべきスマトラの反魂香〔*revenez-y*〕が、洩れ出でて来る。

真に〈宝〉の国、と私はおまえに言った。……（強調はボードレール）

ボードレールの強調体（「反魂香〔*revenez-y*〕」）が示すように、別のテクスト――〈他（者）の〉テクスト

――を源泉とするこの回帰への誘いは、なじみのあるものをなじみのないものとして呼び表している。「〈西洋〉における〈東洋〉と……呼ぶこともできる」この国への旅が、ここでは遠くにあるユートピアのようなものの探求ではなく、あらゆる回帰や反復に方向を与える（方向を失わせる）もの、換言するなら、この旅の意味〔*sense*〕――あるいは方向――そのものを転覆させるものの追求と化しているのだ。（デュマがまさに、彼のユートピア的な黒いチューリップを「フランスの伝承にある白ツグミ」や「ホラティウスの黒い白鳥」と比べながら、示唆しているように）、どこにもない国＝ユートピア〔u-topia〕――非‐場〔no-place〕――と共通の場＝常套句が究極的に区別不能だとすれば、その理由は実際に到達しえないユートピア的な場所、この上なく未知な場所は、遠くにある神秘的な国のようなものではなく、人〔*on*〕が今いる場所だから、でしかありえない。

修正と拡張

詩であったものが再び散文と化している。そして、主題を刷新するに違いないと思われた斬新な要素は、知的に加えられた余計な付加物のように見える。

アンリ・ブリュグマンス「ボードレールの『旅への誘い』」

「ふるさとの」言葉、社会的・時間的・修辞的な分化に先立つ初源的・自然的な完全状態への回帰を追求する叙情的な「旅への誘い」とは対照的に、散文詩は価値を切り下げられたクリシェの言葉を再評価することで、自然の初発性〔firstness〕に対する芸術の後発性〔belatedness〕を明確に特権視している。

　不可思議の国、〈芸術〉が〈自然〉にまさるように、すべてに立ちまさった国、そこに自然は夢想によって改造され、また修正され、美化され、鋳直されている。

改造されなければならない「〈自然〉」、散文詩の「〈芸術〉」が適用される「原材料」ないしは前‐テクスト〔pre-text〕と苦もなくみなされる韻文詩のことを考慮しながら、こうした修正や改造の評価を散文詩自体のステイタスを説明するものとして考察するのはきわめて魅力的である。実際、改造・変形プロセスの重要性は、散文詩の至る所に現れる変形を示す動詞――飾り立てる〔*illustrer*〕、築く〔*bâtir*〕、彩る〔*décorer*〕、引き延ばす〔*allonger*〕、色づける〔*colorer*〕、濾す〔*tamiser*〕、細工を施す〔*ouvrager*〕、分ける〔*diviser*〕、改造する〔*réformer*〕、修正する〔*corriger*〕、美化する〔*embellir*〕、鋳直す〔*refondre*〕、探求する〔*chercher*〕、推し進める〔*reculer*〕、遠ざける〔*éloigner*〕、描く〔*peindre*〕、そして、料理する〔*cuisiner*〕――によって絶えずテーマ化されている。

　しかし、このような変形作業は、二つの「旅への誘い」のテクストの関係において、具体的にどのような形で表明されているだろうか。

　読者は、散文詩のきっちり詰まった文章を韻文詩の切りつめた垂直性と比較した時、散文詩が〔韻文詩と〕「同一の詩的理念[22]」をさらに発展させたヴァージョンであり、〔韻文詩を〕より自由で冗長なスタイルに翻案したものだと、判で押したように考えてきた。J・B・ラテルマニスによるなら、散文詩は「すでに韻文詩によって与えられている主要な要素（それ以上のものではない！）を継承的に発展させることで」

作り出されたものであり、「そうした要素が内包する連合部分を明らかにすれば十分である」[23]ということになる。シュザンヌ・ベルナールは、「韻文詩では単に暗示されているか、萌芽の状態にあったすべてのものが、散文詩において再度取り上げられ、事細かに詳述されている」[24]と述べている。付加されたものがもともとの理念にふさわしいものでも、それらとは異質なものでも、また、それら〈付加されたもの〉の存在が「読者の不興を買う」[25]か、テクストの「魅力」を「最高点」[26]にまで高めるかのいずれであっても、散文詩生成の背後にある支配原理――韻文詩の内容を再度取り上げ、発展・拡張し、明確なものにする、という原理――は同一のままなのである。

このように、散文詩を反復される詩的構成要素の拡大と捉えることの正当性は、この詩自体の構造によって立証されているように思われる。最初の数行へと反復的に立ち戻る（「……国がある……〈宝〉の国が……真に〈宝〉の国……そここそは……すべき……しかり……そここそは……すべき……」等々）このテクストは、みずからの起点を反復し、さらに詳述拡大することで形成されているのだ。韻文詩が終わり（脚韻）の反復によって構築されるのに対し、散文詩はその始まりを反復することで展開される。散文詩の拡張性に先天的制限がないことは、その大きさが事後的にしか計りえないことを意味している。散文詩が終わりに到達するには、新たな始まりを示すしかないのだ。散文詩が「起点」とされる韻文詩の増幅的反復であるという印象をもたらすのは、おそらくこの回帰と延長のリズムゆえであろう。こうした印象は『小散文詩集』についてのボードレールの説明――「結局、それは依然として『悪の華』です。しかし、それは、い、い、い、るかに多くの自由と細かさ、そして、からかいの気分をそなえています」[27]――によっても支えられている。

したがって、散文詩の公式は以下のように解せるだろう。「それは依然として（韻文詩）と同じものであるが、はるかに多くのものをそなえている。つまり、散文（詩）＝韻文（詩）＋Xである」。しかし、この公式を文字どおりに受け取るべきなのか。修正のプロセスとははたして、「同一の詩的理念」の単なる追加、単純な明確化、純粋に二次的な練り上げなのだろうか。換言するなら、散文詩が反復しているとされるもののステイタスとは、いったい何なのか。

　こうした問題を詳しく検討するために、韻文、散文双方の「リフレイン」を比較してみることにしよう。

あそこでは、あるものすべてが秩序と美、
豪奢、落ちつき、そしてよろこび。

　これこそは真に〈宝〉の国、そこでは、すべてが美しく、富み、静かで誠実。そこでは豪奢は秩序のうちに己の姿を映して悦び、そこでは、生は吸う一息にも豊かで甘美である。そこには無秩序も、喧噪も、意外な出来事もない。そこでは、幸福は静寂と一つになっている。そこでは、料理そのものも詩的であり、こってりとしていると同時に刺激に富んでいる。私の親しい天使よ、そこではすべてがあなたに似ている。

散文詩「旅への誘い」の中に誠実（な）という語が突如登場することから生じる不協和な効果については、すでに指摘しておいた。しかしながら、こうして詩的コンテクストの中に一つのブルジョワ的な価値を取り込むことは、ただ単に既存の価値に新たな一つの価値を付け加えることではなく、むしろ、価値という概念そのものを変形させることである。審美学の肯定的価値と倫理学の肯定的価値のあいだのこうした不協和は、ほかならぬ、言語的な価値の否定性――純粋に示差的な〔differential〕特性――を暴き出している。というのも、静か〔な〕〔tranquille〕という語だけを切り離して捉えるなら、それは韻文詩のリフレインにある落ちつき〔calme〕という語とほぼ同義だと言えよう。だが、こうした呼応は誠実（な）という語の汚染混交によって、突然破壊される。静かさは、遡及的に、それ自体とは異なるものになってしまう。すなわち、それはエキゾティックな国の穏やかな調和ではなく、自由、財産をともに保証するような市民秩序の中で身を守られた、所有者の安全を喚起することになるのだ。同様に、韻文詩では秩序と豪奢が、それらに審美的な色合いを与える美〔という語〕によって隔てられていたが、散文詩における両者の関係には、もはや審美的なものは何一つ見当たらない。つまり、豪奢はそれを保護し永続化するために制定された安寧秩序〔law-and-order〕(28)の中にみずからの姿を映し出すのである。また、韻文詩では上品な優しさを伝える甘美な〔douce〕という語（「思ってごらん……楽しさを〔Songe à la douceur〕」）も、ここでは、生を美味な消費物に変えるための単なる調味料に成り果てている（「生は吸う一息にも豊かで〔脂っこくて〕甘美である〔la vie est grasse et douce à respirer〕」）。叙情的な語彙に付加されるものは、それにとって単に異質なだけではない。これらの付加物が生み出す変化の中で、まさに反復される諸要素自体が、なぜか、みずからと異質なものと化すのである。つまり、こうしたコードの闘いにおいては、どこで一つのコードが終わり、別のコードが始まるのかが見定められなくなっているのだ。したがって、批評家たちが主張するように、散文詩が韻文詩と「同一のテーマ」を反復しているとしても、それはまさに、同一、テーマという両概念を問いただすためにほかならない。

「同一の」ものを「別の」ものにしてしまうこうした示差的な付加作用は、この〔散文〕詩の中で明確に説明されている。

不思議な国、ヨーロッパの〈北方〉の霧に沈み、〈西洋〉における〈東洋〉、ヨーロッパにおけるシナと、人は呼ぶこともできるだろう。それほどに生彩ある、気紛れな空想は恣《ほしいまま》に成長し、巧緻微妙な植物を配置して、この国を丹念に、執拗に、飾り立てている。

このように、空想の飾り立てによる〈西洋〉の〈東洋〉への修辞的変換は、疑いなく、散文詩が韻文版オリジナル〔韻文詩〕について「明示」しているもののイメージそのものと見ることができる。ありていに言うなら、「〈同じもの〉の〈別もの〉」と呼びうるようなこの不思議な国とは、まさに詩がなってしまったものではないだろうか。というのも、ここで詩と対立しているのは散文ではなく、詩だからである。散文によって再加工された詩はみずからと分離する。だがそうした分離は、詩が詩でないものになることによってではなく、自身との差異から構成される純粋なる言語価値、というそのステイタスを明白にすることによってなされるのだ。

修正と去勢

われわれは望む所で中断できる……

ボードレール「小散文詩集への献辞」

このテクストの伝統的な分析を支えている公式（「散文＝韻文＋X」）の妥当性を吟味することで、「同じ」もの（「韻文」）と「別の」もの（*X*）を区別するのがもはや不可能な地点へと導かれた。だが、散文詩のテクストを反復されているものと付加されているものに分けようとする最も逐語主義的な試みでさえ、こうした区別が役に立たないことに加え、韻文詩のテクストの大部分が、実質上、〔散文詩から〕消え失せてしまっていることを、すかさず明らかにしてくれる。例えば、次の抜粋を比較してみよう。

あそこに行って一緒に暮らす楽しさを！
　しみじみ愛して、
愛して死ぬ

そここそは行きて暮らすべき国、行きて死すべき国
である！

韻文詩では、生きる＝暮らす〔*vivre*〕、死ぬ〔*mourir*〕という二つの語〔動詞〕が、それらにエロティックなコノテーションを付与する、愛する〔*aimer*〕という語〔動詞〕の反復によって仲介されている。しかし、散文詩の場合、生きる＝暮らすと死ぬは、愛するをともなわずに並置されている。つまり、この旅は一人の旅、恋する者との旅、そのいずれでもありえるのだ。愛の詩と想定されているものから、このように、愛するという語〔動詞〕を除去してしまうことは意外に思えるかもしれない。だが、散文詩が反復していないものをすべて積み重ねてみるなら、「魅力〔charmes〕」、「おまえの……目〔tes yeux〕」、「涙〔larmes〕」、「美〔beauté〕」、「よろこび〔volupté〕」、「部屋〔chambre〕」、「かなえる〔assouvir〕」、「望み〔désir〕」といった語群が、「愛する」や「一緒に〔ensemble〕」とともに除去されていることが分かるだろう。韻文から散文への移行で消え去ってしまったもの、それはまさに誘惑のプロセスにほかならない。

　このように、韻文詩のテクストは、宝石が新しい台座に填め込まれるように、散文詩の中に単純に埋め

込まれているわけではない。韻文詩からは、それが「反復される」以前に、大部分のエロティックな契機が切り離されてしまっているのだ。こうした切断のプロセスは形式的なレヴェルでも作用している。韻文から散文への転換は、詩〔韻文〕に誘惑的な魅力を付与している強度の契機（リズム、脚韻）を同じように除去することを意味しているからである。散文詩が叙情詩〔韻文詩〕から削除しているものが、そのエロティシズムであることは決して偶然ではない。というのも、こうしたテクスト的な切断、すなわち、叙情詩の意味論的・形式的な潜在力を抑圧してしまうことは、ほぼ文字どおり、去勢の契機に呼応するからだ。

去勢がどうやら散文詩の構成要素であることは、『小散文詩集』のさまざまなテクスト――そこではまさに、暴力的な一撃や切断といった隠喩が増殖している――を通して絶えず反復的に示唆されている。(29) 詩から散文への移行を明確に寓意化している「後光紛失〔Perte d'Auréole〕」では、詩人は必然的に、後光――詩的な力の「徴章〔insignes〕」――をまず切断されたあと、愚にもつかない散文という「悪所〔mauvais lieu〕」に足を踏み入れることになる。そして、詩法の崩壊自体は、おそらく「不都合な硝子屋〔Mauvais Vitrier〕」において劇化されている。硝子板を割る詩人の仕草は、「硝子を割る〔briser les verres〕」＝「詩を壊す〔briser les vers〕」という地口として読むことが可能だろう。詩から散文への移行は、詩の中で統一性、総体性、不朽性、潜在力として定立されているものすべての削除を意味しているように思われる。

排除／包摂――詩とその分身

女を愛するのなら、まだいい、だが彫像とは、何という愚行だ！

フロベール『聖アントワーヌの誘惑』

だが、散文によって変性され破損される、この詩的統一性・総体性の真の性質とはいったい何であろうか。叙情的なコードの無欠性——去勢の契機「以前のもの」——とは実際のところ、何から成り立っているのだろうか。叙情詩〔韻文詩〕がその解答を与えているように思われる。

あそこでは、あるものすべてが秩序と美、
豪奢、落ちつき、そしてよろこび。

この調和的な「すべて」、この分割できない総体性のイメージは、散文詩では以下のようになっている。

そこでは、すべてが美しく、富み、静かで誠実。そこでは豪奢は秩序のうちに己の姿を映して悦び、そこでは、生は吸う一息にも豊かで甘美である。そこには無秩序も、喧噪も、意外な出来事もない。そこでは、幸福は静寂と一つになっている。……

「あるものすべてが秩序と美」、「そこでは、すべてが美しく、富み、静かで誠実」。どちらの場合も、〔イメージの〕喚起はすべて〔*tout*〕という語によって開始されている。このように、まさに総体性という概念が問題にされ、詩が総体性——起源への純然たる隠喩的回帰の中で生じる主体の統一性、あるいは近親相姦的な結合――を希求している以上は、二つのテクストにあるすべてという語の機能を分析することが啓発的と言えるだろう。

すでに指摘したように、韻文詩では、こうした総体性は無際限の包摂ではなく、むしろ制限的な排除性から生じている（「あるものすべてが……〔すべては……でしかない（Tout *n'est que* ...）〕」）。この総体を構成する一連の抽象名詞（「秩序」、「美」、「豪奢」、「落ちつき」、「よろこび」）は、ただ一つの詩的本質（「すべて」）を映し出すひとつらなりの隠喩的な鏡のように、相互に重ね合わされている。他方、散文詩では、動詞「……である〔*être*〕」は、もはや制限的な構文（「……でしかない〔ne ... que〕」）によってア・プリオリに限定されていない。また、等価的な名詞の範列的な並置の代わりに、描写的な形容詞の連辞的な並置や、副詞「そこでは〔où〕」に従って恣意的に並べられた細目を見出すことになる。このように、雑多な特性や断片的な描写の拡張可能な集積からなる散文詩のすべては、隠喩的・排除的・本質的というよりも、むしろ換喩的・包摂的・状況的である。本質から属性への移行は、総体性から分割への移行である。詩〔韻文〕のすべてはそのようには分割できない。他方、散文詩のすべては一連の属性に分割され、その数は、すべての意味を汲み尽くせないまま、無限に増殖させることができる。つまり、細目の合計は際限なく差異化＝差延化する〔defers〕のだ。しかしながら、無限の拡張性を通じて、不均質で相容れないいくつかのコードの競合的な対立場所となる散文詩の「すべては……である〔Tout est ...〕」は、詩的コードと対立する別の特定コード（「写実主義」、「散文」、「日常言語」）を明確に示しているわけではない。散文詩の「すべては……である」は、むしろ、あらゆるコードの非‐総体性というコードを寓意的に表象しているのだ。換言するなら、「すべては……である」は総体性ではなく、一つの集合〔*set*〕を示している。それは複数のコードの集合、つまりは集合の集合なのである。したがって、現代的な集合理論が「一つの世界におけるすべての集合の集合は、一つの集合ではない」という根本的なパラドックスをともなうように、散文詩の「すべては……である」は、記号学的な世界におけるすべてのコードのコードもまた、一つのコードにはならない、ということを証明しているのだ。

〈宝〉の国のさまざまな属性の中でも、以下のものはとりわけ重要である。「そこには無秩序も、喧噪も、意外な出来事もない〔排除されている〔*sont exclus*〕〕」。こうした無秩序の排除は、韻文詩の一節「あるものすべてが秩序……〔すべては秩序……でしかない〕」の潜在的な排除性を明言するものとして読めないだろうか。もし可能なら、詩的抽象名詞（「秩序」、「美」、「豪奢」、「落ちつき」、「よろこび」）を一連の描写的な特性——詩的コードとは無縁の経済・社会的コードを散文詩に導き入れる諸特性——に変換する散文詩の仕草は、単なる二次的な練り上げではないことになる。つまり、それは、それらの抽象名詞〔abstractions〕がもともとどこから引き出された〔abstracted〕かを、すなわち、韻文詩のリフレイン〔refrain〕が何を抑制した〔refrained from〕かを明示しているのだ。したがって、詩的コードとはただ単に「詩的」とみなされている諸要素の集合ではなく、他のコードに属するものすべてを排除・否定し、積極的に抑圧するプロセスでもあるのだ。そこで、ジョルジュ・ブランが述べるように、ボードレールの散文詩群が文字どおり「『悪の華』から排除されたものを含んでいる[30]」とするなら、それらの機能は、詩〔韻文詩〕が排除しているものだけではなく、詩の本質をなす排除行為そのものを明白にすることだと言えるだろう。このように、排除や切断の行為が詩を現に構成していることは、叙情的「誘い」の「……でしかない」という構文だけではなく、詩に関するボードレールの見解全般に見られる排除的な明言の執拗さによっても示唆されている。

〈詩〉は……〈それ〉自体以外の目的をもたない。……それは〈真実〉を目的とはせず、〈それ〉自体だけを目的としている。

みずからを魂の無媒介な声、主体性の初源的な表現とみなしている詩は、一コードとしての己のスティタスに対しても、また、己と他の複数のコードの関係——すなわち、詩の総体性・単一性という観念の実質的拠り所とも言うべき排除プロセスが招来する己の必然的な切断——に対しても盲目であり続けている。詩的境界線を守る秩序の力は、まさに抑圧の痕跡、浄化操作の痕跡を抑圧するだけでなく、それらを抹消する——きれいに拭い去る——よう仕組まれているのだ。詩——「清潔に、かつ光輝く。美しい良心のように」——はこうして初めて「純粋」になることができる。すなわち、ジャック・デリダが「否定性のない純粋な断絶、否定性も意味作用もないない〔Une coupure pure sans négativité, un *sans* sans négativité et sans signification〕」[31]と呼ぶものによって、己の生産プロセス、〈それ自体〉以外の歴史あるいはコンテクストから完全に切り離されると思われる。

こうして生産プロセスを抹消することで生産物を過大評価し、切断・不完全性への反証として固定化され凍結化された形式を定立することは、マルクス、フロイトがともにフェティシズムと呼んだものの特徴を帯びている。去勢の恐怖に抗して建てられた記念碑であると同時に、生産作業から断ち切られた一見「神秘的」[32]な生産物である詩——言語の潜在力およびその無尽蔵と思われる豊かさ——は、実際それ自体が物化し、一種の言語的なフェティッシュと化している。「純粋」不朽の形式として固定化され、「線をはぐらかす動き〔le mouvement qui déplace les lignes〕」[33]に抗して定立された詩は、「〈美〔La Beauté〕〉」と題されたボードレールの有名なソネットにおける〈美〉のように、まさに「石の夢〔rêve de pierre〕」にほかならない。それはつまり、詩が締め出し隠蔽しようと企てる死・去勢・抑圧のイメージそのものなのだ。

このように、散文詩がフェティッシュを転覆するテクスト的な行為、叙情的テクストの切断からなるとするなら、韻文詩もまた、その根本的な排除動作（「すべては……でしかない」）ゆえに、すでに別のテクストの切断・隠蔽プロセスによって構成されている。そして、別のテクストとは、コードの対立を最大限に強いられた不均質な文化的テクスト――まさに散文詩「旅への誘い」と瓜二つのテクスト――にほかならない。

換言するなら、散文詩と韻文詩のあいだの切断・修正作用は双方向に際限なく働いている。二つのテクストの各々が、他方の口実、すなわち前‐テクスト〔pre-text〕なのだ。いずれのテクストも他方に対する優先性を主張できない。つまり、〔切断・修正の〕「原材料〔raw material〕」は常に、すでに切断されたテクストなのだ。だが、この相互的修正は対称的な性格のものではない。韻文詩から排除されるものが文化的コードの不均質な多様性であるとするなら、散文詩の際限なき包摂性は、まさにその排除動作自体を包摂するまでに拡張してしまう。だが、包摂性の排除を包摂することは、内部と外部の境界、詩的空間という範囲そのものを消し去るか、問いただすことにほかならない。結局のところ、散文詩はそうすることで、詩に対する己の内在性（「詩」）ばかりか、外在性（「散文」）をも問いただしている。詩に対して内在的に外在する――すなわち、詩〔韻文詩〕を反復すると同時に、それから遠ざかる――散文詩は、去勢とフェティッシュ化、価値の引き上げと引き下げ、抑圧と転覆が同時に対立し、そうした対立自体を切り崩すような場と化しているのだ。したがって、詩〔韻文詩〕とは「別もの」でも「同じもの」でもない散文詩は、まさにその分身〔*double*〕にほかならない。みずからの分割空間、「別の段階」としての、二重＝分身〔double〕空間。そこでは、詩によって抑圧されてしまったものが、奇妙な親密さを呈する不気味な形象内に止めどなく回帰する。そして、詩、言語的フェティッシュ、「石の夢」――〈騎士団長〉（モリエールの『ドン・ジュアン』に登場する石像の人物）の彫像であれ、大理石の眼をもつ非情な〈ヴィーナス〉であれ[34]――が、〈他なるもの〉、すなわち、己の境界を画定できないという事態から生じるものを出発点に、突如語り始めるのである。

*付　録

「旅への誘い（旅へのさそい）」（韻文）

　私の子、私の妹、
　　思ってごらん
あそこに行って一緒に暮らす楽しさを！
　　しみじみ愛して、
　　　愛して死ぬ
おまえにそっくりのあの国で！
　　曇り空に
　　　うるむ太陽
それが私の心を惹きつけるのだ
　　不思議な魅力
おまえの不実な目が

涙をすかしてきらめいているような。
あそこでは、あるものすべて秩序と美、
豪奢、落ちつき、そしてよろこび。

　歳月の磨いた、
　つややかな家具が、
私たちの部屋を飾ってくれよう。
　珍しい花々が
　その香りを
ほのかな龍涎の匂いにまじえ、
　華麗な天井、
　底知れぬ鏡、
東方の国のみごとさ、すべてが
　魂にそっと
　語ってくれよう
なつかしく優しいふるさとの言葉。

あそこでは、あるものすべて秩序と美、

豪奢、落ちつき、そしてよろこび。

　ごらん　運河に
　眠るあの船
放浪の心を持って生まれた船たちを、
　おまえのどんな望みでも
　かなえるために
あの船は世界の涯からここに来る。
　——沈む日が
　野を染める、
運河を染める、町全体を染め上げる、
　紫いろと金いろに、
　世界は眠る
いちめんの　熱い光の中で。

あそこでは、あるものすべて秩序と美、
豪奢、落ちつき、そしてよろこび。（安藤元雄訳）

「旅への誘い」（散文）

類稀《たぐいまれ》な国、黄金境と人の呼ぶ国がある、僕が古くからの女友達と訪れたいと夢みている国だ。不思議な国、ヨーロッパの北方の霧に沈み、西洋における東洋と、ヨーロッパにおけるシナと、人は呼ぶことも出来るだろう。それほどに生彩ある、気紛れな空想は恣《ほしいまま》に成長し、巧緻微妙な植物を配置して、この国を丹念に、執拗に、飾り立てている。

　これこそは真に黄金の国、そこにすべては美しく、富み、静かに、また人々は礼譲に厚い。そこに、栄華はととのいのうちに自分の影を映して悦び、そこに、生は吸う一息にもかぐわしく美味である。そこには混乱もなく、粗野もなく、意外の事実もない。そこに、幸福は静寂と婚姻し、庖厨も詩的であり、同時に刺戟と脂肪とに富んでいる。僕の親しい天使よ、そこにすべてはお前に似ている。

　お前は知っていよう、冷たい悲惨の中で僕等を捕えるあの熱病を、見知らぬ国に寄せるあのノスタルジアを、好奇心の持つあの不安を？　お前に似た国がある。そこに、すべては美しく、富み、静かに、そして人々は礼譲に厚い。そこに、空想は西洋のシナを築きそれを彩り、そこに、生は吸う一息にもかぐわしく、そこに、幸福は静寂と婚姻する。そここそは行きて暮すべき国、行きて死すべき国である！

　爾《しか》り、そここそは行きて呼吸し、夢み、かつ無尽の感覚を駆使して時間を更に永からしめるべき国だ。一人の音楽家はワルツへの誘いを書いた。愛する女、選ばれた妹へ捧げるための、旅への誘いを作曲する者は一体誰だろうか。

　爾《しか》り、この雰囲気の中においてこそ、人は憂いなく暮せるだろう、――彼方、そこに、更にゆるやかな時刻の歩みは、更に豊かな思想を含み、そこに、大時計は透徹した、意味深い壮厳の音色を立てて、幸福の時間を打つだろう。

　磨かれた鏡板の上、或いは金箔を置いた、地味な豪奢を誇る皮革の上に、それらを創った芸術家の魂のように、敬虔な、静かな、微妙な絵画が、ひそやかに生きている。食堂や客間を華かに色づける入陽《いりひ》は、美しい織布に光を濾《こ》され、また鉛の格子のために幾つもの小さな区劃に分けられた飾付の高窓によって、濾《こ》されて来る。家具は大きく、物珍らしく、風変りで、洗練された人々の魂のように秘密と錠前とで守られている。鏡も、金属も、布地も、金銀細工も、陶器も、見る者の眼に神秘かつ無言の交響曲を奏でている。そしてすべてのものから、すべての隅から、抽出《ひきだし》の隙間からも布地の襞《ひだ》からも、不可思議な薫りが、住居の魂とも言うべきスマトラの反魂香が、洩れ出でて来る。

　真に黄金の国、と僕はお前に言った。そこにすべては富み、清潔に、かつ光り輝く。美しい良心のように、厨房の一揃の器具のように、壮麗な金銀細工のように、色とりどりの宝石類のように！　世界の富は、全世界に貢献した勤勉な商人の邸宅に見るように、そこに集る。不可思議の国、「芸術」が「自然」にまさるように、すべてに立ちまさった国、そこに自然は夢想によって改造され、また修正され、美化され、鋳直されている。

　どうか園芸学の錬金術師たちが、探究し、更に一層探究し、彼等の幸福の限界を絶えず推しすすめて行くように！　彼等が、彼等の野心的な問題を解決する者のために、六万フローリンの、いな十万フローリンの、賞金を賭けるように！　僕はと言えば、すでに僕は僕の黒チューリップを、僕の青ダリアを、発見した者だ！

　比類のない花、再び見出されたチューリップ、寓意あるダリアよ、それはそこではないだろうか、お前が行きて蕾《つぼみ》し、行きて花咲くべきところは、かくも静かにかくも夢み心地の、このうるわしい国ではないだろうか。お前もまた自らの類似《アナロジイ》の中に嵌めこまれ、神秘思想家の言葉を借りれば、お前自身の対応物の中に自分の影を映すことが出来るのではないだろうか。

夢！　常に夢である！　そして魂が野心的に、繊細微妙になればなるほど、夢は一層現実の可能から遠ざかる。人はすべてその内部に、絶えず分泌され、絶えず代謝される、生れながらの阿片剤を持つ。そして誕生から死に至るまでに、僕等は満足するに足りる快楽の時間、決意し実現し得た行為の時間を、どれほど数え得るというのか。寧ろ僕等は生きようではないか、日々を過ごそうではないか、僕の精神が思い描いたこの一枚の絵の中に、お前によく似たこの一枚の絵の中に？

これらの宝、これらの家具、またこの栄華、このととのい、この匂、これらの奇蹟の花々、それはお前である。これらの大きな河、これらの静かな運河、それもまたお前である。そこに浮ぶ巨大な船、さまざまの富を積み、人足たちの単調な唄声の響いて来る船は、お前の胸の上に眠り、揺《ゆら》いでいる僕の思想である。お前はそれらを、「無限」である大海の方へ静かに運んで行く、お前の美しい魂の清純さに大空の深みを明かに映しながら、——そして波のうねりに疲れ、東洋の産物を満載して船が故郷の港へ帰り着く時に、それはやはり僕の思想、「無限」の彼方からお前の許へと戻って来た、更に豊かになった僕の思想に他ならないだろう。（福永武彦訳）

原　注

（1）これら二つの詩の全文は、本章の末尾に付録として掲げている。

（2）Charles Baudelaire, *Les Fleurs du Mal*, Édition critique établie par Jacques Crépet et Georges Blin (Paris: Corti, 1950), p. 387.

（3） Suzanne Bernard, *Le Poème en prose de Baudelaire jusqu'à nos jours* (Paris: Nizet, 1959), p. 144.

（4） Alison Fairlie, "Observations sur les *Petits poèmes en prose*", *Revue des Sciences humaines*, 127 (July-Sept. 1967), p. 453.

（5） Charles Baudelaire, *Œuvres complètes*, Texte établi et annoté par Y.-G. Le Dantec / Édition révisée, complétée et présentée par Claude Pichois (Paris: Gallimard, « Bibliothèque de la Pléiade », 1961), p. 736〔「テオドール・ド・バンヴィル」高畠正明訳、『ボードレール全集』第Ⅲ巻、人文書院、一九六三年、八一頁〕. 以後は"*O. C.*"と略記する。

（6） こうした闘いが内包する暴力は、ボードレールの散文詩においてしばしば文字どおりに表現されている。例えば、「スープと雲と〔La Soupe et les Nuages〕」の場合、雲の「叙情性」からスープの「写実性」への移行は、「背中への拳の激しい一突き」〔O. C., p. 298／「パリの憂愁（小散文詩）」福永武彦訳、『ボードレール全集』第Ⅰ巻、人文書院、一九六三年、三五二頁〕によってなされている。

（7） Pierre Fontanier, *Les Figures du discours* (Paris: Flammarion, 1968), p. 99.

（8） Cf. Roman Jakobson, *Essais de linguistique générale* (Paris: Seuil, 1966), p. 515〔ロマーン・ヤーコブソン『一般言語学』川本茂雄監修、みすず書房、一九七三年、三九頁〕.「言説の展開は相異なる二つの意味論的な線に沿ってなされる。つまり、一つのテーマ〔topic〕は類似性もしくは隣接性によって別のテーマを導くのだ。前者については隠喩的なプロセスを、後者については換喩的なプロセスを引き合いに出すのが、おそらく最も適当であろう……。正常な言語行動においては、これら二つの方式が絶え間なく作用している」。

（9） *O. C.*, p. 737〔「テオドール・ド・バンヴィル」高畠正明訳、『ボードレール全集』第Ⅲ巻、八一頁〕.

（10） Cf. Émile Benveniste, *Problèmes de linguistique générale* (Paris: Gallimard, 1966), 1, pp. 251, 256〔エミール・バンヴェニスト『一般言語学の諸問題』岸本通夫監訳、みすず書房、一九八三年、二三四、二四〇頁〕.「「人称」という概念は……私／あなた〔*je* / *tu*〕だけに固有のものであり、彼〔*il*〕には欠けている……「三人称」とはまさに「非‐人称」なのである」。

（11） Madame de Staël, *De l'Allemagne*, quoted by Antoine Adam in his edition of *Les Fleurs du Mal* (Paris: Garnier, 1961), p.

271.

（12）Emanuel Swedenborg, *Les Merveilles du ciel et de l'enfer* (Berlin: G. J. Decker, 1782), I, p. 64〔エマヌエル・スヴェーデンボルイ『天界と地獄　原典訳』、スヴェーデンボルイ原典翻訳委員会訳、アルカナ出版、一九八五年、八三頁〕.

（13）Cf. Michel Deguy, "La poésie en question", *Modern Language Notes*, 85, no. 4 (May, 1970), p. 421.

（14）*O. C.*, p. 687〔「テオフィル・ゴーチエ（一八五九）」渡辺明正訳、『ボードレール全集』第Ⅲ巻、一一三頁〕.

（15）*Ibid.*, pp. 617-618〔「道義的な演劇と小説」鈴木道彦訳、『ボードレール全集』第Ⅲ巻、三三九―三四〇頁〕.

（16）Immanuel Kant, *The Critique of Judgement*, translated by James Creed Meredit (Oxford: Clarendon Press, 1952), p. 185〔イマヌエル・カント『判断力批判』上巻、篠田英雄訳、岩波書店（岩波文庫）、一九六四年、二八一頁〕.

（17）Paul Valéry, *Œuvres*, Édition établie et annotée par Jean Hytier (Paris: Gallimard, « Bibliothèque de la Pléiade » 1957), I, p. 1510〔「『魅惑』の注解」伊吹武彦訳、『ヴァレリー全集』第六巻増補版、筑摩書房、一九七八年、二五六頁〕.

（18）*O. C.*, p. 685〔「エドガー・ポオについての新しい覚え書」平井啓之訳、『ボードレール全集』第Ⅲ巻、四〇頁〕.

（19）Roman Jakobson, "Linguistics and Poetics", *Style in Language*, edited by Thomas A. Sebeok (Cambridge, MA: MIT Press, 1960), p. 356〔ヤーコブソン『一般言語学』、一九二頁〕.

（20）Karl Marx, *Capital* edited by Frederick Engels (New York: International Publishers, 1967), p. 67〔カール・マルクス『資本論』第一巻(上)、今村仁司・三島憲一・鈴木直訳、筑摩書房、二〇〇五年、一〇五頁〕.

（21）Georges Blin, "Les Fleurs de l'impossible", *Revue des Sciences Humaines*, 127 (July-Sept. 1967), p. 461.

（22）Bernard, *op. cit.*, p. 140.

（23）J. B. Ratermanis, *Etude sur le style de Baudelaire* (Bade: Éditions Art et Science, 1949), p. 442.

（24） Bernard, *op. cit.*, p. 144.

（25） Henri Brugmans, "*L'Invitation au voyage* de Baudelaire", *Neophilologus*, 30 (Jan. 1946), p. 12.

（26） Fairlie, *op. cit.*, p. 453.

（27） Letter to Jules Troubat, February 19, 1866 (Charles Baudelaire, *Correspondance*, Texte établi, présenté et annoté par Claude Pichois avec la collaboration de Jean Ziegler (Paris: Gallimard, « Bibliothèque de la Pléiade », 1973), II, p. 615)〔『ボードレール全集』第六巻、阿部良雄訳、筑摩書房、一九九三年、五六九頁〕.

（28） ここで、フランス史のこの時代、上流ブルジョワ階級の保守政党が、「〈秩序〉の〈党〉」と呼ばれ、何よりも「公衆の安寧」を唱道していた事実に触れておくのは、あながち無益ではないだろう。

（29） 以下の各詩篇の一節を参照せよ。「献辞〔La Dédicace〕」（「すべてが同時に頭であり、尻尾である……われわれは望む所で中断〔*couper*〕できる」〔O. C., p. 229／「パリの憂愁（小散文詩）」福永武彦訳、『ボードレール全集』第I巻、二八二頁。以下、この注はすべて同作品〕）、「二重の部屋〔La Chambre double〕」（「しかし、ぞっとするようなノック〔*coup*〕の音が、今や重たく扉に鳴り響いた。……私は鳩尾《みぞおち》に鶴嘴《つるはし》の一撃〔*coup*〕を打ち込まれたように感じた」〔O. C., p. 234／二八七頁〕）、「スープと雲と（La Soupe et les Nuages）」（「そして、突然（tout à *coup*）、私は背中を拳で激しく一突き（*coup*）された」〔O. C., p. 298／三五二頁〕）、「マドモワゼル外科刀〔Mademoiselle Bistouri〕」（「〔外科医なら〕いっそまず君のその首をちょん切る〔*couper*〕よ」〔O. C., p. 301／三五五頁〕）、「みやびやかな射手〔Le galant Tireur〕」（「人形は物の見事に首を落とされた〔*décapitée*〕」〔O. C., p. 297／三五一頁〕）、「貧乏人を撲殺しよう〔Assommons les Pauvres!〕」（「拳骨の一撃〔*coup*〕で奴の片目は塞がった。歯を二本折って〔*briser*〕やったが、おかげで自分の爪を一枚割ってしまった〔*cassai*〕」〔O. C., p. 305／三五九頁〕）等々。さらに言うなら、大多数の散文詩はそれ自体がしかし〔*mais*〕やしかしながら〔*toutefois, cependant*〕によって「断ち切られ」、それによって、一つのコードから別のコードへの、あるいは、断言からその取り消しへの移行が印づけられている。

（30） Georges Blin, *Le Sadisme de Baudelaire* (Paris: Corti, 1948), p. 171〔ジョルジュ・ブラン『ボードレールのサディスム』及川馥訳、沖積舎、一九八六年、二〇五頁〕.

（31） Jacques Derrida, "Le sans de la coupure pure", *Digraphe*, 3 (1974), p. 13.

（32） Marx, *op. cit.*, p. 71〔マルクス『資本論』第一巻（上）、一一〇頁〕.

（33） この表現はボードレールのソネット「〈美〔La Beauté〕〉」に登場するが、そこで一体の彫像に見立てられた彼は、「私は線をはぐらかす動きを憎悪する」〔O. C., p. 20／「悪の華（再版）」福永武彦訳、『ボードレール全集』第I巻、一二九頁〕と宣言している。

（34）『小散文詩集』中の一篇「道化と美神と〔Le Fou et la Vénus〕」を参照せよ。そこでは芸術家＝道化が〈ヴィーナス〉像に慈悲を請うのだが、その結末は以下のようになっている。「しかし、非情の〈ヴィーナス〉は、大理石の眼で、遠くの名状し難いものを打ち眺めるばかり」〔O. C., p. 237／「パリの憂愁（小散文詩）」福永武彦訳、『ボードレール全集』第I巻、二九〇頁〕。

訳　注

〔1〕ボードレールの韻文詩「旅への誘い」については安藤元雄訳（「旅へのさそい」、『悪の華』集英社（集英社文庫）、一九九一年）、散文詩「旅への誘い」については福永武彦訳（「パリの憂愁（小散文詩）」、『ボードレール全集』第I巻、人文書院、一九六三年）を参照した。なお、「付録」にはこれらの訳を掲げさせていただいた。

4　詩と行為遂行的言語

マラルメとオースティン

Mallarmé and Austin

つまり、言葉は「真面目に」語られねばならず、また、「真面目に」受け取られねばならない、ということだろうか。これは曖昧とはいえ、一般的には十分正しいことである。これはいかなる発言の目的を論じる時にも重要な常識であり、その際には、例えば、冗談を言っていてもいけないし、詩を書いていてもいけない。

J・L・オースティン『言語と行為』

臨機の叫び

詩は臨機の叫びである、

出来事についてのものではなく、それ自体の一部である。
ウォレス・スティーヴンズ「ニューヘイヴンの平凡な夕べ」

遅い午後の日を浴び、幌付き四輪馬車の中で怠惰に身を揺らしていた優雅な女性とその付添い人は、いくぶん荒廃してはいるが、不思議なくらい混み合っているお祭り市に偶然出くわすことになる。婦人は客一人いない屋台で、適当な演技者＝遂行者〔performer〕の不在を解消するため、太鼓叩きを奮起させ、付添い人をお代徴収の呼び込み人に仕立て上げ、自身は台に登って、得体の知れない仕草で見物人たちにその姿を見せつける。こうした摑み所のない状況で自分のなすべきことを瞬時に理解した付添いの紳士は、婦人の髪を一瞥してから、一篇のソネットを朗唱する。そして、それを終えると彼女を台上から抱え降ろし、この見世物について、先よりも気取りのない説明を付け加える。その後二人は、見物人たちの当惑気味の賞賛の中、今や暗くなっている野外を、自分たちがつい先ほど演じたパフォーマンスのことを気持ちよく話しながら、乗り物のほうへと引き返して行く。

マラルメの散文詩「小屋掛芝居長広舌〔La Déclaration foraine〕」の「筋〔plot〕」は、ほぼこのように展開する。このテクストが提起している問題は無数にある。（もしあるとすれば）いったい何が（詩について？）宣言されているのか、また、それはマラルメの著作の他の契機とどう関わっているのか。ソネットと婦人、韻文と散文の関係とは何であるのか。物語の枠組みは韻文詩〔ソネット〕の存在をいかに動機づけているのか。言い方を換えよう。このテクストに拠るなら、ここに詩〔ソネット〕があることの意味は、はたしていつ分かるというのか。

最も明白なレヴェルで言えば、「小屋掛芝居長広舌」は二つの部分――動かない女性と語られる詩――

からなる即興的な余興の物語である。こうしたコンテクストで眺めるなら、双方の関係は一見透明かと思われる。つまり、ソネット（「……焰のように燃え上がる　髪が……〔La chevelure vol d'une flamme ...〕」）は、ロバート・グリア・コーンが述べるように、「他の外的装飾品をいっさい必要としないような容貌と、特徴ある見事な髪をもつ女性への賛美[1]」にすぎない、ということだ。したがって、詩人の行為はレミ・ド・グールモンの次のような主張を実証することだと思われよう。「人生におけるすべてのことは数限りなく言われてきたので、詩人は、みずからの仕草にいくつかの呟き言葉を交えながら、それらを指摘する以外、もはや何もできない[2]」。つまり、この詩〔ソネット〕は、命名する行為と提示する行為を同時に行うことで、記号と指示対象のごとく、婦人と結びついていると言えるだろう。

　しかし、それが事実なら、この詩はマラルメが字義的呼称化と明確に対立させている「暗示」の詩学と、いったいどのようにして折り合えるのか[3]。マラルメが詩による単純な対象指示性の撤廃、現実的な対象――「そこでは、頁が上手く閉じ合わされることはないだろう」〔p. 366〕――の「振動的な、ほぼ消滅に近いもの」〔p. 368〕を繰り返し強調していることを思い起こすなら、二つの事柄について疑念が生じ始めるだろう。一つは、マラルメの非‐対象指示性についてのこれまでの読み方は不十分ではないか、というもの。そしてもう一つは、婦人の髪だけがこのソネットの明白な主題であり、「無関心（な）」〔p. 382〕、「表面」〔p. 382〕といった語の意味は、双方がその「外部[4]」〔p. 382〕にとどまる何かを隠蔽すると同時に暴露しているのではないか、というものである。マラルメ自身の著作における、明白なものと真なるものの非‐照応に関する高度に曖昧な言明は、おそらく、髪に象徴的な意味を与え、髪という物質的なものの背後に、「純粋観念」もしくは「理念」――〈詩〉、理想〈美〉、赤裸々な〈真実〉、プロメテウスの火、挑発的〈女性性〉――を見出そうとする全般的な批評傾向の原因となっているだろう。実際、この散文詩は婦人を「生きている寓意」〔p. 282／「小屋掛芝居長広舌」松室三郎訳、三八頁。以下、注記がない限り同作品〕と呼ぶことで、この類いの読みをあからさまに引き寄せている。こうした読みは、詩の対象指示性という問題をさらに不確かなものにするが、それを排除することはない。

しかし、婦人の輝く頭髪については何でも語りうるが、この作品を締め括る対話で議論されるのは、髪あるいはその象徴的代替物といったものではなく、むしろ、ソネット自体の発出と受容を可能にする諸条件である。詩〔poetry〕がこの詩〔ソネット〕〔poem〕の「主題」であることは確かだとしても、この場合は優雅で理想的な観念ではなく、特殊な相互発語的〔interlocutionary〕状況の担う一機能、一つの言語行為〔*act of speech*〕と化している。婦人は付添いの男性に、からかうような調子で語っている。

——その、ありきたりとおっしゃってることなんですけど、例えば私たちが車に——そういえば、車はどこかしら——車のところへ戻るとしましょう——そうでした、あの車に二人っきりで乗っていたときでしたら、あなたはおそらく、私の目の前でそれをあんな風にお口になさる口実を構えたりなどなさらなかったかもしれません、ねえ、たぶんそうじゃありませんこと。やはりこれは、お腹に拳固でひどい一撃を与えられたかのように、切羽つまって噴出したのです。人々のじりじりしていたのがその原因ですけれど、これらの人々にはどんな犠牲を払ってでも咄嗟に何かをはっきりと示してあげる必要があったのです。たとえそれが夢みたいなことであっても……

——誰が身の程も知らず、恐れもなしに、ああした口上を公衆に向かって投げかけたりするでしょうか。そのとおりですとも。ソネットの初期形式に則って歌われた私の口上ですが、これは請け合って

> もよろしいです、仮に脚韻の一つ一つの用語が変化に富む太鼓の連打によってあなたにまで伝わり、多重的な理解に対して開かれている精神を魅惑したのでなかったならば、最終句の脚韻に音の反復がありましたが、奥様、あなただってやはり私の口上をあのように反論不可能なものとしてはお聞きくださらなかったでしょうからね。
>
> ——たぶん！と、茶目っ気たっぷりにそよ吹く夜の風の中で、先ほどはあんなことを言ったその当人が、われわれ詩人の考えを受け入れてくれた。〔p. 283／三九頁〕

このように、臨機の詩を朗唱する物語は、何が詩の臨機をなすのかという議論で締め括られる。二人の演技者はその詩が何を意味するのかではなく、どのように意味をなすのか、いかにして首尾よく生まれたのかに、関心を抱いている。それらの意味についてはのちに議論するが、この詩が現れるには二つの条件が必要と思われる。観衆と暴力である。この二つがなければ、「おそらく〔peut-être〕」——「たぶん〔qui sait?〕」——詩人は、揺れる馬車の中で静かに二人きりでいる状況に、詩を「口にする（お口になさる）口実〔le prétexte de formuler〕」など、引き入れたりはしなかったであろう。実際のところ、発話の生成に必要な条件を議論することで締め括られるこの散文詩は、発話の不在状態を三重に強調することから開始されている。

> 〈無言〉が続いている！　まるで夢のようだ、私の傍に横たわって、車輪の下に挿し挟まれる道端の花々の申し立てを微睡《まどろ》ます散策の、規則正しく緩やかな揺れに身を委ねているとどんな女性も、そ

れに、私の知っている女《ひと》もこの辺のところはしっかりと心得ている一人なのだが、言葉を発する努力を私に免じてくれる、これはもう確かなことだ。その日の午後が彼に好意を見せつつ終わるであろう男に向かってほとんどわが身を差し出さんばかりの何かもの問いたげな身拵《みごしら》えをしているが、このことをわざわざ口に出して彼女を褒めなどしたら、折角思いがけずこうして寄り添っているというのに、明敏に反応する微笑の笑窪をその顔の上に却って浮かばせる仕儀となり、それは気持ちの離れを暗示するだけのことだろう。（強調はジョンソン、以下同様）〔p. 279／三二一頁〕

このように、タイトル中の「長広舌〔déclaration〕」と、冒頭の「〈無言〉〔Silence〕」とのあっさりした並置によって最初から予告されているのは、「語るか、語らないか」という択一がどうやら問題にされているということである。また、テクストの語彙に注目するなら、言語行為〔speech acts〕に対する圧倒的数の言及が見出されるだろう――動詞（免じる〔*exempter*〕、〔言葉を〕発する〔*proférer*〕、褒める〔*complimenter*〕、暗示する〔*suggérer*〕、認める〔*consentir*〕、〔名を〕告げる〔*nommer*〕、〔感情を〕示す〔*témoigner*〕、申し出る〔*proposer*〕、回避する〔*conjurer*〕、捲し立てる〔*dégoiser*〕、言う〔*dire*〕、吐息を洩らす〔*soupirer*〕、〔名誉を〕打ち壊す〔*diffamer*〕、注目する〔*observer*〕、付け足す〔*ajouter*〕、伝える〔*communiquer*〕、構える〔引き入れる〕〔*introduire*〕、口にする〔*formuler*〕、はっきりと示す〔言明する〕〔*proclamer*〕、請け合う〔*gager*〕、受け入れる〔*accepter*〕）。名詞（長広舌〔*déclaration*〕、申し立て〔*interjection*〕、叫喚怒号〔*vocifération*〕、説明〔*explication*〕、呼び出し〔*convocation*〕、展示〔提示〕〔*exhibition*〕、推測〔*présomption*〕、装うこと〔*affectation*〕、支持〔承認〕〔*approbation*〕）。そして形容詞（もの問いたげな〔*interrogatrice*〕、称讃の〔*appréciative*〕）。あえて言うなら、このリストはJ・L・オースティンが「行為遂行的発言〔performative utterances〕」と呼ぶものの整理を試みる『言語と行為』の最終章に何よりもよく似ている。

行為遂行的〔performative〕という概念はこの詩に何らかの光を投じることができるのか（そして、その逆は）。それを見定めるため、まずはオースティンが述べているこの概念の主要な特質を手短かに確認しておくことにしよう。第一に、ある文は以下の条件の明白性が立証される時、行為遂行的と称される。「文を口にすることが……私がそうする際に行っているとされる行為を記述すること〔*describe*〕でも、また、私がそれを行っていることを陳述すること〔state〕でもない〔場合〕。つまり、それは当の行為をなすことにほかならない。……「行為遂行的〔performative〕」という名称はむろん、「行為〔action〕」という名詞とともにふつうに用いられる動詞「遂行する〔perform〕」から来ている。それは、言葉を発することが何らかの行為を遂行することを示している」[5]（強調はオースティン）。したがって、例えば「私は宣戦を布告する」という発話文は、それ自体が宣戦を布告するという行為だが、「私は敵を殺害する〔した〕」という行為の報告にすぎない。また、オースティンによるなら、発話によって遂行される行為は何らかの形で「確実な慣習的効果をもつ、一般に容認された慣習的手続き」[6]に属するものでなければならない。そして最後に、「言葉が発せられる状況〔*circumstances*〕は、一つあるいは複数の意味で、常に適当である〔*appropriate*〕必要がある」[7]。こうして、所与の状況において、何かを言うことが承認可能な何かをなしている時にはいつでも、行為遂行的発言を見出すことができる。

こうした制限基準をこれ以上説明しなくても、「小屋掛芝居長広舌」におけるあのソネットの朗唱は行為遂行的発言として分類可能と言えるだろう。この詩〔ソネット〕を口にすることは明らかに一篇の詩を口にするという行為を遂行することであり、正式ではないにせよ、余興という状況に問題なく適合させられている。行為の慣習性はといえば、この詩人自身がそれを「ある種の美学ではごくありきたりのこと

〔lieu commun d'une esthétique〕」〔p. 283／三八頁〕）と称している。明白なことだが、行為遂行的発言と単なる発話行為を区別するには、行為遂行的発言の特性に関するさらなる条件づけが必要とされるだろう。というのも、オースティンみずからが問いかけているように、「われわれはどんな言葉を発する時でも、「何かを行っている」のではないだろうか」(8)。言語行為——すなわち、言うことが行うことであるような行為——を漏れなく包括する定式を探ろうとするオースティンは、文法形式や変形規則の考察から、意味論的な内容や対人的な効果の考察へと移行する。そして、そうした探究の過程で、行為遂行的言語／事実確認的〔constative〕言語という当初の二項対立は不可避的に崩壊する。行為遂行的発言の言語（学）的な特性を定義できなかったオースティンは（この点についてはのちほど説明することにしよう）、発言の内在的な性質ではなく、相互発語的状況での実際的な機能に焦点をあてながら、一揃いの新たな分析用語を提示する。行為遂行的／事実確認的という二項対立を手離したオースティンは、あらゆる発言を以下の三つの「次元」に従って分析するよう提案するのだ。㈠発語的〔*locutionary*〕〔次元〕（音声、意味、言及）、㈡発語内的〔*illocutionary*〕〔次元〕（意図的・慣習的な力）、そして㈢発語媒介的〔*perlocutionary*〕〔次元〕（実際的な効果）。

有効性なしと言うわけではないが、これらの概念は行為遂行的〔言語〕という概念と少なくとも同じくらい問題含みであったため、のちの思想家たちは、行為遂行的〔言語〕を〔他から〕分離することを目標に、一揃いの安定した言語（学）的基準の探究へと立ち戻る途を選んだ。オースティン自身が「顕在的な行為遂行的発言〔*explicit* performatives〕」（強調はオースティン）と呼ぶもの以外をすべて排除するような形で基準が設定されたため、こうした作業は相対的に単純化されている。顕在的な行為遂行的発言とは要するに一人称（または非人称的三人称）・単数・現在・直説法・能動態による発言のことだが、そこでは「まさに同じ動詞が用いられていても、他の人称や時制については、系統的種類の非対称性」(9)が生じてしまう。

つまり、オースティンの例を使用するなら、「私は賭ける〔I bet〕」は賭けるという行為を実際に遂行しているが、「彼は賭ける〔he bets〕」は賭けるという行為を報告しているにすぎない。行為遂行的発言は、遂行される行為が「発言の瞬間に、発言している人によって行われている(10)」場合にしか作動しないのだ。つまり、発言の審級に言及することで初めて意味を帯びるという意味で、行為遂行的発言は「転換子〔shifter〕」のように作用する。フランスの言語学者エミール・バンヴェニストはこうした定義に自己‐指向的な〔sui-référentiel〕意味論的次元を付け加え、次のように主張することで、不確実だったものを事実上すべて排除している。「発言は、それが遂行される行為を名指す〔*dénomme*〕かぎり、行為遂行的である。……発言は行為である。発言する人は行為を名指すことで、その行為を遂行している(11)」。

　むろん、不確実性をこうした形で排除するのは、探究全体の背後にありつつ明確に表明されていない哲学的な問題を排除することでもあるが、この問題は控え目に言っても、人間的な（権）力関係における言語の役割と何らかの関わりをもっている。つまり、オースティンが最初に提起した問いは間違いなく、「私たちは語る際、実際何をしているのか」であり、「ある発言が行為遂行的であると、私たちはいつ確実に判断できるのか」ではなかったのである。だが、このマラルメの詩がそうした大きな問題とどう関わっているのかを論じる前に、「顕在的」、自己‐指向的な行為遂行表現〔動詞〕の役割をまず吟味しておこう。

　最も狭い定義において考えるなら、〔マラルメの詩に登場する〕数多くの行為遂行動詞の中で「生きた」遂行〔「ライヴ」パフォーマンス〕の例として分類できるのは一つだけである。それは、偶然ながら、まさに請け合う〔gager / bet〕という動詞であり――「これは請け合ってもよろしいです〔*je le gage*〕」――、詩人はこの動詞でみずからの議論を締め括っている。マラルメがこのテクストの中で作動的なただ一つの行為遂行動詞としてこの特別な動詞を選択しているのは、はたして偶然だろうか。賭〔a bet〕と骰子一擲《とうしいってき》〔un coup de dés〕の関係を考えるなら、決してそうではないと推測できよう。だが、こうした一連の思考を詳しく追跡する前に、先のリストにある非作動的な行為遂行表現〔動詞〕の機能について考察しておくことにしよう。

　これらの表現〔動詞〕のほとんどは、不定形（「〔言葉を〕発する〔proférer〕」、「褒める〔complimenter〕」、「暗示する〔suggérer〕」）、三人称（「どんな女性も……私に免じてくれる〔toute femme ... m'exempte〕」）、過去時制（「申し出た〔proposa〕」、「認めてくれた〔consentit〕」、「受け入れてくれた〔accepta〕」）によって報告されることで、時間的に失効させられている。すなわち、それらが指示する言語行為は遂行されているのではなく、名指されているか、報告されているにすぎないのだ。したがって、失効させられた言語行為という名辞〔name〕は他のすべての名詞〔noun〕と同じように機能し、文字どおりの言語行為とはまるで関わりのないものの隠喩として使用されることさえある（「花々の申し立て〔l'*interjection* de fleurs〕」、「叫喚怒号のように〔comme une *vocifération*〕」）。このように、行為遂行的発言が本来的に自己－指向的な言語行為であるなら、それを生成することは、世界の中に新たな指向対象を同時に生成することである。これはだが、指向対象という概念を根本的に変換させることに等しい。というのも、もしそうなら、言語は外的な対象を指向するのではなく、指向行為における言語自体への指向だけを指向することになり、シニフィアンの連鎖は際限のない自己－二重化のループに行き着いてしまうからである。こうした難題の一様態は、実際、ポール・ラレヤに指摘されている。行為遂行的発言をチョムスキー的樹形図に適合させようと試みるラレヤは、「樹形図を展開するには、〔行為遂行的発言を指示する〔ジョンソン〕〕象徴記号を際限なく反復する必要があるだろう(12)」と述べている。行為遂行的発言とはつまり、指向自体を入れ子状にすること〔*mise en abyme*〕なのだ。

われわれは今、リチャード・クラインが隠喩の隠喩に関する研究で述べているものと相似た苦境に立ち至っているが[13]、こうした苦境と言語全般の諸特性の関係について、詩が何を語りうるかを示すには、依然、はるか遠い位置にいる。そこで、この問題を追究するため、行為遂行的発言の自己‐指向性が含意するものをさらにいくつか吟味しておこう。行為遂行的発言がそれ自体のみを指向するなら、それはいかなる外的――あるいは先行的――起源も指向していないと思われるだろう。しかし、実際の分析では、決してそうなってはいないことが分かる。言語行為の意味と指向がそれ自体の発言であったとしても、その事実そのものが発言者の存在＝現前を前提にしているからである。つまり、この発言者が当該の言語行為に必要な起源になっているのだ。行為遂行的発言がオースティンの言う「適切〔felicitous〕」なものであるためには、発言に対する発言者の存在＝現前を示す何らかの記号が必ず必要とされているからだ。しかし、この散文詩では、語り手と発言の意図的な連続性が、詩人と婦人双方によって問いただされている。そもそも、公衆に仮小屋への入場を促す口上が「はじめは言っている当人にも何のことやら分からぬ[14]」ように、公衆に発せられる「夢みたいなこと」は「身の程も知らず〔s'ignore〕、恐れもなしに、〔公衆に向かって〕投げかけ〔られる〕」からである。詩人が「お腹に拳固でひどい一撃を与えられたかのように」吐き出したものすべてを自己‐表出〔self-expression〕と呼ぶことは確かに可能だろう。だが、それはあくまで、自己‐表出という語の語源的な意味――すなわち歯磨きチューブのような意味――においてそうであるにすぎない。この詩は詩人の主体的な意図によって自然に生み出されるのではなく、不時に開かれた詩人の口からもたらされるのだ。これは言うまでもなく、マラルメについてよく議論される、詩的主体の排除と完全に一致している。「純粋な作品は、語り手としての詩人の消滅を引き起こす。詩人は言葉に主導権を譲り渡す[15]」。ありていに言うなら、このような不連続性を発言者と言葉のあいだに積極的に生成することは、マラルメの詩の行為遂行的な次元を排除するどころか、この詩の真に革命的な行為遂行性を組成しているのである。

しかしながら、こうした主体性の排除は「小屋掛芝居長広舌」の結末において実際どのように喚起されているのか、という点に立ち戻ってみるなら、発言者と発言の関係についてのそうした説術は過剰なほど単純化されていることが分かる。というのも、この詩に見られる非意図性の主張は回りくどいほど曖昧なので、それが「そのとおりですとも〔c'est vrai〕」という明確な表現で終わる頃には、そうした主張自体がすでに消滅しているに等しいからだ。公衆の苛立ちを、詩人の口から詩を「噴出」させる「拳固〔の〕一撃」――これは比喩的なものにすぎない――の明白な「理由」として名指しながらも、婦人はその詩が馬車の中で思い浮かんだ可能性を完全に排除してはいないし（彼女は、詩人がそこで詩を口にする口実を「おそらく」構えたりはしなかっただろう、と言っているにすぎない）、同じ修辞的レヴェルでは遭遇しえないとさえ言える一撃と噴出の関係を、いかなる形においても明言してはいない。

唯一真正な行為遂行的表現、「これは請け合ってもよろしいです〔私はそれを請け合う〕」を取り巻く状況に目を向けるなら、遂行される行為の性質について類似の問題化が見出されることになる。オースティンが言うように、賭は賭を行う人がそれを受け入れた場合にしか生じえないとするなら、賭の相手〔婦人〕が詩人の賭を「受け入れる」際に添える「たぶん！」という言葉は、賭の執行を事実上宙吊りにし、それが真の〔遂行的〕行為として機能する力を停止させてしまうからだ。さらに言うなら、ここで賭けられている――あるいは、賭けられていない――もの自体が内在的に矛盾を抱え込んでいると思われる。なぜなら、詩人の長広舌の「反論不可能性」はその意味の明白な一義性にではなく、逆に、その反響の制御できない多様性に依存しているからである。

このように、「そのとおりですとも」と「これは請け合ってもよろしいです」は、それぞれ明瞭に、事実確認的言語と行為遂行的言語の所在を示している。だが、それら双方のあいだでは、陳述〔事実確認〕されていることが遂行的発言の諸条件を問題化し、賭けられて〔請け合われて〕いることが〔事実確認的〕陳述の可能性を問題化するような事態が生じているのだ。

オースティンの理論には、むろん、こうした曖昧型に対する条項は含まれていない。「顕在的な遂行的発言は曖昧性を除外する」[16]とあるように、そうした条項を排除することが、事実上、行為遂行的表現の明示化を支える主要動機の一つになっているのだ。だが、曖昧性の問題の背後では、それよりもはるかに不穏な問題が提起されている。というのも、オースティンの行為遂行的発言の議論が除外しているのは曖昧な表現だけではなく、まさに詩そのものだからである。

理論的な髪を引き裂く

オースティンは彼の視界から詩をたびたび放逐しているが、たいていは条件付きである。〔本章の〕エピグラフに引いたのはその一例だが、以下にもう一箇所引用しておこう。

われわれはどのような種類の発言も行うことができるので、例えば、劇を演じたり、冗談を言ったり、詩を書いたりする際に、そうした発言のいずれかを行っている可能性もあるだろう――この場合はもちろん、その発言は本気で行われたのではないだろうし、われわれが当の行為を本気で遂行したとも言えないだろう。詩人が「流れ星をつかまえに行きなさい〔Go and catch a falling star〕」といった類いのことを言うにしても、彼は本気で命令を発しているわけではないのだ。[17]

このように、詩・演劇・冗談に抗する議論は、発言者と発言の関係が「本気〔serious〕」ではないという事実から生じている。つまり、発言している時にふつうに行っているだろうことを、その発言者は「本気で」行ってはいない、というわけである。だが、オースティンが別の所でそう呼んでいるように、言語のこうした「褪化〔etiolation〕」はただの偶発事件、単なる不運＝不適切性〔infelicity〕にすぎないのだろうか。提示された例――詩人が「流れ星をつかまえに行きなさい」と言う――について考察してみよう。ダン〔ジョン・ダン、一五七二―一六三一年〕の詩のコンテクストにおいては、この命令は本気でないばかりか、明らかに不可能である。それは修辞的な命令であり、その機能は、修辞疑問と同様、名指すことなく一つの袋小路を提示することにある。つまり、命令の非‐本気さそのものが、実は、その根本的な本気さを形成しているのだ。ダンの詩が言うように、貞節な女性を見出すことが流れ星をつかまえることに似ているとすれば、これは紛れもなく、きわめて本気の命令ということになるだろう。

しかし、詩的行為遂行表現の事例でも、それが非‐修辞的な場合はどうだろうか。ヴェルギリウス〔紀元前七〇―一九年〕が「私は歌う、戦いと、そして一人の英雄を〔Arma virumque cano〕」〔『アエネイス』の一節〕と言う時、彼は口にしていることを行ってはいないのだろうか。ホイットマン〔ウォルト・ホイットマン、一八一九―九二年〕が「僕は僕自身を称え、僕自身を歌う」〔「僕自身の歌」（『草の葉』所収）の一節〕と言う時、それは自己‐指向的発言ではないのだろうか。また、パウンド〔エズラ・パウンド、一八八五―一九七二年〕が「ウォルト・ホイットマンよ、僕は君と協定しよう」〔「協定」と題された詩の一節〕と主張する時、ホイットマンがそれを聞いているか否かということが本当に重要になるのだろうか。「ある種の行為遂行的発言は、舞台上の俳優によってなされたり、詩の中に導入されたりすると、独特の仕方で空虚になったり、無効になったりする」[18]（強調はオースティン）と主張する時、オースティンが異議を呈しているのはその動詞の使用法ではなく、その主体のステイタスである。この議論に拠るなら、間主体的な状況は、詩の場合、虚構化されている。つまり、語っている主体は登場人物や俳優であり、〔現実的な〕人間ではない。しかし、（オースティンがしばしば力説する）行為遂行的発言すべての慣例を考慮した時、はたして、審議の開始を告げる議長、赤子に洗礼を施す司祭、評決を伝える裁判官が、登場人物というよりむしろ〔現実的な〕人間であると言えるだろうか。次のように言う時、オースティンが認めているのはまさにこのことである。「船上の船長であるがゆえに、あなたが真正の権威を有している場合とは違い、あなたがもし孤島で……「権威を主張し」ようとしても、私はあなたからの命令を受け入れない」[19]。このように、行為遂行的発言は、発言者を慣例化された権威の代弁者に仕立て上げる時、その発言者を自動的に虚構化するのだ。例えば、党の慣例以外のどこで、大統領候補者を指名できるだろうか。主体という虚構の背後には、社会という虚構が控えている[20]。なぜなら、社会は（近親相姦の）禁止、あるいは（社会）契約から始まったと述べるにしても、それは、行為遂行的発言の背後にある権威の起源は、究極的な起源が確定できないそれ以前の行為遂行的発言から演繹される、と述べているにすぎないからである。もちろん、こうしたお前も同類といった反駁〔*tu quoque*〕方法を用いてここで行おうとしているのは、詩と評決の差異を無効にすることではなく、そうした区別の根底にある臆説をひとえに問題視することなのだ。人々が詩ではなく、評決によって処刑されるとしても、その理由は、法は虚構ではないから、とはならないのである。

　したがって、「舞台上の俳優によってなされる」行為遂行的発言の非‐本気さは、そうした発言の虚構的なステイタスからではなく、その二重性、すなわち、劇中の登場人物は幽霊と化した亡き父のための報復を宣言しているが、俳優自身の行為遂行的な関わりはそれとは別の所にある、という観客の意識から生じている。だが、この場合、行為遂行的発言そのものは、それを取り巻く虚構というコンテクストにおいても、現実生活と呼ばれる虚構というコンテクストにおいても、同じくらい「本気」である。ありていに言うなら、どのような行為遂行的発言であれ、本気さの問題には必ず解釈行為が付随しているのだ。例えば、修辞的な命令は決して詩に限られたものではない。日常会話的な修辞技巧の大部分は「あっちへ行け〔Go jump in a lake（湖に飛び込みに行け）〕」、「出て行け〔Go fly a kite（凧を揚げに行け）〕」といった表現、そして、それらよりも頻繁に使われるが、あまり口にできないその他の逆襲的な言いまわしから成り立っている。本気さの問題は行為遂行的発言の境界となるどころか、その領域のまさに核心にあることが判明するのだ。実際、オースティンが発語内的力〔illocutionary force〕という概念に訴えたことの背後には、このような事実が主な要因の一つとして控えている。そして、この問題は偶然にも、まさにマラルメのソネットの一行によって明白に提示されている。ただちにそこに立ち戻るとしよう。

La chevelure vol d'une flamme à l'extrême
Occident de désirs pour la tout déployer
Se pose (je dirais mourir un diadème)
Vers le front couronné son ancien foyer

Mais sans or soupirer que cette vive nue
L'ignition du feu toujours intérieur
Originellement la seule continue

Dans le joyau de l'œil véridique ou rieur

Une nudité de héros tendre diffame
Celle qui ne mouvant astre ni feux au doigt
Rien qu'à simplifier avec gloire la femme
Accomplit par son chef fulgurante l'exploit

De semer de rubis le doute qu'elle écorche
Ainsi qu'une joyeuse et tutélaire torche.〔p. 282／三六―三七頁〕

この詩の曖昧な箇所をできるだけ多く翻訳に移そうとすると、以下のような奇怪な構図が得られるだろう。読者は四角の中の言葉を一度に一つだけ選ぶよう求められるが、文法的にはどの選択肢に変更することも可能である。必要ならば、句読点を付け加えてもよいだろう。

欲望の極み　西の果て　から／に／で〔à〕　そのすべてが
広げられれば　焔の　飛翔／窃盗〔vol〕　となるような髪が
（まるで王冠が生気を喪って行くかのように）
昔の／先の〔ancien〕　炉床／焦点〔foyer〕　額のあたりを蔽い飾って置かれている

だが　そこで／金の煌めき　〔or〕〔なしに〕　あの　生き生きとした／生きている　〔vive〕　雲／裸体
〔nue〕　以外のものしか／以外は何でも　〔que〕　熱望する〔ことなく〕／熱望する〔ことは〕
〔soupirer〕
真実を語るか人を嘲笑うかのような瞳の宝石の中で
常に内にある火にとって本来唯一の
〔燃焼を〕持続せねばならない／〔燃焼が〕持続している／持続した〔燃焼となっている〕　〔continue〕
〔花形の男役〕を曝け出す／優しい〔花形の男役を曝け出す〕　〔tendre〕　ことは名誉を損なうが
この女は　指に星も火もちらつかすことなく
女性を誇り高く簡素化するだけで
その頭によって　快活な護衛の松明のように

懐疑の皮を剝ぎ取り　そこにルビーを鏤める
という勲功を　素早くも眩いばかりに成し遂げる

ここで本気さの問題を提起しているのは、「純真もしくは皮肉な読者」にほぼ等しい、「真実を語るか人を嘲笑うかのような瞳」である。このソネットは、本気、皮肉の二者択一という表現によって解釈の問題を名指すことで、己の発語内的力に対する二つの相容れない読みのあいだにみずからを据えている。確かに、「小屋掛芝居長広舌」の読者たちは、詩人が自身の創作を扱う嘲笑的と思えるやり口にしばしば鋭敏な注意を向けてきた。例えば、この散文詩に関する非常に有益な議論の中で、アーシュラ・フランクリンは皮肉〔*irony*〕という語、ならびにその派生語を少なくとも一四回使用している。だが、発語内的力という問題の背後には、意図性の問題が控えている。この問題は、すでに見たように、詩人と詩の無意志的・盲目的な関係によって、ここでは転覆されつつある。つまり、このソネット自体は、まさに詩人が「多重的な理解」について述べる際、そうしていると語るように、みずからが喚起している本気／皮肉という単純な二項対立をどうにか逃れていると期待されるかもしれない。そこで、この解釈的多重性の厳密な機能を追究するため、ソネットのテクストを詳しく検討しておこう。

この詩は幾度となく「読まれて」きた。[21] これがその背後にいる女性——そしてとりわけ、その女性の髪——「についての」詩であるという点に関しては、いささかの疑問もないように思われる。しかし、指示＝指向〔reference〕自体ではなく、その意味——この詩はこの女性について何を言っているのか——を明らかにしようとすると、この詩がなしている実際的な主張を把握するのは非常に困難なことが分かる。いかに単純な解釈戦略——例えば、現在時制の動詞をすべて拾い上げるという方法——を採用したところで、*continue* という語には躓いてしまう。この語は動詞ではなく、形容詞〔持続した〕かもしれず、また動詞であったとしても、他動詞〔持続させる〕、自動詞〔持続する〕のいずれでもありうるのだ。だが、文法的な骨組みを仮に示すとすれば、おそらく次のようになるだろう。

髪が
置かれている

（一つを選択）
だが瞳の宝石の中で
　あの雲＝裸体が持続するのを熱望することなく
だが（あの雲＝裸体以外には）何も熱望することなく、
　火の燃焼は持続する〔火の持続した燃焼は……〕

花形の男役を曝け出すのは
　勲功を成し遂げたこの女の名誉を損なう

こうした骨組みをこの詩に組み入れ、そこから可能性のある三つの「宣言＝長広舌」を引き出すなら、この詩は以下のことを語っていると結論できるだろう。

一、髪はただそこにじっとしているだけだが、観衆の瞳の中では、内にある火の燃焼が持続している。花形の男役が曝け出されただけで、この誇り高い簡素さは損なわれてしまう。

二、髪が降ろされる。だが、この雲（火あるいは髪）が観衆の瞳の中で持続してほしいという望みを花形の男役が表明しなければ、その優しさが当の婦人を損なうことになる。

三、髪は置かれている。だが、金の煌めきなしに、この雲が花形の男役の飾らない優しさを観衆の瞳に差し出すよう熱望することは、この婦人の名誉を損なうことである。

これらの主張の相容れなさが、あたかもまだ不十分であるかのように、まさに *diffamer* という語〔動詞〕

そのものが、完全に対立する二つの意味に引き裂かれている。「名誉を損なう」という通常の行為遂行的な意味の背後には、「暴き出す、暴き立てる」という、語源的かつ純粋に認識的な意味が潜んでいる。先に示した三つの読みにおいて、名誉を損なうという語を暴き出すという語に置き換えるなら、事実上、最初の三つの読みとほぼ完全に対立するさらに三つの読みがもたらされるだけでなく、これらの意味の行為遂行的機能から事実確認的機能への移行が生じることになるだろう。

　これは依然、この詩が言っていることの簡略化しすぎた説明にとどまってはいるが、少なくとも、次のことを証明するのには役立っている。つまり、このソネットは婦人に関して直接的に語っているのではなく、むしろソネットと婦人の関係を語っている、ということである。それは何か〔*something*〕に関してというより、むしろ〔……に〕関して〔*being about*〕ということに関して語っているのだ。己の存在の必要性と無用性を同時に主張するこの詩は、みずからの指向作用〔referring〕を指向し、その指向対象〔referent〕を直接的に指向しない。だが、こう反論されるかもしれない。これは、指向対象自体があまりにも首尾よく「〈女性〉を簡素化している」ため、詩は詩を必要としない、ということではないだろうか？　婦人の「勲功」は、眩いばかりの自明な行為として、まだ正当に提示されていないのではないだろうか？　なるほど、詩人が観衆に発する最後の言葉は、確かにそう語っているように見える。

> 皆様の判断に委ねられるという栄を得ましたこの者は、自身の魅力が意味するものを皆様にお伝えするのに、舞台衣装、あるいは芝居で日常用いられる小道具など、いっさい必要としてはおりません。衣装は常に、女性の本源的な動機の一つに対して完全なほのめかしを供するものですが、この自然さはそうしたほのめかしに甘んじており、それで十分なのです。〔p. 282／三八頁〕

こうした説明を額面どおりに受け取ろうとする読者には、三つの隠れた難題が待ち受けている。第一に、「この自然さ〔ce naturel〕」の意味が曖昧である。というのも、この表現は、それが前のものに言及しているなら、舞台衣装や小道具がないことを示し、のちのものに言及しているなら、婦人の衣装がもつほのめかしの機能を示す、ということになるからだ。つまり、「この自然さ」は意味のない中心と化し、その周辺でほのめかしの現前と不在が戯れ合っているのだ。第二に、「正真正銘の見世物に立ち戻るという見せかけ」〔p. 282／三八頁〕によって開始されるこの全口舌は、それをまるごとソネットの「意味」と解する者たち——ほぼすべての解釈者たちがそうしてきた——は誰もが皆、単なる見せかけに欺かれていると示唆している。そして第三に、このソネットで言及されている実際の「勲功」とは、しばしば誤読されるように、「女性を簡素化する」ことではなく、「懐疑の皮を剝ぎ取り　そこにルビーを鏤める」——この意味も自明とは著しく掛け離れている——ことにほかならない。つまり、女性の簡素化は、皮を剝ぎ取った懐疑の上にルビーを鏤めるという、不確かきわまりない勲功の単なる付け足しにすぎないのだ。勲功が何を意味するにせよ、それが単純な指向作用の一例である可能性はまずないだろう。

　しかしながら、指向作用は否定されてはいない。それは調和を越えた所で問題化されているのだ。婦人はこの詩の指向対象にとどまっているが、そこには、この詩が彼女については絶対に何も語らないという条件が付随している。自身を含め、何ものかを意味し始める時、彼女はもはや指向対象ではなく、記号である。つまり、彼女をこの詩の指向対象として捉えられるのは、彼女がこの詩の指向対象であることを停止する瞬間でしかないのだ。何も語りえないもの（の欠如）をこうして公に披露するという事態は、別の作品でもまた、類似の表現によって描写されている。

——大した動機もなく、つまり、取るに足らない利害のために、勝負を演じること。すなわち、いくつかの夢に関し、すべてが帰着する尺度とばかりに、われらの〈婦人〉や〈守護聖女〉を、裂開または空隙を示す危険にさらすこと。〔p. 383／「文芸の中にある神秘」松室三郎訳、二七五頁〕

この詩が語っていることをここであえて表現するなら、それはたぶん、以下のようなものになるだろう。髪はある。しかし、この詩の存在は、〈女性〉を簡素化することで、この詩の可能性および／あるいは意味に、不確かさを加重および／あるいは粉飾するという行為を完遂する者を損なう、そして／あるいは、暴き立てる。

受け入れることはむろん、正気の読者なら誰一人こうした読みを直観する可能性はないように思えること、要点はまさにそこにある。マラルメの詩学で革命的なのは、「対象」を排除していることより、むしろ、己を空虚化する非直観的な意味の装置を、まさにこうして体系的に構築していることである。マラルメのよく知られた晦渋さは、明白なものをくねらせ曖昧にすることにあるのではなく、同じ言語作品に関して、互いに排他的と見える読みを間断なく生成することで、明白さそのものを徹底的に変形することにある。マラルメの対象指向性との断絶はまさにこれから生じるのであり、単なる対象の廃棄——それは完全に対象指向的な仕草であり続けるだろう——から生じるのではない。ここで、指向作用は否定されていない。宙吊りにされているのだ。このソネットが同時に行う意味の引き受けと放棄は、ソネットと現前する婦人の接触を自家撞着的に引き延ばすばかりである。「沈黙させられた詩[22]」、関係の〈書物〉とは、単なる意味の不在のことではない。それは、それ自体との根源的な不適合性を通して初めて「真」となるものを、体系的に、ダイナミックに自己‐転覆する形で並置――「脚韻〔*rime*〕」[23]――することなのだ。

すでに見たように、こうした意味の「宙吊り」は相矛盾する主張が同時に存在＝現前することで生じる、と言えるかもしれない。だが、*diffame*〔*r*〕という語の場合のように、矛盾の作用原因が、まさに語の語自体からの離反（「裂開」）にあるなら、これはきわめて攪乱的な要因ということになる。動詞 *diffamer* を事実確認的な暴き出すから、行為遂行的な名誉を損なうに移動させるといった通時性〔diachrony〕は、およそいかなる発言においても作動している。本気さの問題はさておき、例えば、ある発言の発語内的力は、「死んだ」隠喩や紋切型の表現を生み出すこれと同じ類いの時間的褪化・常套化にさらされている。「すみません〔私は弁解する〕〔je m'excuse〕」、「おはよう・こんにちは〔bonjour〕」といった「単純な決まり文句」を、「生きた」行為遂行的発言としての考察から排除しようとするバンヴェニストの試みは、まさに「生きている」言葉そのものという性質によって定められているのだ。

言葉の論理が発言者と発言とのある種の不連続性を全面的に回避不能にすることは、まさにそれを回避しようとするオースティンの試みによって事実上証明されている。というのも、彼が「純然たる行為＝遂行〔mere doing〕」を名指すために使用する用語、芝居性を排除した形式に与える名辞こそ、実はその芝居性を最も一般的に名指すもの――すなわち、演じる＝遂行する〔*perform*〕という用語――にほかならないからである。だが、これではまだ反語的に不十分と言わんばかりである。これとまったく同じ分裂は、オースティンお気に入りの別のもう一つの用語――すなわち、行為〔*act*〕――の中にも見出すことができるのだ。私たちはなぜ、純然たる行為の遂行〔the mere doing of an act〕を最も簡明に表現するはずの〔行為という〕用語によって、行為すること〔acting〕の問題へと必然的に導かれることになるのか。確実性の問題がすでにその議論のために使われる用語自体を転覆している時、いったいどうしたらそれを議論できるのか。言葉が指向対象に接近する瞬間、指向対象をそれ自体から引き離すのと同じ分裂が、まさに同様の流儀で、言葉を言葉自体から引き離すことを回避できるだろうか。そして、言葉ははたして、そうした分裂以外の何かを指向できるだろうか。オースティンが明確に表明しなかった問いが、「私たちは語る際、実際何をしているのか」であったとすれば、他に何をしていようと、ともかく、私たちがみずからの言葉に「欺かれている〔done in〕」ことだけは明白になる。私たちの言明がどれほどそれ自体と異なっているかを理解できないということが、まさに私たちを遂行している〔performs *us*〕のだ。「詩人は言葉に主導権を譲り渡す」という表現は、どう考えても聞こえほど単純ではない。まさにオースティンが彼の視界から冗談・劇・詩とともに排除している語群に主導権が譲り渡される時、それらの言葉は必定的に報復を開始する。しかし、最後にからかわれているのがオースティンだとすれば、それが結局、唯一の〈詩的〉公正さということになるだろう。

原注

（1） Robert Greer Cohn, *Toward the Poems of Mallarmé* (Berkeley and Los Angeles: University of California Press, 1965), p. 147.

（2） Remy de Gourmont, *Promenades littéraires*, 4th ser. (Paris: Mercure de France, 1912), p. 8.

（3） Cf. Stéphane Mallarmé, *Œuvres complètes* (Paris: Gallimard, « Bibliothèque de la Pléiade »), pp. 366, 645, 859〔「詩の危機」松室三郎訳、『マラルメ全集』第Ⅱ巻、筑摩書房、一九八九年、二三六頁、「音楽と文芸」清水徹訳、同

書、五二一頁、「乾杯の辞、序文、その他」井原鉄雄・渋沢孝輔訳、『マラルメ全集』第Ⅲ巻、筑摩書房、一九九八年、四八一―四八二頁。本文中ではプレイヤード版の頁のあとに、邦訳の該当頁（巻数はすべて第Ⅱ巻）を付記した〕.

（4） *Ibid.*, pp. 366, 368, 382〔「詩の危機」松室三郎訳、『マラルメ全集』第Ⅱ巻、二三六、二四一頁、「文芸の中にある神秘」松室三郎訳、同書、二七三頁〕.

（5） J. L. Austin, *How to Do Things with Words* (Cambridge, MA: Harvard University Press, 1975), p. 6〔J・L・オースティン『言語と行為』坂本百大訳、大修館書店、一九七八年、一一―一二頁〕.

（6） *Ibid.*, p. 14〔同書、二六頁〕.

（7） *Ibid.*, p. 8〔同書、一五頁〕.

（8） *Ibid.*, p. 92〔同書、一六〇―一六一頁〕.

（9） *Ibid.*, p. 63〔同書、一一〇頁〕.

（10） *Ibid.*, p. 60〔同書、一〇六頁〕.

（11） Émile Benveniste, *Problèmes de linguistique générale* (Paris: Gallimard, 1966), I, p. 274〔エミール・バンヴェニスト『一般言語学の諸問題』岸本通夫監訳、みすず書房、一九八三年、二六一頁〕.

（12） Paul Larreya, "Énoncés performatifs, cause, et référence", *Degrés*, 1, no. 4 (Oct. 1973), p. 23.

（13） Richard Klein, "Straight Lines and Arabesques: Metaphors of Metaphor", *Yale French Studies*, 45 (*Language as Action*, 1970).

（14） アーシュラ・フランクリンが指摘するように（Ursula Franklin, *An Anatomy of Poesis: The Prose Poems of Stéphane Mallarmé* [Chapel Hill: University of North Carolina Press, 1976]）、「はじめは〔d'abord〕」の後ろに付されたプレイヤード版のピリオドは印刷上の誤植である。「一つ覚えの、何のことやら分からない〔invariable et obscur〕」という表現に修飾されているのは、この口上そのものだからである。

（15）Mallarmé, *op. cit.*, p. 366〔「詩の危機」松室三郎訳、『マラルメ全集』第II巻、二三七頁〕.「純粋な作品は、語り手としての詩人の消滅を引き起こす。詩人は言葉に主導権を譲り渡す……」。

（16）Austin, *op. cit.*, p. 76〔オースティン『言語と行為』、一三四頁〕.

（17）J. L. Austin, "Performative Utterances", *Philosophical Papers* (London: Oxford University Press, 1970), p. 241〔J・L・オースティン「行為遂行的発言」、『オースティン哲学論文集』坂本百大監訳、勁草書房、一九九一年、三九一頁〕.

（18）Austin, *How to Do Things with Words*, p. 22〔オースティン『言語と行為』、三八頁〕.

（19）*Ibid.*, p. 28〔同書、四九頁〕. 人間間における慣例的権威から「自然的」権威への立ち戻りについて研究するなら、オースティンの言う孤島を舞台とする映画、『流されて〔*Swept Away*〕』のようなものが生み出されることになるだろう。ここでの立ち戻りは言葉によって――この場合は、行為の犠牲者ではなく、その加害者が発するノー〔*no*〕という語による、ある行為の中断によって――不可避的に逆転されることになるだろう。

（20）「擁護救済〔Sauvegarde〕」（Mallarmé, *op. cit.*, p. 419〔「擁護救済」豊崎光一訳、『マラルメ全集』第II巻、三四八頁〕）における、マラルメの社会〔*société*〕という語についての説明を参照せよ。「〈社会〉、哲学者たちの遺産である、この最も空疎な語には、少なくとも以下の点で、好都合で簡単なところがある。つまり、この厳かな概念が呼び覚ます厳命に似たものは、ほとんど事実の中には存在しないので、それについて弁じることは何の主題も扱わないか、うんざりして口を閉ざすに等しいということである」。

（21）アーシュラ・フランクリンが提示している優れた文献リストに加え、以下のものを参照せよ。Charles Mauron, *Mallarmé l'obscur* (Paris: Corti, 1968); Austin Gill, *Mallarmé's Poem "La Chevelure vol d'une flamme ..."* (Glasgow: University of Glasgow, 1971).

（22）Mallarmé, *op. cit.*, p. 367〔「詩の危機」松室三郎訳、『マラルメ全集』第II巻、二三八頁〕.「すべては、交代や対面をともない、全体的な律動＝韻律に協力する宙吊り、断片的な配置となるが、全体的な律動＝韻律とは沈黙させられた詩ということになるだろう」。

（23）　これはむろん、マラルメが例えば次のような一節で提示している脚韻概念のラディカルな読み直しである。「詩的行為とは、一つの思想が価値において等しい多くのモティーフに分割されることをただちに理解し、それらを分類することにある。それらは韻を踏む。すなわち、最後の一撃によって縁組させられるモティーフ群共通の韻律が、外的な印璽として存在するのだ」（*Ibid.*, p. 365〔「詩の危機」松室三郎訳、『マラルメ全集』第II巻、二三四頁〕）。これまでの読者は「等しい……モティーフ〔motifs égaux〕」という表現に暗示される類似性の概念を強調してきたが、ここでは「分割される」という表現に暗示される分裂＝断片化の概念を強調することで、マラルメの脚韻理念を構成するものが、こうした二つの強調の結合的不適合性であることを立証したいと思う。

5　詩と統辞法

ジプシー娘の知ったこと

What the Gypsy Knew

旋転する理解可能性

どうしたものか、統辞法は本来、心躍らせるような話題ではない。だが、それなしには、どんな話題も私たちを夢中にさせることはできないだろう。常にあるが、たいていはあって当たり前と思われている皮膚のように——周知のとおり、外部の皮膚は内部のものが中に留め置かれるよう手助けするものである——、表層構造における統辞法は、深層構造を内部深くに留め置くよう手助けするものである。しかし、このような統辞法を吟味した時、はたして何が生じるだろうか。何を言うのにも必要——だが、不十分——なこの条件〔統辞法〕について、いったい何を語りうるだろうか。

私は、こうした問題と直面した時、詩学を研究する現代の学生なら誰もが行うであろうことを行ってみた。つまり、マラルメがそれについて何を言っているかを調べようとしたのである。難解さ〔obscurité〕の効用に関する小論、「文芸の中にある神秘〔Le Mystère dans les lettres〕」の中で、マラルメは次のように述べている。

承知している、これら諸々の対照の中に、理解可能性〔intelligibilité〕に対するいかなる旋回（軸）〔pivot〕があるか。保証が必要なのだ——

〈統辞法〉である[1]——

指摘しておかねばならないが、マラルメは統辞法が理解可能性を保証するとは言っていない。彼は、それが理解可能性の旋回〔*pivoting*〕を保証する、と言っているのだ。実際、このマラルメの小論においては、理解可能性は完全に肯定的な価値というわけではない。それは今日の芸術あるいは教育学の議論において使用される「余興〔*entertainment*〕」という語とよく似た役割を演じている。つまり、それは絶対理解しないだろう人たちに投げ与えられる骨〔宥めもの〕、理解するだろう人たちにとっての必要悪——あるいは、必要な焦らし＝からかい——なのである。マラルメは平凡な書き手と難解さの操り手を対照し、前者についてこう言っている。「彼らは〈夜〉のない何らかのインク壺から、理解可能性という根拠のない、自惚れた上塗りを汲み取っている。彼〔詩人〕とて、これに気を配る義務はあるが、しかし、そればかりではない」(p. 383／二七五頁)。深層〔深部〕と表層〔表面〕という、ほとんどチョムスキー的な区別を用いながら、彼は次のように説明している。

書かれたものはすべて、その宝の外側では、結局は、別の目的のために、言語というものを借り受

> けることになる人々への配慮から、それらの語を用い、それとはまさに無関係な意味を提示しなければならない。こうして人は、一見したところ、そこに書かれているものは何も自分とは関係ないと大喜びしている怠け者を、逸らし遠ざけるという益を手にするのだ。
>
> 　つまり、双方で、それぞれ相手にふさわしい挨拶を交わすというわけである——
>
> とはいえ、網膜に与えられる、*表面*とほとんど分離できないその*下*で、何かある*煌めき*が不安を与えなかったとしても、——疑念を呼び覚ます。そこで、読者の中でも悪賢い連中は、話を中断せよと要求し、この内容はまさしく理解不可能だなどと、生真面目に意見を表明するのだ。(p. 382／二七三頁、強調はジョンソン、以下同様)

つまり、隠されている可能性のある難解さをおぼろげに知覚することが、狡猾で気紛れな読者の疑念を引き寄せるのである。そうでなければ、この読者は文面が呈するいかなる理解可能性にも満足していただろう。換言するなら、難解さとは理解（可能性）への途上で遭遇する障害のようなものではなく、むしろ、読者が自身の読みに満足することを妨げるものとして、そうした障害の彼方に存在するものなのだ。難解さとは意味の欠乏ではなく、意味の過剰である。

　この詩人は理解不可能であろうと努力しているわけではない。彼のエクリチュールは、深部と表面、暗さと光の戯れを通して、透明で中立的な文体の不可能性を演出しているのだ。

私は諸々の意図から出発した、人々が――彼らは文体が中立的なものだと想像しているのだが――文体に関し、己の表現が飛び込みによって暗くなることも、また、ほとばしるはね返りでずぶ濡れになる〔溢れ輝く〕こともないよう望むように。すなわち、法則である代替〔alternative〕に目を塞ぎながら。（p. 385／二七九頁）

ここでは、「暗くなる」と「さらに深く飛び込む」を同時に意味する動詞 *se foncer* によって、飛び込む〔*plonger*〕とほとばしる〔*jaillir*〕の対立が、暗さと光の対立に結びつけられている。「法則である代替」について述べたあと、さらに、統辞法は「これら諸々の対照の中〔で〕」旋回（軸）として作用する、と続ける時、マラルメはまさに、代替という事実〔*fact of alternation*〕をエクリチュールの基本法則にしている。エクリチュールは曖昧さ〔難解さ〕、明快さ、いずれかの追求というよりも、むしろ、両者の代替、ちょうど時間が昼夜のリズム〔規則的な反復〕であるように、理解可能性と不可解性のリズム〔規則的な反復〕と化す。

この、対をなす、知的な手続きは、諸々の交響楽において顕著である。交響楽は、自然と天空の演目にそれを見出したのだ。（p. 385／二七八頁）

昼〔*jour*〕と夜〔*nuit*〕自体が、同時・二律背反的代替法則の一例であることを忘れてはならない。というのも、マラルメは別の所〔「詩の危機」〕で、それらの音と意味が完全に逆であることを嘆いているからである。

不透明な音をもつ影〔*ombre*〕という語の傍らにあっては、闇〔*ténèbres*〕という語はほとんど暗くなることはない。矛盾した形で、昼には暗い音色を、また、夜には明るい音色を与えるという倒錯を前にすると、何と失望を覚えることか。ここから、一つの用語が光り輝く華麗さを見出すようにという願いと、また逆に、それが輝きを消すようにという願いが生まれる。光り輝く単純な代替については——単に、詩句など存在しないだろうと承知しておくことにしよう。詩句は、言語の欠陥を哲学的に補っているのであって、これこそ最高の補いなのである。〔p. 364／「詩の危機」松室三郎訳、二三二—二三三頁、強調はマラルメ〕

したがって、詩句〔*vers*〕とは、その語源〔*versus*（……に対して、……に背を向けて）〕が示唆するように、リズムや脚韻において、旋回を実践することである。それはまさに、言語の倒錯的なあり方——すなわち、単純な代替の追求を裏切る〔失望させる〕こと——によって余儀なくされる、法則としての代替、そして、代替としての法則を演出制定することなのだ。明快さと曖昧さ〔難解さ〕の不断の代替が言語の法則と化すのは、言語が完璧な露出計として機能せず、「光り輝く単純な代替」にはいっさい応じないからである。

この統辞法〔*syntax*〕という概念を暗さと光の旋回軸〔反転軸〕として追跡している時、二世紀のギリシアの天文学者プトレマイオス〔八三頃—一六八年頃〕の論文タイトルに*syntaxis*という語を発見し、驚きを覚えた[2]。太陽系天体間の関係に対する彼の地球中心的な観察は、いったい何が何のまわりをまわっているのかという問題を同時に取り扱っている。プトレマイオスの時代遅れの『アルマゲスト〔*Syntaxis*〕』は、統辞法や現代詩について何かを語ってくれるだろうか。明快さと曖昧さ〔難解さ〕の関係は、はたして、昼と夜の関係と同じほど単純――あるいは、複雑――なのだろうか。

　プトレマイオスの仕事が誤答しているのは、言うまでもなく中心の問題である。プトレマイオスは宇宙が地球のまわりを回転しているとみなした。一方、宇宙では地球が太陽のまわりを回転し、太陽も多くの星の一つにすぎないことが判明する、というのがコペルニクス〔ニコラウス・コペルニクス、一四七三―一五四三年〕の見解だった。中心を地球から太陽へと移動することはまた、人間みずからを中心的な場所から遠ざけることである。人間の観察者はもはや宇宙の中心軸ではなく、一衛星上の寄生物でしかないのだ。人間のステイタスを大旋回させたもう一人の人物であるフロイトは、自身のなした無意識の発見を、まさにコペルニクス的革命に喩えている。ラカンはその次第を次のように述べる。

> フロイト自身が彼の発見を喩えているのも、まさしくあのコペルニクス的と言われる革命であり、彼は、人間が世界の中心にみずからを据えている場所から、再度そこに向かったと強調しています。
> 　私がシニフィアンの主体として占める場所は、私がシニフィエの主体として占める場所に対して同心的なのか、それとも偏心的なのか。それが問題なのです。
> 　私がそうであるものに合致したやり方で、私が私について語っているかどうかを知ることが問題なのではなく、私が私について語る時、私が語っている人間が私と同じものであるかどうかを知ることが問題なのです。[3]

精神分析におけるこうしたコペルニクス的革命は、ラカンの場合、デカルト〔ルネ・デカルト、一五九六―一六五〇年〕的なコギト〔我思う〕の書き直しとして生じている。「我思う、ゆえに我あり〔Cogito, ergo sum〕」は、以下のような言葉に取って換えられるのだ。「私は、私がいない場所で考える。それゆえ、私は、私が考えない場所にいる……つまり、私が私の思考に翻弄されている場所には、私はいない。私が考えているとは考えていない場所で、私は私がそうであるものについて考えている、ということです」（p. 517／『エクリ』第II巻、二六八―二六九頁）。

デカルトへのこうした言及は読者を統辞法の問題に引き戻すが、それは、ラカンがコギトを統辞法的に敷衍しているからだけではなく、統辞法という概念に関わる現代の理論家チョムスキーがデカルト派であることを公然と自認しているからである。デカルトやライプニッツ〔ゴットフリート・ライプニッツ、一六四六―一七一六年〕によって提示された知に関する合理主義的な見解と、ヒューム〔デイヴィッド・ヒューム、一七一一―七六年〕や現代の行動主義者たちによって提示された経験主義的な見解を対比させたあと、チョムスキーは自身の企てについてこう述べている。「先にその概略を示したような……一般言語理論は、……精神の構造やプロセスに関する、本質的には合理主義的な傾向をそなえた、明確な仮説とみなされなければならない(4)」。だが、チョムスキーのデカルトに対してラカンの役割を演じる統辞法の実践者〔syntaxer〕とはいったい誰だろうか。合理中心主義的な統辞法に大変革をもたらすのははたして誰だろうか。

私たちが探しているその統辞法のコペルニクスとは、言うまでもなく、みずからを「深く綿密な統辞法の実践者(5)」と説明するマラルメにほかならない。「我思う、ゆえに我あり」ではなく、「私は書く、ゆえに私はいなくなる」が彼のコギトなのだ。歴史的にはチョムスキーに先立つものの、マラルメはまさに、チョムスキー的文法の動詞‐中心的な構造を押しのけ、かつては「フランス的明晰さ」として知られていたもの〔フランス語〕の統辞法に決定的な痙攣を引き起こす。マラルメの統辞法では、中心的な動詞がないとか、一つも動詞がないといったことが頻発する。あるいは、補助的な動詞らしきものが、主要と思えるものを欠いたまま、連ねられることもある。「言葉の精髄」に従う文章は意味論的に曖昧であるか、相容れない中断に覆われた骸骨＝概要〔のようなもの〕である。マラルメの統辞法は決して混乱してはいない。それは、彼が言うように、深く綿密であり、相容れない文法的可能性の重力から解放されないまま、最大限、脱中心化されている。

　したがって、マラルメとチョムスキーは、コペルニクスとプトレマイオス、フロイトとデカルトのような関係と言えるだろう。いずれの場合も、前者が後者によって提示された構造を厳密な戦略方法で脱中心化する。だが、こうした脱中心化は、後者が提示した構造の廃棄ではなく、当の構造がその一部をなすような領野で作動する、諸力の増大化によって遂行されるのだ。フロイトの発見をコペルニクス的革命として重要視するラカンが、文体上、マラルメの統辞法の最も重要な後継者の一人であることもまた偶然ではない。事実、二〇世紀のフランス文学者たちの中でさえ、ラカン以上に「深く綿密な統辞法の実践者」を見出すのは不可能である。

主張の統辞法

ここに一つの手があるということをあなたが知っているのであれば、それ以外のことについてはすべてあなたの主張を認めよう。

ヴィトゲンシュタイン「確実性の問題」

統辞法におけるマラルメ的革命が示唆するものをさらに分析するため、[6] まずはその統辞法的実践の二つの側面を考察してみよう。伝統的な統辞法が意味を決定可能にするもの——例えば、「ジョンがポールを殺す」が「ポールがジョンを殺す」の意味になることを不可能にするもの——だとすれば、マラルメの統辞法は、しばしば指摘されてきたように、彼の詩の意味をまさに決定不可能にするものである。マラルメは、同じ主張内の二つの矛盾する統辞法的配置に同等の正当性を与えることで、[7] その主張の性質そのものを不確かにしてしまう。

マラルメの統辞法的革命が同様の精密さで遂行される批評的な散文においては、主張のステイタスを問題化する第二タイプの様式がしばしば明らかになる。一例だけに絞り、「文学的芸術」に関する以下のような評言を考察しておくとしよう。

> この文学的芸術の魔力が、たちまちに気化していく散乱、すなわち万象の音楽性以外には何ものとも関わりのない精神を、閉じ込めることなく、たとえテクストとしてであれ、書物において、一握の塵埃あるいは現実の外へと解き放つことでないとしたら〔……〕。(p. 645／「音楽と文芸」清水徹訳、五二一—五二二頁)

統辞法の最重要規則の一つに背くことだが、この一節には主要な動詞が存在しない。"son sortilège est〔この文学的芸術の魔力（は）……である〕" と期待されるところに、"son sortilège, si ce n'est〔その文学的芸術の魔力が……でないとしたら〕" という形が来る。動詞 *être*〔……で、あ、る〕は仮定的・否定的・従属的なものと化しているのだ。文学と世界の関係を述べる統辞法は、みずからを断言の可能性から退けてしまう。換言するなら、文学は言明するというよりむしろ散乱するという言明に当初見えているものが、それ自体散乱させられ、言明されないということである。マラルメの統辞法は、文学は言明しないと断言する代わりに、まさに言明できない言明の不可能性を演出しているのだ。

　マラルメが最も頻繁に省略する、あるいは別形に活用させる動詞が *être* であることは、決して偶然ではない。マラルメの統辞法的革命は、言語の認識論的ないしは存在論的な機能を脱中心化することに帰着する。多価的な主張、脱中心化された主張、あるいは失敗した主張の統辞法は、みずからの構造機能――それはおそらく、マラルメがここで「万象の音楽性〔la musicalité de tout〕」と呼んでいるものである――以外のものを伝達するものとしての言語の非信頼性を暴き出している。これは、言語は言語自体についてしか語らないという意味ではない。そうではなく、言語はみずからが行っていることを正確に語ることができないということだ。

　マラルメに続き、二〇世紀の詩は数々の方法で主張の性質および可能性を問題にしてきた。シュルレアリスム的ないしは自動〔筆記〕的エクリチュールでは、おおむね本来的な統辞法の内部で、ふつうの意味論的連合を突飛な不調和に置き換えることで、しばしば奇妙さの効果が達成されている。例えば、「大地はオレンジのように青い〔La terre est bleue comme une orange〕」〔詩集『愛・詩』（一九二九年）に収められたポール・エリュアール（一八九五―一九五二年）の詩の一節〕という一節は、その構造を平静に主張することによってのみ、不可能性の煌めきを達成できる。別の現代的現象である絵画的――あるいは具象的――な詩は、読者の注意をシニフィエの内容からシニフィアンの印刷的な統辞法へと移動させることで、主張の統辞法を宙吊りにしている。現代詩は、まさにこうした方法や他の詩的手法を通じて、マラルメの統辞法で演出されている問題提起を明らかにしているのだ。しかし、主張は――統辞法的に、もしくは意味論的に――手荒に扱われなければ、不確かになりえないのか。しかるべき主張行為に関しては、本質的に謎めいた何かが存在しているのではないだろうか。

詩を含め、すべての言説は主張する。主張は対象指示的な効果を引き起こす。疑わしい知識であれ、主張するとは知っているように見えることだ。知識の構造と主張の統辞法は不可分と思われるだろう。だが、どちらを優先するかで、違いが生じるという考えを維持することもまた必要と思われよう。言語を知識の効果として考察する代わりに、知識を言語の効果として考察するなら、あらゆるものの基盤が移動するように見えるのだ。

スイスの心理学者ジャン・ピアジェ〔一八九六―一九八〇年〕――操作的思考の発達に関する彼の見解は、多くの点でチョムスキーの言語学と類似している――は、いくつかのテストを根拠に、子供における統辞法の習得は、そのための認識的発達が整った時、初めて可能になると結論している。彼はこう述べている。「言語はすでに理解されているものを翻訳する役目を果たす。……理解のレヴェルが使用される言語を変更するのであって、その逆ではないように思われる」(8)。実験的な学問はこの場合、統辞法は先行する理解をたどり、それを翻訳すると信じているようだが、私は、いったいどうしたら、文学がこうしたことも、その逆のことも語ってはおらず、統辞法と知識の関係についてまったく異なる何かを劇化していると考えられるのか、という問題について分析してみたい。統辞法的には、主張を問題化するという明白な徴が群を抜いて希薄なアポリネール〔ギヨーム・アポリネール、一八八〇―一九一八年〕の詩篇、「ジプシー娘〔La Tzigane〕」に目を向けてみよう。

La Tzigane

La tzigane savait d'avance
Nos deux vies barrées par les nuits
Nous lui dîmes adieu et puis
De ce puits sortit l'Espérance

L'amour lourd comme un ours privé
Dansa debout quand nous voulûmes
Et l'oiseau bleu perdit ses plumes
Et les mendiants leurs *Ave*

On sait bien que l'on se damne
Mais l'espoir d'aimer en chemin
Nous fait penser main dans la main
A ce qu'a prédit la tzigane (9)

ジプシー娘

そのジプシー娘は前もって知っていた
闇に隔てられた僕らの人生を

僕らが彼女にさよならを言うと　次に
その井戸から〈期待〉が流れ出た

飼い馴らした熊のように鈍重な愛
僕らが望むと　その愛が立ち上がって踊った
そして　青い鳥はその羽根を失った
物乞いたちは彼らの挨拶の言葉を失った

地獄に落ちることはよく知っている
しかし　道すがら　愛する希望ゆえ
僕らは手に手を取りながら
あのジプシー娘が予言したことに思いを馳せる

この詩の主張的＝断言的な性格は動詞 *savoir*〔知っている〕の反復によって強化されている。詩は「そのジプシー娘は前もって知っていた」という文で始まり、終わり付近には「よく知っている」という表現が現れる。だが、この知識の内容ははたして何であろうか。この詩はいったい何を主張＝断言しているのだろうか。最初の一文――「そのジプシー娘は前もって知っていた／闇に隔てられた僕らの人生を」――で、ジプシー娘の知ったことをすぐに理解するのは不可能だろう。なぜなら、“Nos deux vies barrées par les nuits”という一節は、「愛の夜によって十字に交差させられた僕らの人生」、「闇によって抹消された僕らの人生」、

「死の宿命という暗示に拘束された僕らの人生」、あるいは「僕らの愛によって破滅させられた僕らの人生」などと解することが可能かもしれないからだ。〔ジプシー娘の〕予言は肯定的にも否定的にも見えるし、愛の予言とも喪失の予言とも読むことが可能と思われる。最終詩節の「地獄に落ちることはよく知っている」という一文は否定的な読みを強化するが、しかし〔mais〕という語の旋回によって――「しかし　道すがら　愛する希望ゆえ／僕らは手に手を取りながら／あのジプシー娘が予言したことに思いを馳せる」――、詩はジプシー娘の、地獄落ちとは逆の予言に立ち戻る。とするなら、ジプシー娘は実際何を知ったのか。その答えは、隔てられた〔barrées〕という曖昧な一語によって指示されると同時に、拒絶されている。「棒線を引く〔マークする〕」と「妨害する」をともに意味する barrer という動詞自体が、ほかならぬ、この詩の解釈の試みを選定すると同時に、それを締め出している。換言するなら、barré という語はまさに意味することを拒絶することで、その意味を演出しているのだ。アポリネールはまるで、「棒線を引かれた〔マークされた〕／妨害された」を意味する語の上ではなく、「棒線を引かれた〔マークされた〕／妨害された」語の上で、私たちの解釈を旋回させてしまったかのようである。

しかし、詩の重力の中心は、これによって確かに移動させられている。この詩は予言の内容を語る代わりに、決して内容が明らかにならないような予言の効果を語っているのだ。読者は、ジプシー娘の相談者たちと同じく、何か重要なことを語ってもらったと思い込まされる。だが、それはその後、真実とも虚偽ともつかないことが判明するのだ。断言の統辞法は、本当は何一つ語ってもらっていないことを読者に忘れさせる。ジプシー娘の予言が手相読みから引き出されるとするなら――これもまた、barré という語に暗示されている――、手に手を取って歩きながら――この仕草は手相を完全な暗がりに投じてしまう――ジプシー娘に思いを馳せる最後のイメージは、メッセージはまさに把捉されたがゆえに謎と化してしまう、ということを示唆している。

したがって、ジプシー娘の予言は不可解な意味に関わる統辞法的な重層決定〔overdetermination〕――これは知（識）と同じ効果を生み出す――として作用している。ここでは、人生、愛、死、幸福、喪失、そして破滅が、知（識）自体の周辺ではなく、知（識）の統辞法の周辺で旋転している。プトレマイオスの著作に時代遅れの知（識）を留めさせているのと同じ独断性＝主張性が、ジプシー娘ではなく、彼女の〔予言の〕読み手たちに、予測的な知（識）を生じさせているのだ。この詩の第三、四行が示唆するように、読むこととは、この場合、何かが予言されていると信じることにほかならない。

僕らが彼女にさよならを言うと　次に
その井戸から〈期待〉が流れ出た

理解への期待はまさに予測（「次に〔puits〕」）の井戸（「井戸〔puits〕」）から生じる。こうした同音異義語――次にと井戸――の並置は、この詩の統辞法的機能と意味論的機能の関係を示す比喩として読むことが可能である。井戸は真実の場所、意味の深みを表す伝統的なイメージであり、統辞法の直線的・時間的な連続性は「そして次に」という表現で表象できる。だが、ここで意味の井戸が底なしだとすれば、原因はまさにその統辞法的な重層決定にある。つまり、意味の井戸は統辞法の次にによって現出させられ、と同時に空無にされているのだ。

したがって、前もって知っているのはジプシー娘ではなく、知（識）に終始先行している主張の統辞法である。知（識）は統辞法の効果にほかならない。だが、それは単に、どのような主張も幻想を引き起こすからではない。正確な理由を述べるなら、知らないということを知らないでいるものを、知っているものとして扱うことを可能にするのがまさに統辞法だから、ということになる。そして、詩はあれこれの形で、常にこのことを知っていたのである。

原注

（1）Stéphane Mallarmé, *Œuvres complètes* (Paris: Gallimard, « Bibliothèque de la Pléiade », 1945), p. 385〔「文芸の中にある神秘」松室三郎訳、『マラルメ全集』第II巻、筑摩書房、一九八九年、二七九頁。本文中の邦訳の該当頁はすべてこの巻のものである。また、注記がない限り同作品〕.

（2）ΜΑΘΗΜΑΤΙΚΗ ΣΥΝΤΑΞΙΣ〔*Mathematike Syntaxis.* プトレマイオス『アルマゲスト』藪内清訳、恒星社厚生閣、一九五八年。『数学全書』、『大全書』などとも訳される〕.

（3）Jacques Lacan, *Écrits* (Paris: Seuil, 1966), pp. 516-517〔ジャック・ラカン『エクリ』第II巻、佐々木孝次・三好暁光・早水洋太郎訳、弘文堂、一九七七年、二六七頁〕.

（4）Noam Chomsky, *Aspects of the Theory of Syntax* (Cambridge, MA: MIT Press, 1965), p. 53〔ノーム・チョムスキー『文法理論の諸相』安井稔訳、研究社、一九七〇年、六二頁〕.

（5）Letter to Maurice Guillemot, quoted by Jacques Scherer, *L'Expression littéraire dans l'œuvre de Mallarmé* (Paris: Droz, 1947), p. 79.

（6）次の著作も参照せよ。Julia Kristeva, *La Révolution du langage poétique: L'avant-garde à la fin du XIXe siècle, Lautréamont et Mallarmé* (Paris: Seuil, 1974)〔ジュリア・クリステヴァ『詩的言語の革命——第一部　理論的前提』原田邦夫訳、勁草書房、一九九一年、『詩的言語の革命——第三部　国家と秘儀』枝川昌雄・原田邦夫・松島征訳、勁草書房、二〇〇〇年〕.

（7）　多数の例の中からその一つを挙げておこう。マラルメは詩篇「聖ヨハネの頌歌〔Cantique de Saint Jean〕」〔Mallarmé, *op. cit.*, p. 49／「『エロディアード』をめぐる試み（エロディアードの婚礼）」菅野昭正訳、『マラルメ全集』第Ⅰ巻、筑摩書房、二〇一〇年、一七七―一七九頁〕の中で斬首の瞬間を扱い、上下の対立という視点から、頭と身体の関係について述べている。この詩の統辞法では、頭が上昇しているのか、落下しているのかが断じて決定できないようになっている。そうした不確定性は多くの曖昧さから生じている。例えば、“qu'elle s'opiniâtre à suivre”という一節にある *que* という語が接続法の命令、関係節のどちらを導入しているかによって、この詩が語っているのは“que la tête s'opiniâtre à suivre son pur regard là-haut〔頭は純粋な視線を彼処《かしこ》の高みに頑なに注ぎ続ける〕”，“la tête refoule ou tranche les anciens désaccords avec le corps qu'elle s'opiniâtre à suivre〔頭は頑なに従っている身体との年来の不和を制圧あるいは切断する〕”のいずれかということになる。つまり、頭が純粋な視線に従って上昇していると見ることも、身体と和解し落下していると見ることも、同様に是認されるのだ。こうした曖昧さの効果に関するさらに詳細な分析については、先の第四章を参照せよ。

（8）Jean Piaget, quoted in Ruth V. Tremaine, *Syntax and Piagetian Operational Thought* (Washington, D. C.: Georgetown University Press, 1975), p. 7.

（9）　Guillaume Apollinaire, *Alcools: Poèmes 1898-1913* (Paris: Gallimard, 1920), p. 78〔「ジプシー娘」菅野昭正訳、『アポリネール全集』鈴木信太郎・渡邊一民編、紀伊國屋書店、一九六四年、三一〇―三一一頁〕.

第三部　行為の中の差異

6　メルヴィルの拳

『ビリー・バッド』の処刑

The Execution of Billy Budd

真実を妥協なく伝えようとすると、決まってぎざぎざな縁ができてしまう。だから、そうした語りの結末は、建築物の頂華のようには綺麗に仕上がらないものなのだ。

メルヴィル『ビリー・バッド』

終わりの意味

『ビリー・バッド』のプロットはよく知られているし、表題の人物同様、きわめて直截・単純なものと思われる。それは船上の三人の男——無垢で無学な前檣楼の美男水夫ビリー・バッド、一癖も二癖もある都会風の先任衛兵長ジョン・クラガート、そして、敬うべき読書好きの司令官エドワード・フェアファクス（「星と煌めく」）・ヴィア艦長閣下——の物語である。英国戦艦ベリポテント号の船上で反乱を企てたとして、クラガートから偽りの告発を受けたビリー・バッドは、吃りのため上手く喋れず、船長の目の前で告発者を一撃し殺害、即決裁判ののち、絞首刑に処せられる。

だが、事件に関する事実は一見直截でありながら、『ビリー・バッド』の批評文献には、物語の究極的な意味について、かなり広範な意見の相違が存在する。ある人たちは、この物語がメルヴィルの「受納の誓約」、「永続的な肯定」、「悲劇の黙認」、少なくとも「必然の認知」であると捉えている[(1)]。逆に、メルヴィルの「最終段階」は「皮肉」であると考える人たちもいる。『ビリー・バッド』は「抵抗の誓約」、「皮肉な社会批判」、あるいは「〈神〉との反目」におけるメルヴィル最後の悪罵だと言うのだ[(2)]。さらに最近、批評家たちの注意は物語の曖昧性に向けられてきた。彼らはそうした曖昧性をある時には嘆き、ある時には楽しみ、またある時には単純に列挙してみせる[(3)]。曖昧性はさまざまな原因に帰せられている。原稿の未完成な状態、ヴィアに対するメルヴィルの変心、権威と和解しないメルヴィルの両面的な感情、あるいは父性に関わる罪の意識、「プロット」と「物語《ストーリー》」の両立不可能性など[(4)]。しかし、この死後出版の小説についていかに意見が異なろうと、どの批評家もこれをメルヴィル「最後の言葉」とみなすことについては同意しているように思われる。「私たちの心の中で長いあいだ沈黙してきたという事実だけを考えても、『ビリー・バッド』は一人の天才の最後の意志、精神的な誓約とみなさざるをえない[(5)]」とジョン・ミドルトン・マリは記している。

一つの物語を著者の最後の意志・誓約とみなすことは、疑いなく、全作品の中で最も特権的および決定的な位置を付与することである。「意志」とは、その名のとおり、著者の究極的な「意図」を示すと考えられる。つまり、著者は意志を書きとめる際、自身の文学的生産をすべて要約・評価し、それを――「散種〔dissemination〕」に抗する証として――ある確定可能な目的に差し向けたと推定されるのだ。ともかく、こうして、この「終わり」はそれに先立つすべてのものに終局性や明瞭性を与えるようなメタ言語的権威を獲得することになる。

ところで、メルヴィルにおけるこうした終わり（方）の意味が、『ビリー・バッド』の批評にとってきわめて重要ならば、ここで有効なのは、この物語自体の終わり（方）の特質に注目することだろう。大変奇妙なことに、『ビリー・バッド』の終わりは一度ではなく、少なくとも四度生じるのだ。メルヴィル自身が述べているように、この物語はその「本来の」終わりよりも先まで続いて行く。「〈大反乱〉の年に〈ハンサム・セイラー〉〔ビリー・バッド〕がいかなる運命をたどったかについては忠実に説明された。この物語は本来彼の生涯とともに終わるのだが、そこに後日談のようなものを加えても悪くはないだろう[6]」〔強調はジョンソン。以下同様〕。「後日談」は「三つの短章」からなる。㈠フランスの戦艦、アテー号〔無神論者号〕と遭遇したあとの、ヴィア艦長の死の物語。㈡〔英国〕海軍の「公認」刊行物に発表されたバッド－クラガート事件の記録。そこでは二人の男の性格が逆転し、バッドが堕落した悪漢、クラガートが英雄的犠牲者として描かれている。㈢同輩水兵によるビリー・バッド死後の神秘化の描写、ならびに同輩の一人によって書かれたバラッドの写し。このバラッドは、処刑前夜にビリーが口にした独白として提示されている。つまり、ビリー・バッドの最後の言葉は、メルヴィル自身のそれ〔『ビリー・バッド』〕と同様、死後に語られているのだ――この物語の最後の一行はまさしく海の底から発せられている。

このように、終わりの意味に関するメルヴィルの問題は、物語によってだけでなく、その中にも生じる。しかし、メルヴィルの最後の言葉は読者を困惑させる文学的生涯のごたごた〔曖昧な終わり（方）〕を解消するどころか、「ぎざぎざな縁〔ragged edges〕」の必然性を主張している。

純粋な虚構においては到達可能な形式の均整も、本来的に作り事ではなく事実を扱う語りの場合には、そう簡単に達成できるものではない。真実を妥協なく伝えようとすると、決まってぎざぎざな縁ができてしまう。だから、そうした語りの結末は、建築物の頂華のようには綺麗に仕上がらないものなのだ。(p. 405／一六〇頁)

この物語は大胆にもみずからの均整を破り、三度もそれ「本来の〔proper〕」終わりを逸脱することで終わる。この、メルヴィルの文学的財産〔property〕の遺言条項には、何か本質的に不相応な〔improper〕ものが存在しているのだ。ありていに言うなら、この物語は意図的な終局に向かって統合されるのではなく、まさにみずからを反復し始める。まずは逆の形で〔in reverse〕、次いで韻文で〔in verse〕、みずからを語り直すのだ。終わりは特別な権威を欠くだけでなく、「権威ある」海軍新聞の記録に逆の内容を据えることで、権威という概念自体を問題化している。終わるとは、反復すること。そして、反復するとは、制御し難い改訂、置換、逆転を受け入れることである。[7] メルヴィルの終わりは、意味を特権的に制御するような終わりをことごとく空にすることを意味しているのだ。

登場人物たちに抗うプロット

なぜなら、悲劇は人間の再現ではなく、行為や人生の再現だからである。幸福も不幸も行為に基づくものである。そして、人生の目的は何らかの行為であり、性質ではない。人々は確かに性格によってその性質が決定されるが、幸福であるかその反対であるかは、行為によって決定される。

アリストテレス『詩学』

『ビリー・バッド』研究をその終わりから始める時、私たちもまた、事物「本来の」秩序を逆転してしまっていると思われる。この物語に関するほとんどの研究は、まず善悪の性質についていくつか一般的なことを述べたあと、三人の主要人物、ビリー、クラガート、ヴィアの性格描写によって始められる。チャールズ・ウィアが述べるように、「この物語の物理的行為＝筋書きはいたって明瞭であり、その重要な細部については何ら疑わしいところはない。……したがって、いかなる分析も、三人の主要行為者の性格を考察することから開始しなければならない」[8]。「構造的に言えば、」とF・B・フリーマンは書いている、「三人の登場人物（の性格）がこの小説なのである」[9]（強調はフリーマン）。

メルヴィルは主要登場人物たちの肉体的ならびに精神的な特徴を惜しまず詳述する。ビリー・バッド、二一歳。「純真ならざる人生の複雑怪奇な場所にやって来た新参者」。目立つのは「秀でた容姿の美しさ」、「穏やかで善良な性格」、「直截な単純さ」、そして「因襲にとらわれない正直さ」。だが、ビリーの知性は（「そのようなものがあったとして」とメルヴィルは言っている）、彼の美徳が素朴であるのと合わせて、粗野である。彼は読み書きができず、曖昧性を理解できない。そして吃るのだ。

一方、クラガートははっきりとものが言える、都会風で知性化された悪の権化として提示されている。「全体に邪悪さを与えるようなものではない」（p. 342／四七—四八頁）が、クラガートの青ざめた顔には絶えず不安や不信を引き起こす何かがある。彼の内には「邪悪な性質の狂気が潜んでいる。だがそれは、不道徳な教育、悪影響を及ぼす書物、あるいは、放埒な生活によって生じたものではなく、彼とともに生まれた生来的なもの、つまりは「自然に従う邪悪さ」なのだ」(p. 354／七〇頁)とメルヴィルは書いている。ビリー・バッドの薔薇のような美しさ、無邪気にふざけまわる様子を見るだけで、そうした性格の人物には「即発的で激烈な反感」(p. 351／三五一頁)が必ず呼び覚まされることになる。

このドラマに登場する第三の男――彼は批評家たちの見解に最も大きな不同を生じさせてきた――は、それほど鮮明にではなく、不思議と、より矛盾めいた言い方で紹介されている。ベリポテント号の艦長は素朴であると同時に衒学的、空想的であると同時に決然的、短気であると同時に内気、そして「部下たちの幸福には心を配るが、規律違反は決して見逃さず」(p. 338／四〇頁)、「向こう見ずと言いたいほど大胆だが、決して無分別に大胆なのではない」(p. 338／四一頁)と描写されている。ビリーとクラガートの性格は「自然」に負うと言われているが、ヴィア艦長〔の性格〕は主として書物の愛好によって形成されている。

彼は書物を愛し、出航の際には必ず、新たに図書を補充した。数は少なくても、最良の書物だった。……書かれている事柄よりも、それを伝える書き方に注意を払うといった文学的嗜好はまるでなく、彼の好みは至高の秩序をそなえた真摯な精神――それも、この世の権威ある世界で活躍する精神――すべてが自ずと指向するような書物に偏っていた。つまり、いかなる時代であれ、現実の人間や出来事を扱う書物――歴史、伝記、モンテーニュのような因襲にとらわれない作家たち、すなわち、因襲や偽善的な言葉づかいから解放され、正直に、また良識の精神に従って、現実について哲学的に思索する作家たち。(p. 340／四四頁)

したがって、ヴィアは正直で真摯な読者であり、物語の最中でやがて演じることになる裁判官や証人の役割によく適った人物と見えるだろう。

しかし、『ビリー・バッド』の登場人物の性質を考察する際、必ず考慮しなければならないのは、登場人物それぞれの宿命が、その「性質」から期待されるものとはまったく逆になっていることである。ビリーは魅力的・無垢・無害な人間なのに、殺人を犯す。クラガートは邪悪・倒錯的・不正直な人間なのに、犠牲者として死ぬ。ヴィアは賢明で責任感ある人間なのに、彼自身、何の罪もないと感じている人間を絞首刑にする。この物語に対する批評的見解の不同は、登場人物〔の性格〕と行為のこうした不一致から生じている。つまり、読者はプロットを救ってビリーを咎める（「受納」、「悲劇」、「必然」）か、ビリーを救ってプロットを咎める（「皮肉」、「不当」、「社会批判」）か、なのだ。

登場人物〔の性格〕とプロットのこうした厄介な不整合を何とか理解しようとする多くの読者は、ウィリアム・ヨーク・ティンダルのように、ビリーとクラガートについてこう言明したくなるだろう。「それぞれの人物の重要性は、何をしているのか以上に、何であるのか、という点にある。……善悪、彼らは善悪の領域を占めている」[10]。こうした読みは、メルヴィルの冒頭の数章が暗示するアレゴリー的な価値観をよく留めているが、それにより、プロットの重要性は否定されることになる。それはプロットが開始する地点で——すなわち、登場人物たちの精神的な性質が同定されるとともに——終わりを迎える。したがって、次のように問うことも許されよう。しかるべきアレゴリー的解釈（善対悪）とは、このように、行為よりも存在を優先することに依拠するものなのか。そして、もしそうなら、性格と行為の不整合は、『ビリー・バッド』のアレゴリー的機能にいかなる効果を及ぼすのか。

非常に興味深いことに、メルヴィルは殺人について書く時、アレゴリー的な読みを誘うと同時に、まさにその一貫性を支える用語を転覆してしまう。「クラガートとビリーに体現されていた罪〔guilt〕と無垢〔innocence〕は、事実上逆転してしまったのだ」(p. 380／一一六頁)。擬人化の存在を斟酌しながらも、擬人化するものと擬人化されるものの関係を逆転し、善悪の対立を配置しながらも、それぞれの用語に反対の属性を帯びさせることで、メルヴィルは物語のプロットを交差配列〔chiasmus〕の形に仕立てている。しばしばキリストの物語の焼き直しとして読まれるこの物語は、こうして見ると、文字どおり十字形‐小説〔cruci-fiction〕、十字形に構造化された小説だ。逆転の瞬間、ビリーの拳が突き出される直前、彼の顔は、十字の交点を示すかのように、「見る者に激しい苦難〔キリストの十字架上の死〕〔crucifixion〕を思わせるような表情」(p. 376／一一〇頁)を浮かべる。無垢と罪、犯人と犠牲者は、喋ることのかなわないビリーの無言の表情を通じて、双方の位置を交換するのだ。

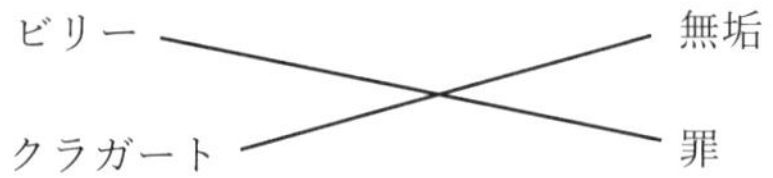

『ビリー・バッド』が一つのアレゴリーであるのは確かとしても、それはアレゴリー的安定性の伝統的な諸条件を疑問視するアレゴリーである。メルヴィルのプロットの要件――すなわち、善が悪の邪な企みを実行し、悪が善の不当な宿命を身に受ける――は、ここでメルヴィルが専心している対立が悪と善のあいだの静態的な対立ではなく、人間の「性質」とその行為のあいだの動態的な対立――ティンダルの言葉で言えば、人間の「存在＝ある〔being〕」と「行為＝する〔doing〕」のあいだの関係――であることを示している。

大変奇妙なことに、クラガートがビリー・バッドに直接発する唯一の文〔言葉〕によって提示されるの

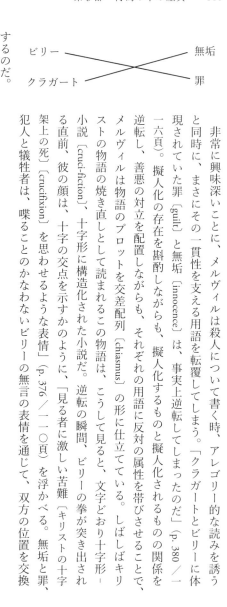

が、まさにこの「存在＝ある」対「行為＝する」という問題なのだ。ビリーが先任衛兵長の通り道に偶然スープを零すと、クラガートはおどけた口調でこう応じる。「立派にやってくれたな、君！　立派だということは、立派にやったということでもある！」（p. 350／六二頁）この言葉のもとにある「心が立派な者は見目も立派である〔handsome is as handsome does〕」という諺的な表現は、「存在＝ある」と「行為＝する」の連続的で予測可能かつ透明な関係の可能性を定立している。それは、ビリー・バッドの内的な善良さが彼の美しい外貌と調和的に一致すること、また、メルヴィルがこの物語の冒頭付近で紋切型に「〈ハンサム・セイラー〉」と書くように、「精神的な性質」が「肉体的な作りと不調和」（p. 322／一一頁）ではないことを想定している。だが、クラガートがビリー・バッドに疑問を覚えているのは、まさに、肉体的なものと精神的なもの、外見と行為――あるいは、存在と行為――のこの連続性なのだ。彼はビリーの肉体的な美しさに騙されるな、とヴィア艦長に警告する。「艦長は彼の美しい頬ばかりに注目なさっています。先の赤らんだヒナギクの下には人捕り罠が潜んでいるかもしれません」（p. 372／一〇二頁）。なるほど、クラガートはまもなく、自身の疑いを十二分に確認させられることになる。ビリーの面前で非難を繰り返す時、先任衛兵長は打ち倒され、死亡するのだ。このように、性格と行為の連続性を疑問視したら無事では済まされないのだろう。つまり、そこには常に、生死という根本的な問題がひそかに関わっていると思われるのだ。

　クラガートの非難で何が問題にされているかを確認しようとするなら、ビリーとクラガートの対立を無垢と罪の対立ではなく、二つの言語概念、二つのタイプの読みの対立と見るほうが有効かもしれない。ビリーは完全に動機づけられた記号を表しているかに見える。つまり、彼の内的自我（シニフィエ）は、彼の外的自我（シニフィアン）の美しさから明瞭に読み取ることができると考えられているのだ。彼の「直截な単純さ」は、「都会化された」――もしくは、修辞的に洗練された――人間を特徴づける、「精神的な不道徳」や「歪んだ心」とはまさに正反対のものである。「二重の意味、あるいは、あらゆる種類のあてこすりに関わるというのは、どう見ても彼の性質にはそぐわなかった」(p. 327／二二頁)とメルヴィルは書いている。ビリーは自身の「性質」に従って、すべてを額面どおりに受け取り、決して外見の意味を疑わない。「新参者には理解できない」が、クラガートの愛想のよさこそ、その逆のもの、すなわち、ビリー・バッドを「嫌っている」徴＝記号と解釈できる、とダンスカーから暗示されると、彼はすっかり呆気に取られてしまうのだ。「この若き水兵は「口のうますぎる男」のことなどまだ聞いたことがなかったので、時々の打ち解けた様子や愛想のよい言葉を趣旨どおりに受け入れた」(pp. 365-366／九二頁)。つまり、読者としてのビリーは実際的にも象徴的にも文盲なのだ。ものを字義どおりに受け取る彼の性質は、その文盲性によって表象されている。なぜなら、ビリーは、言葉は額面どおりに受け取れると思い込むことで、読むという行為をまさに不可欠にも不確定にもする差異の機能そのものを締め出しているからだ。

　対するクラガートは、外見においても性格においても差異、二重性のイメージである。彼の顔は醜くはないが、不完全で異常な何かを匂わせている。悪事はなさないが、邪悪さを体現している。知性ある人間だが、理性を「非理性的なものをもたらすための狡猾な道具として使用する」(p. 354／六九頁)。ビリーは彼の心に「深い反感」と「優しい情」を同時に呼び覚ます。このように、相矛盾する属性をそなえたクラガートは曖昧性と両義性の化身であり、シニフィアンとシニフィエの距離、「存在」と「行為」の懸隔を具現化している。「善は理解できるが、善となるには無力のクラガートのような性質には、……みずからに立ち戻って行く以外、方法はないのである」(p. 356／七四頁)。読み手としてのクラガートは、「外見の美しさに応じて激しい不信を発揮する」(p. 364／八九頁)という術を身につけている。間違いなく皮肉な読み手である彼は、記号を恣意的で動機づけのないものと考え、外見の記号価値を逆転する。つまり、ヒナギクを人捕り罠、動機もなく偶然スープを零したことを狡猾な反感の表明と捉えるのだ。しかしながら、偽って（つまり、恣意的に）、ビリーが恣意性を宿している、すなわち、嬰児の外見の下に反逆者の顔を隠していると非難することで、記号の恣意性をみずからの目的のために手懐けようとした時、クラガートは自身の破滅＝死と遭遇することになる。

　バッド／クラガートの関係をこのように定式化することで、物語自体だけでなく、批評に対しても新しい見方が可能になる。というのも、字義的に読む読み手（ビリー）と皮肉な読み手（クラガート）の対立は、『ビリー・バッド』の批評的な読み方においても、「受納」派と「皮肉」派の対立として再演されるからだ。この物語を「受納の誓約」と見る者は、ヴィアに対するビリーの最後の祝福を額面どおりに受け取りがちである。例えば、ルイス・マンフォードは次のように述べている。「メルヴィル自身の終わりが近づくにつれ、彼はビリー・バッドとともに、ヴィア艦長に祝福あれ！と叫んだ。この最終的主張の中で、ハーマン・メルヴィルは死んだのだ[11]」。対照的に、この物語を皮肉に読む者は、ビリーの爽やかな別れの言葉をメルヴィルの痛烈な悪罵と取りがちである。ジョウゼフ・シフマンはこう書いている。「奇妙なことに、心根の優しい男ヴィアが、堕落したクラガートの望み――ビリーの破滅――を可能にする。「ヴィア艦長に祝福あれ！」これは辛辣な皮肉ではないか。無垢なビリーがこの言葉を口にする時、読者は吐き気を催さないだろうか[12]」。しかし、受納／皮肉という二項対立はすでに物語に内包されていて、明らかにこの物語が関わるものの一つなのだから、どちらの読みが正しいかを決めれば済むというものではない。『ビリー・バッド』の読者がしなければならないのは、ほかならぬ、この字義性と皮肉の対立で問題になっているものを分析することなのだ。この問題は、『ビリー・バッド』を文学的現象としてだけでなく、批評的現象として理解する上できわめて重要なので、本章の終わりで再度取り上げるが、ここではまず、この殺人自体の言語的な含意をさらに詳しく確認しておくことにしよう。

真実のごとく嘘をつく悪魔

外から見れば、我らの船は一つの嘘である。というのも、外に見えるのは清潔に磨かれたデッキと、喫水線の上を構成する、幾度もペンキを塗られた厚板だけだからである。一方、あらゆる秘密貯蔵庫をそなえた我らの巨大な建造物は、表面のはるか下で、永久に滑走を続けている。

メルヴィル『ホワイト・ジャケット』

ビリーがひそかに反乱を企てているというクラガートの非難が、本質的に、「存在」と「行為」の不連続性、シニフィアンとシニフィエの恣意的・非動機的な関係の可能性を肯定するものなら、ビリーの一撃はそうした不連続性や恣意性を暴力的に否定しようとする試みとして読まれなければならない。ビリーが裁判中に説明するように、否定としての一撃は発話の代替として機能する。「私には殺すつもりはありませんでした。言葉が使えたら、殴ったりしなかったでしょう。けれど、あの方が面と向かって、しかも艦長の面前で、卑劣にも嘘をつかれたので、私は何かを言わねばなりませんでした。そして、一撃によってしか、それを言うことができなかったのです」(p. 383／一二一頁)。しかし、記号の動機づけを守るために一撃を加えるビリーが、実は、動機づけの不在そのものを体現しているのだ。「私には……つもりはありませんでした〔I did not mean ...〕」。彼の一撃は無意志的で偶然的、つまりは、完全に非動機的である。彼は意味するつもりのない記号〔a sign that does not mean to mean〕なのだ。曖昧性を理解できないビリー、愛想のよい言葉を額面どおりに受け取り、額面どおりに受け取らない可能性を暗示するクラガートを殺害するビリー、その突然の一撃により、自身の「存在」と「行為」の不一致をすべて暴力的に否定しようとするビリー。そうしたビリーは、まさに彼が否定する不一致そのものを、根本的に例証するはめになるのだ。

このように、この物語はシニフィアンとシニフィエの連続性という仮定（「立派だということは、立派にやったということでもある」）と、不連続性という仮定（「先の赤らんだヒナギクの下には人捕り罠が潜んでいるかもしれません」）のあいだで生起する。反乱の始動を咎めるクラガートの告発は明らかに虚偽だが、それによって、ビリーに付与される二面性が例証されることになる。そのクラガートは、ビリーについて嘘を公言したため否定されるが、その嘘はビリーの否定行為により、逆説的にも、真実であると証明されてしまう。

こうした逆説は、別の形で――すなわち、行為遂行的な言語機能と事実確認的な言語機能の対立という観点から――述べることもできる。事実確認的言語とは、認識の道具として使用される言語である。それはみずから以外の何かについて描写・報告したり、語ったりする。行為遂行的言語とは、行為の報告としてではなく、みずからが行為として機能する言語である。例えば、約束する、賭ける、罵る、結婚する、宣戦布告するなど〔の表現〕は行為を描写するのではなく、それ自体が行為を行うのである。したがって、「立派だということは、立派にやったということでもある」という諺は、事実確認的な言語の次元（存在）と行為遂行的な言語の次元（行為）の両立可能性を述べているものと読むこともできる。だが、ビリーの行為が劇的に表現しているのは、両者の根源的な両立不可能性である。ビリーは、クラガートがヴィアにする報告の真意を、その報告の認識的価値をすべてただ盲目的に否定することで、行為遂行してしまう。ビリーがもし真意を理解していたら、そんな遂行はしなかったであろう。立派な人間は立派であり〔be〕、同時にその取り消しを行う〔do〕ことはできない。存在と行為を両立不可能とみなす知（識）には、それ自体を確認する究極的な行為遂行が認識できないのだ。

このように、メルヴィルの交差配列は罪と無垢の場だけではなく、行為と存在、遂行と認知に関する連続性と不連続性の仮定を逆転させている。ビリーの拳がクラガートの額を一撃する時、認識と行為の一致はもはや不可能となる。メルヴィルの物語は、特に致命的な行為遂行的発話が生じたことを報告しているのでなく、それ自体が、認識＝知識と行為の根源的な両立不可能性を行為遂行しているのだ。

思い起こすなら、こうしたことはすべて、吃りという言語的な欠陥によって誘発されている。この顕著な不幸に慎重に注意を払わなければ、この物語の言語的範疇のドラマ化を完全には分析できないだろう。ビリーの「発声的な欠陥」は、物語の中で、次のような言葉で提示・説明されている。

> 彼には一つだけ弱点があった。……時々生じがちの発声的な欠陥である。自然が雄叫びを上げ、危険な時には、水兵たるべきものをすべてそなえているのに、心に突然強烈な刺激を受けると、いつもなら内なる調和を表現すべく際立って音楽的な声が、器官的な躊躇をもたらすことが多かった。つまり、それはほぼ吃音か、それ以上に酷いものだった。この点において、ビリーはあの狡猾な妨害者、すなわち、エデンの園の嫉妬深い破壊者〔蛇〕が、この〈地球〉という惑星に託されたすべての人々に今でも多少のちょっかいを出す、ということの顕著な実例だった。この破壊者〔蛇〕は、いかなる場合

でも、何らかの形で必ずちょっとしたカードを忍ばせていく——自分もここを掌握している〔have a hand〕んだぞ、と思い起こさせるために。(pp. 331-332／二八—二九頁)

ビリーの発話が儘ならない時に噴出するのは、疑いなくこの悪魔的な「掌握」である。ビリーは「嫉妬深い破壊者」の活動の、まさに「一撃的な〔顕著な〕〔*striking*〕実例」なのだ。

ビリーの吃音の要因を特徴づける際、メルヴィルが破壊者〔*marplot*〕という語を選んだことは特筆に値する。吃音がビリーとクラガートの役割反転を引き起こすという意味では、それ〔吃音〕がプロット〔plot〕を「損なう〔mars〕」と解するのは当然だと思われる。だが、別の意味で言えば、この反転はプロットを損なうのではなく、プロットを作り出している。エデンの園の物語と同様、ここで嫉妬深い破壊者が損なうのはプロットではなく、「始めに」存在するプロットの不在状態〔プロットは「筋」、「陰謀」を意味する〕である。つまり、「創世記」と『ビリー・バッド』が語っているのは転落の物語ではなく、物語の中への転落なのだ。

これに関しては、ビリーがプロット〔筋＝陰謀〕を扇動し、海軍当局への反乱を企てているという、クラガートの偽りの非難を思い起こすことが適切だろう。こうした架空のプロットを定立することで、クラガートが何らかの意味で行おうとしているのは、物語のためのプロットを必死に作り出そうとすることなのだ。そして、いかなるプロットにも巻き込まれまいとするビリーの否定行為そのものが、結局は彼をプロットの中に導いて行く。ビリーの無意志的な一撃は、上官たちの権威だけではなく、彼自身の意識的意図の権威に対する反乱行為でもある。プロットという語が「陰謀〔intrigue〕」という意味と「物語＝筋〔story〕」という意味をともにもちうるのは、たぶん偶然ではないだろう。あらゆるプロットが何らかの意味でみずからの損ないの物語を語るとすれば、おそらく、プロットとはすべて権威に対するプロットであり、権威はみずからの破壊舞台を創出する、また、すべての物語はまさにその存在によって、父親、神々、意識、秩序、期待、あるいは意味の転覆を必然的に物語る、と言えるだろう。

しかし、ビリーははたして、見た目ほど「プロット〔陰謀〕と無縁〔plotless〕」だろうか。彼の「単純さ」は分裂や曖昧性を隠していないのか。多くの批評家たちが指摘するように、ビリーの性格はおおむね、否定的なものを排除することから生じていると思われる。戦艦上の仕事に任意に強制徴用されると知らされた時、ビリーは「まったく異議を唱えない」(p. 323／一三頁)。謎めいた見知らぬ人物から秘密集会に誘われた時、「あからさまにノーと言えない」(p. 359／七九頁、強調はメルヴィル)ビリーは、大人しく同意してしまう。だが、「ノーと言えない坊や」のようであるにもかかわらず、ビリーの描写に使用されるほとんどすべての語が否定形であるというのは興味深い事実だ──無垢な〔innocent〕、因襲にとらわれない〔unconventional〕、文盲の〔illiterate〕、世慣れていない〔unsophisticated〕、不純さのない〔unadulterated〕等々。また彼は、言われていることと意味されていることの不一致をことごとく否定するが、まったく嘘がつけないというわけではない。彼は、後甲板員の胡散臭い訪問について尋ねられた時、絶対的な権威維持に抵触すると思えるものすべてを削除するため、報告を歪曲する。いかがわしい申し出を報告するのが「忠実なる水兵としての彼の義務だった」(p. 362／八五頁)にもかかわらず、彼はそれを怠る。このように、ビリーは「密告者の汚い仕事」(p. 362／八五頁)を回避する際、自然にではなく、複雑な濾過行為を介して、自身と「プロット〔陰謀〕との無縁性」を維持している。単純で生来純粋というわけでは決してない。そうではなく、当局から非難されない状態を維持することに強迫的に取り憑かれているのだ。鞭打ち刑を目撃したあと、彼はあまりの恐怖に、「怠慢がもとで、あのような災難を受けることには決してならないようにしよう、たとえ口頭で叱責されるようなことでも、やったり、忘れたりしないようにしよう」(p. 346／五五―五六頁) と決心する。ビリーは否定的なものを単に排除しているのではない。それを抑圧しているのだ。いかなる類いのいかがわしい行動 (例えば、〈赤髭〉、後甲板員、クラガートの行動) に対しても、彼はそれを打ち消そうと反応する。ビリーは断固たる抹消行為だけで、彼の「空白の〔blank〕無知」(p. 363／八八頁) を維持している。クラガートの卑劣な挑発に対するビリーの反応についてメルヴィルが語るとおり、「彼〔ビリー〕が導かれた無益な推測は不穏なほど異質だったため、彼はそれを精一杯抑え込もうとした」(p. 362／八五頁) のだ。

よくは理解できないが、邪悪な何かが関係していると本能的に悟られるような交渉からぞっとして身を引くという点において、ビリー・バッドは、化学工場の嫌な臭いを突然吸い込み、鼻息荒く鼻孔や肺から何度もそれを吐き出そうとする、牧場から来たての駿馬のようだった。こうした心境が、あの男とさらに交渉したいという欲望――その目的は、相手がいかなる意図で彼に近づいて来たのかをはっきりさせることにすぎなかった――をすべて締め出した。(p. 361／八三―八四頁)

ビリーは、無意識的ではあるが、絶え間ない検閲によってのみ、その純粋性を維持する。「無垢が彼を盲目にしていたのだ」(p. 366／九二頁) とメルヴィルは書いている。

大多数の読者がビリーを善良さの化身、クラガートを邪悪さの化身と見る一方で、そうでない読者が精神分析的な視点から読む傾向にあるというのは興味深い事実である。クラガートの潜在的な同性愛については多くのことが語られてきたし、メルヴィルもそれを明白に暗示している。クラガートは、仮想的な

「Xさん」のように、「ご婦人の扇で軽く叩かれたくらいでは割れない胡桃だ」(p. 352／六六頁)。彼が時々ビリーに投げかける「察知されない視線」には、「運命が禁じなければビリーを愛することさえできたかのような、ちょっとした優しい思慕」(p. 365／九〇頁)が含まれている。スープを零すことと、それに対するクラガートの反応は、象徴的に性的な取り交わしとして読まれることがたびたびだが、読むことができないビリーには、むろん、その取り交わしの意味が分からない。

したがって、このような観点からすれば、クラガートの邪悪さなるものの真相は、愛の抑圧された形ということになる。しかし、たぶんそれ以上に興味深いのは、ビリーの善良さなるものが実は憎悪の抑圧された形だとする、精神分析的主張の手口を吟味することである。

> 継続する女性的心象は、……エディプス的対立の激しい闘争を避けるため、ビリーがみずからを前－エディプス的次元の母親と同一視し、父親に対し無害で懐柔的な姿勢を取っていることを示している。……父親に対するビリーの怒りや敵意がすべて無意識的であることは、そうした感情が生じる際、それを口頭の言葉で表現できないという事実によって象徴化されている。……これはみずからに自身の罪や破壊性を認識させせないでおくための機制である(13)。

> ビリーの意識的行為はすべて受動性を志向する。……象徴的な言葉で言うなら、ビリー・バッドは自身の去勢を求めている。みずからの活力を、ヴィア艦長の内に見出す、権威的だが思いやりのある父親に譲り渡しているのだ(14)。

頻繁に生じることだが、患者がある言い分を証明しようととりわけ熱心になる時、吃音は始まる。患者の表面的な熱意の裏には、言葉によって相手を論破しようとする敵対的ないしはサディスティックな性向が隠れている。吃音はそうした性向を妨げると同時に、罰しようとするものである。さらに多いのは、高名もしくは権威的な人物、すなわち、患者が最も激しく無意識的な敵意を抱いている父親的人物の現前＝存在によって、吃音が悪化することである。[15]

『水兵ビリー・バッド』は歴史的時間の中に据えられているが、……〔ここでの〕戦争は海上の覇権をめぐる国家間の争いではなく、継承権の決定をめぐる父親と息子の永久戦争になっている。[16]

ヴィアが父親になると、クラガートとビリーはもはや水兵ではなく、父親の恩恵や祝福を求めて争う息子たちである。クラガートは反乱を顕在的に非難しているが、潜在的には、若いほうの息子あるいは兄弟が父親の打倒を企んでいると訴えているのだ。……ビリーがクラガートの額に強烈な一撃を与える時、彼は敵＝ライヴァルの「邪悪な目」を消し去るが、その一撃はそれと同時に転位されている。ビリーには父親を一撃することが禁じられているからだ。クラガートが一撃され、デッキ上に「死んだ蛇」のように横たわる時、ヴィアはこの転位された一撃を無言のうちに認め、顔を覆う。[17]

ビリー型の無垢は……擬似的な無垢である。……それは純朴さを利用したものであり、決して脱却されることのない幼年期、過去へのある種の固着から形成されている。……私たちには、静観することができないほど大きく、恐ろしい問題に直面すると、……この種の無垢へとあとずさり、無力、虚弱、無能に甘んじる傾向がある。……こうした無垢は、自己や他者の内にある破壊性と折り合うことができない。それゆえ、それはビリー・バッドの場合のように、まさに自己‐破壊的なものになるのだ。(18)

このように、精神分析的な読みとは『ビリー・バッド』で描出される無垢の概念を脱神秘化することである。精神分析的な見解によれば、この世において「善は無力である」という形而上的な嘆きの根底にあるのは、無力はよい、無害であることは無垢である、純朴さは愛らしい、「誰にも攻撃の口実を与えず」、「〔口頭で〕叱責されるようなことでも、やったり、忘れたりしないようにしよう」（p. 346／五五―五六頁）と決心することは、人間行動における最高の理想だという考え方である。ほとんどの読者はビリーの船員仲間と同じようにビリーに応じるが（「彼らは皆、彼を愛しています」〔p. 325／一七頁〕）、精神分析家たちはクラガートの不信（「若くて見栄えもいいですが、悪賢い奴です」〔p. 371／一〇一頁〕）、さらには軽蔑さえも彼と共有している（「無垢だけというわけか！」〔p. 356／七四頁〕）。

これと関連して興味深いのは、精神分析家たちが暗黙のうちにクラガートの態度を選択しているのに対し、メルヴィルは、決定的な対決場面で、クラガートをほとんど精神分析家のような存在として提示していることである。

発作の兆候を示し始めたある患者に近づこうと、廊下を進む救護院の医師のように、計ったような足取りと沈着冷静な物腰で、クラガートはゆっくりとビリーの間近まで進み、催眠術でもかけるように彼の目を見つめると、手短かに告発の要点を繰り返した。〔p. 375／一〇八頁〕

まるで精神分析家としてのクラガートが、ビリーの無意識的な敵意を意識させようとして、転移的な怒りを破壊的な行動へと偶然解き放ってしまった、という感じである。致命的な一撃は動機のない出来事どころか、ビリーがそれまで抑圧してきた否定の力の大規模な立ち戻りである。そして、この盲目的な破壊性の中で、ビリーはまさに精神分析自体のプロセスに対してだけでなく、「父親」に対しても突撃を加えることになる。

『ビリー・バッド』の精神分析的な読みと、従来の「形而上的な」読みの主たる違いは、この致命的な一撃に与えられたステイタスにある。ビリーが純粋な善を表象するなら、彼の行為は非意図的ではあれ、象徴的に正当ということになる。「邪悪な」クラガートを撲滅する結果になるからだ。また、ビリーが神経症的抑圧の事例なら、彼の行為は無意識的な欲望によって決定され、自身の破壊性を抑圧しようとする試みの破壊性を暴き出しているということになる。前者の場合、殺人は不慮であり、後者の場合は願望の達成である。はなはだ興味深いことに、この不慮対動機づけという問題は、物語の終わりでも、ビリーの肉体には奇妙にも自動性の痙攣が生じないという観点から再度取り上げられている。痙攣が生じないのは、生じる場合と同様、機械的＝非意志的なことなのか。あるいは、主計官が「意志の力」ないしは「安楽死」と呼ぶものの結果なのか。いずれにせよ、この出来事は殺人場面の否定的対等物を表している。この出来事には解釈に挑戦するような肉体的暴力がなく、殺人場面にはそれがあるということだ。主計官と軍医が取り交わす「不動の驚異」に関する茶番めいた議論はビリーの「昇天」の厳粛さを妨げるが、その目的は恣意的な偶然対決定可能な動機づけという、物語にとって中心的な重要性をもつ問題をドラマ化することにほかならない。両立不可能とはいえ、精神分析的な読みと形而上的な読みがテクスト的証拠によって同等に支持される以上、メルヴィルはたぶん、読者にどちらかを選択するよう求めてはいないだろう。

そうではなく、むしろ、精神分析と形而上学、偶然と決定、意志されたものと偶然的なもの、無意識的なものと倫理的なものといった対立の最中で問題になっていることを吟味するよう、そうしたコンテクストを読者に提供しているのだ。

あいだの致死的空間

それで我らのように先見の明ある智慧者は、
遠回しに搦め手から攻め立て、
虚をもって実を制するのだ。

『ハムレット』第二幕第一場

ビリーが行為遂行的な謎〔riddle〕を表すとすれば〔彼の行為は動機づけられているのか、それとも偶然なのか〕、ジョン・クラガートは認識に対する謎〔enigma〕、「自身の理由からか、正体を明かさない」(p. 343／四八—四九頁)男として提示されている。繰り返し「神秘＝謎〔mystery〕」と言われるクラガートは、描写が困難なだけでなく、危険でさえある人物のように思われる。

ふつうの性質の人間がクラガートを相応に理解するには、これらの手がかりでは不十分である。ふつうの性質の人間が彼の所に行き着くには、「あいだの致死的空間〔the deadly space between〕」を渡らなければならない。つまり、遠回しなやり方でなされるのが最もよいということだ。(p. 352／六六頁)

クラガートと「ふつうの性質の人間」のあいだには、大きく開いた認識の溝が存在している。字義的な意味で解するなら、クラガートに到達するため「あいだの致死的空間」を渡るというこのイメージは、おおむね、殺人を皮肉的に予示するものと捉えることができる。ビリーは自身とクラガートのあいだの「空間」を、まさに「致死的〔deadly〕」一撃によって「渡る」のだ。事実、この「あいだの空間〔space between〕」という言いまわしは、殺人の直後に、死亡したクラガートと刑を宣告されたビリーの物理的隔絶に言及するため、再度使用されている。

> 船尾のほうにはそれぞれの側に小さな特別室があり、一つは現在仮の拘置室、もう一つは死体置き場になっていた。また、それより小さな区画が、前方へと広がるあいだの空間を確保していた。（p. 382／一一九―一二〇頁）

空間的な溝は致死的な交差配列によって乗り越えられる。

　しかし、ここで関係している種類の「致死的空間」が物理的な隔絶だけでないことは明らかである。「あいだの致死的空間」という表現は本質的に、認識の懸隔、そこを越えてしまうとふつうの理解力が正常に機能しなくなるような境界を示している。理解の限界を表すこうした種類の空間が、ジョン・クラガートを描写しようとする試みに内在する一つの特徴のように思われる。メルヴィルは最初からこう認めている。

> 彼〔クラガート〕の肖像を描こうと試みるが、決してそれに的中する〔hit〕ことはないだろう。（p. 342／四七頁）

メルヴィルがここで果たさないだろうと言っていることこそ、まさにビリーが果たしていること、つまりジョン・クラガートを殴る〔hit〕ことである。こうして見ると、話すことと殺すことは、相互に排他的だと思われる。ビリー・バッドは話すことができないために殺すが、メルヴィルはまさに話すという行為を経ることで殺さない。ビリーの拳は「致死的空間」を直接横切る。他方、「遠回しなやり方でなされる」メルヴィルの横断は、その的を無傷のまま留め置く。

こうした事態は倫理的なレヴェルでは安心を与えるように見えるが、それがメルヴィルのエクリチュールについて含意しているものを吟味するなら、むしろ心騒がせるものとなる。というのも、〔メルヴィルの〕描写がその対象に的中しないとすれば、それははたしてどの程度信用できるのか。ジョン・クラガートの肖像が歪んでいると知った時、読者は彼についていったい何を知ることができるのか。完璧に描写すること、適切に指示することが、指示対象に「的中」し、結果的にそれを消滅させることであるなら、あるいは完全に知るということが、まさに知られた対象を消すことであるなら、また、言語の事実確認的・対象指示的機能の完璧な遂行が、そうした機能の目的をすべて消し去ることであるなら、言語は対象指示的な妥当性を断念することによってのみ、その「無垢」を維持できる、ということになるだろう。メルヴィルは自身の言説を根深い錯誤に立脚させることによってのみ、殺人を回避できるのだ。遠回しなやり方で――すなわち、修辞的な置換によって――空間を横切ることが致死を回避することだとすれば、そうした横断はその道を根源的に失うという条件において、初めて達成されると言えるだろう。

このように、『ビリー・バッド』を貫く「致死的空間」は、認識と〔行為〕遂行、知ることと行うこと、錯誤と殺人のあいだに据えられていると言ってよいだろう。しかし、行うことは致死的で、話すことはそうではないとか、直接性は殺人的で、回避は無垢であるといった含みで捉えられるなら、こうした定式化さえ不十分である。メルヴィルは単に、行うことを話すことに——あるいは、直接的な言語を間接的な言語に——換えるよう勧めているわけではない。彼は遠回しな言葉や逸脱を悪として扱い続け、脱線を「文学的な罪」として語っている。

> この、ものを書くという事態においては、本道に従おうと決意しても、いくつかの脇道が容易に逆らうことのできない魅惑をもつことがある。私は誤ってそうした脇道に踏み込むであろう。読者がお付き合いくださるなら、喜ばしい。逸脱が文学的な罪ならば、不道徳にも、罪を犯すことにあると言われているあの快楽くらいはお約束できるだろう。(p. 334／三三—三四頁)

直接性と間接性は同じく胡乱《うろん》であり、同じく無垢である。修辞の倫理的ステイタスのさらに込み入った状況については本章の後半で吟味することにし、まずは「致死的空間」という概念を追究してみることにしよう。

『ビリー・バッド』で立ち働いている空間が、言語と行為、あるいは直接性と間接性〔遠回し〕のあいだに単純に位置づけられないならば、それはどこに位置し、どのように機能しているのか。なぜその空間自体が「致死的」と呼ばれるのか。そして、さらに詳しく言うなら、メルヴィルはどうやってジョン・クラガートに的中しないようにしているのか。

メルヴィルはクラガートの「本性」という問題を何度も取り上げている。その描写はそのつど、物語の理解に必要な鍵として差し出される。だが、この先任衛兵長について毎回読者が知ることになるのは、読者には何一つ知ることができない、ということである。

彼の前歴については何も知られていなかった。(p. 343／四九頁)

ベリポテント号の水兵たちがこの先任衛兵長の入隊前の経歴について確かに知っていたのは、衛星が初めて空に出現する前にたどった道のりをほとんど理解していない天文学者程度のものだった。(p. 345／五三頁)

自然に湧き起こる深い反感以上に神秘を帯びたものが、はたして存在しうるだろうか……。(p. 351／六五頁)

これは不可解な言い方だ、と言う人もいるだろう。だが、なぜ不可解なのか。「不法の秘密の力」という聖書にある言いまわしをどことなく匂わせるからなのか。(p. 354／七〇頁)

クラガートと「ふつうの性質の人間」のあいだにある「致死的空間」の横断は「遠回しなやり方でなされるのが最もよい」と告げたあと、メルヴィルの語り手はそれを額面どおりに実行する。すなわち、謎めいた「Xさん」――「世間知」では、この人物の「迷宮」に立ち入ることは不可能だった――をめぐって、若き日の自分と年上の「誠実な学者」のあいだでなされた架空の長々しい対話へと脱線するのだ。この対話は迂言法ばかりなので、若き話し相手〔語り手〕にはその「趣旨」が「まったく理解できない」(p. 353／六八頁)。校訂者のヘイフォードとシールツによるなら、「あいだの致死的空間」という言いまわし自体が、由来の分からない引用である。つまり、分からないことを示すために使われている表現の出所自体が分からないということだ。F・B・フリーマンが指摘するとおり、クラガートの悪に関する一見申し分ないと思われるプラトン的定義──「〈自然の堕落〉──自然に合致した堕落」さえ、実は、トートロジーにほかならない。この定義は構文的には機能を果たしているが、認識に関わる情報をまったくそなえていない。説明や定義の役割は繰り返し満たされるが、その内容は常に欠如している。メルヴィルの描写の進行は、知識のはてしない後退を描写しているのだ。「致死的空間」はクラガートと彼の同僚たちのあいだではなく、クラガートを説明しようとするメルヴィルの試みそのものの内に位置づけられている。

この問題の空間は、単に言語と行為を引き離すというより、言語自体の内でも作用しているように思われる。それは、クラガートの悪を定義するトートロジーにおいても、表現と定義の空虚な分節化を際立たせている。こうした言語空間は他にもたくさんある。実際、ビリーの宿命的な吃音は、話す能力の致死的な空所でなくて、いったい何であろう。この吃音によって開かれた空間こそ、物語全体の回転軸なのだ。また、死に臨んだヴィア艦長の最後の言葉は、このドラマの究極的注解の位置にありながら、「ビリー・バッド、ビリー・バッド」と、一つの名前を空虚に繰り返すばかりである。ドラマの決定的な瞬間すべてにおいて──すなわち、悪の起源、行為の誘発原因、最終的な評価において──、『ビリー・バッド』の言語は吃るのだ。こうした瞬間、事実確認的・対象指示的な内容は掩蔽される。つまり、言語はその空虚で機械的な機能を伝えるだけである。だが、メルヴィルが読者の理解を要求しているのは、まさに理解におけるこうした空所なのだ。

意味の掩蔽を宿命づけられた認識空間が重要なのは、それが解釈の限界を示すからではなく、解釈の原因として機能するからである。解釈における空所は、小説の登場人物たちに直接それと知覚されることはない。そうした空所自体が解釈可能な記号、解釈の誘因として捉えられているのだ。例えば、クラガートの過去に纏わる知識が欠如しているのは、彼が隠すべき何かをもっていることの記号と見られている。

> 彼の前歴については何も知られていなかった。……砲列甲板や船首楼での多くの曖昧な与太話の中で、あるひそかな噂が広まった。この先任衛兵長は勲爵士〔*chevalier*〕〔強調はメルヴィル〕だったが、国王の海軍に志願した。それというのも、ある謎めいた詐欺行為で高等法院に糾弾され、それを示談で済ませるためだった、というのである。こんな風聞はむろん、誰も立証できなかったが、それがひそかに広まることは阻止できなかった。……実際、クラガートほどの教養ある男が、いい年をして海での経験もなく海軍に入り、当然ながら、最初は最下級の地位に配属される。しかも、陸での前歴にはいっさい触れない。真の素性が正確には分からないこうした状況から、良からぬ憶測にふさわしい不確かな領域が勝手な連中に対して開かれることになったのだ。（p. 343／四九—五〇頁）

換言するなら、ここにおける知識の不在は話の増殖を引き起こすことになる。クラガートの素性に関する知識の不在は、単純で、偶然的で、理論的に補修のきくような情報欠如ではない。それは彼の「邪悪な性質」のまさに起源なのだ。興味深いことに、ビリーの場合は、知識の同様な欠如が、ある読者たちに彼の出自を神聖と思い込ませることになる。父親は誰かと尋ねられ、ビリーは「神のみぞ知る、です」と返答している。つまり、神聖なものや悪魔的なものは、知識の不連続性を形而上的に説明するものと見ることができる。『ビリー・バッド』では、吃音とトートロジーが、悪の発生地点を示すよう役立っているのだ。

したがって、悪とは本質的に、言語中の空間や分裂に意味を付与することを通じて、不連続性を誤読することである。しかし、クラガートの悪の物語＝噂が一見無意味な知識の空白から生じるという事実は、原因としても結果としても、それ自体少しも無意味、あるいは無垢なことではない。クラガートの職務は、「それ以外のこともあるが、水兵ひしめく砲列甲板下部の秩序維持を命じられた」（p. 342／四七頁）警官のようなものである。メルヴィルが指摘するとおり、「戦艦で彼のような職務に就いている男には、船員たちに好かれるという望みはまずありえない」（p. 345／五二頁）。邪悪という仮説を自己実現的な予言に変えるには、この先任衛兵長を取り巻く必定的な敵意だけで十分だったろう。メルヴィルが言うように、「この物語の要点は、この先任衛兵長の隠された性質にかかっている」（p. 354／七〇頁）。推測的に言うなら、『ビリー・バッド』のプロットすべてが、クラガートのなすことの結果ではなく、彼が言わないことの結果であると考えられるだろう。

このように、知識の空所や行為の不連続性を誤読することによって、『ビリー・バッド』のプロットは形成される。だが、メルヴィルはさまざまな空間と、それが生み出すさまざまな読みをともに描写＝説明するので、解釈の誤りという気紛れな出来事に集中すると、読者に明示されるものとは異なる数多くの「内輪話」〔『ビリー・バッド』の副題は「一つの内輪話（*An Inside Narrative*）」である〕が成立する可能性を、テクスト内で曝け出すことになる。メルヴィルの話が語っているのは、話を語ることの雪だるま式増大である。実は、物語の中ですでに入手できる一連の暗示を結びつけるだけで、クラガートの疑念をまったく正当化する視点から、この物語を語り直すことができるのだ。

一、ビリーは商船から戦艦に連れて行かれる時、「そして、あなたともお別れです、ラ、イ、ツ・オ、ブ・マ、ン号よ」（強調はメルヴィル）と、訣別の言葉を叫ぶ。のちにこの件をクラガートに語ることになるラトクリフは（それは、ヴィアにビリーを告発する際、クラガートが触れて明らかになる）、それを「徴用全般に対する、またとりわけ、彼自身に対する狡猾な中傷」（p. 327／二〇頁）と解釈する。このように、クラガートがビリー・バッドに関して集めたと思われる最初の情報は、ラトクリフ海尉の、この美貌の新兵は表面的な陽気さの下に敵意を忍ばせているという、解釈のフィルターを通過している。

二、ビリーは別の新参者が鞭打ち刑に処せられるのを見たあと、「叱責されるようなことには決してならないようにしよう」と決意するが、彼の「任務遂行の几帳面さ」（p. 346／五五頁）は檣楼員仲間たちに嘲笑される。ビリーは、自身の行動と、まったく非の打ちどころのない者でありたいという願いが符合するよう懸命に努力するが、「つまらぬトラブルに巻き込まれる」（p. 346／五六頁）。ビリーの「あからさまな不安」は仲間たちから「滑稽」とみなされる（p. 347／五六頁）。このように、みずからの完璧さに対するビリーの執拗な気遣いが、次の雪だるま式転回を始動させる。クラガートが、「この男〔ビリー〕の気質を試すための」（p. 358／七八頁）巧妙な作戦として、さもしい迫害を企てるからである。「前檣楼員〔ビリー〕」を困惑させる小狡い罠」を仕掛けるためにクラガートが用いる手先は「チュー助〔Squeak〕」と呼ばれる伍長だ。この伍長は、「あの水兵に上官が愛情を抱けるはずはない、と当然のように結論づけ、忠実な手下として、善良な前檣楼員の無邪気な浮かれ騒ぎのいくつかを上官に曲解させることで、さらにはまた、ビリーが洩らすのを立ち聞きしたという〔クラガートへの〕あれこれの無礼な悪口をでっち上げることで、敵意を煽ることを仕事にしていた」（p. 357／七六頁）。クラガートはここでもまた、非好意的解釈の歪みだけを通じてビリーを理解しているのだ。

三、ビリーについてすでにこうした印象を抱いているクラガートは、ビリーが彼の通り道にスープを零したことを「間違いなく単なる事故だったのに、そうとは理解せず、自身の反感にそれなりに応じようとするビリー側の自発感情が狡猾に洩れ出たのだ」(p. 356／七五頁)と考え続ける。これが読みすぎというなら、このスープの場面に性的あるいは宗教的な象徴性を見ようとする批評傾向は、クラガートとまったく同じ想定——事故に見えるものが、実際は動機づけられた意味のあるものだという想定——に基づいて作動していることに留意する必要がある。滑稽な言葉(「立派にやってくれたな」)の背後に隠されたクラガートの自発的な解釈は、それ自体が十分理に適っているだけでなく、ビリーの純真な叫び——「さあさあ、誰がジェミー・レッグズ〔クラガートの綽名〕が僕を嫌っているなんて言っているのさ」——から思わぬ証拠を受け取っている。こうした、クラガートが不敬な綽名で名指され、ビリーが他の船員たち——実は一人だったのだが、多くの船員たちのように聞こえる——と彼のことを話題にしたというコンテクストがすでに明白に存在することが、クラガートが疑惑を裏づけるのに必要なあらゆる支えを提供している。そして、その後もなお、彼は別の試験を試みようとするのだ。

四、クラガートは夜、一人の後甲板員をビリーに差し向け、強制徴用された男たちの反乱的な陰謀に加わるよう提案する。ビリーはこの誘いを断るが、忠誠心の要求に応じてそれを報告することを怠る。彼は陰謀者たちを庇っているのだ。クラガートの最後の試験は終了した。つまり、ビリーは艦にとって危険なのだ。この危険を報告することが、警察署長の役目を果たすクラガートの義務である。

この「逆転された」読みは、「善対悪」という通常の解釈以上に正当というわけではないが、その正当性がそうした解釈に劣らないこともまた確かである。しかし、舞台裏場面での暗示や陰影だけではなく、「歪められた」新聞報道によっても喚起されるこうした可能性は、『ビリー・バッド』のテクストによってだけでなく、その中でも提起されている問題——すなわち、読みの問題——の中心性を示す記号と捉えられる。ビリーとクラガートの対決は明白な「対立物の衝突(19)」を語るどころか、一連の細かな暈《ぼか》しや、精妙なほのめかしで組み立てられている。ここで衝突している対立物とは二人の登場人物ではなく、二つの読みなのだ。

読みに関する三つの読み

疑いなく重要なことだが、その評価をめぐって最も大きな批評的不同意が生じた人物は善玉でも悪玉でもなく、読書家＝読み手として明確に提示されるヴィア艦長である。『ビリー・バッド』の読者たちは何らかの形で、このメルヴィルの物語の核心には、殺しに劣らず、読むことが存在するという事実を常に確認してきた。だが、読むという行為はどのように明示されているのか。また、それが把捉しようとする空間の致死性との関係は、正確にはどのようなものなのか。

すでに指摘したように、『ビリー・バッド』の批評的な読みは二つの対立グループ、すなわち、「受納の誓約」派と「抵抗の誓約」派——あるいは「皮肉」派——に分かれる。語り手が公然と称えるヴィアの賢明さや、ビリーが最後に発するヴィアへの祝福を額面どおりに受け取るという傾向に前者の特徴がある。他方、後者のグループは、物語内に顕在する諸見解の逆転を通してビリーの処刑の不当性が認識されるよう、読み手の視点を、語り手を含めたすべての人物の視点から遠ざけるという傾向によって特徴づけられる。「受納」と「皮肉」のこうした対立は、先に触れたように、物語内に存在する、ビリーの純朴対クラガートの偏執という対立をかなり際立つ形で映し出している。そこで、まずは、読みという行為がこの二人の人物の対決において明示される経緯を吟味することで、読みの性質に関わるメルヴィルの考究を分析することにしよう。

　ビリーの読みの方法が、すべてを額面どおりに受け取ることにあるとすれば、クラガートのそれは、あらゆるヒナギクの下に人捕り罠を見ることにある。これは明白だと思われる。ところが、その実践においては、いずれの方法も厳密に支持されてはいない。純朴な読み手〔ビリー〕も、厄介すぎて報告できないような情報を削除し忘れるほど純朴ではない。通常は純朴な読み手が否定する、記号と指示対象のあいだにある空間の不安定性も、その同じ不安定性が意味内容そのものを混乱させる恐れのある時には、必ず一つの手段として要請される。ビリーは、彼の読むものが明白な平和・秩序・権威と矛盾しないかぎり、すべての記号を明白に読めるものと考える。そうでなければ、彼の読みもそれに応じて掻き曇る。また、クラガートにはすべての記号がその反対に読めるが、自身の疑念を裏づけるような記号ならば、その明白さを疑うことはない。「先任衛兵長は」〈チュー助〉の報告の「真実性を決して疑わなかった」(p. 357／七六頁)。つまり、純朴に信じる者は、自身の信念の明白さを突き崩すような証拠を何一つ信じない。一方、皮肉に疑う者は、自身の疑念を裏づけるものの信憑性を少しも疑わない。

　このように、純朴と皮肉は対称的な対立項だが、ほかならぬ、対称性以外のものを見られないという無能性によって盲目にされている。敵意を抱くクラガートには、「一方的な悪意などといった観念はまったく抱くことができない」(p. 358／七七—七八頁)。そして、自身の無実を意識しているビリーは、クラガートの愛想のよい言葉に、愛想のよさ以外、何も見ることができない。「この前檣楼員に、上官の反感を煽るようなことをしたり、言ったりしたという意識があったなら、彼の状況は違っていただろうし、その目も、鋭くはならないにせよ、曇りを取り除かれていたかもしれない。実情としては、無垢が彼を盲目にしていたのだ」(p. 366／九二頁)。どちらの人物も、自分が映っている鏡を通してしか他者を見ていない。クラガートはビリーを見る時、己の歪んだ顔を敵の顔と取り違える。そしてビリーは、クラガートの内に、自身の内部で抑圧している否定性を認め、殴りつけるのだ。

このように、純朴な読み手も皮肉な読み手も、自他双方に対し、同様に破壊的である。ビリー、クラガートがともに死ぬという事実は意義深い。テクストに普遍的・絶対的な法則の適用を強いることで、どちらの読みも曖昧と確信の戯れに暴力を加えているのだ。一方の読みは、強迫的に平穏を維持し、曖昧な表現を排除しようとして、テクストを殺す。普遍的な争いしか見ないもう一方の読みは、常軌を逸した否定性の予感が真実と化すような場となっている。

だが、このドラマの第三の読み手、ヴィア艦長はどうだろうか。純朴と偏執、受納と皮肉、殺人と錯誤の関係を読むことがまさにその任務である読みについては、はたして何が言えるだろうか。

ヴィア艦長の機能は、もしそうでなければ「過度に単純化されてしまう」アレゴリー的な対決に「複雑性」や「現実性」を与えることであった、と多くの読者は考えている。

ビリーとクラガートはほぼ純粋な善と、ほぼ純粋な悪を表象していて、リアリズムの要求を満たすにはあまりに単純で極端である。登場人物というものは混交を要求するからである。しかしながら、ほとんどアレゴリー的な彼らの黒・白は、ヴィアの問題に役立つものとして機能している。つまり、ヴィアはなぜか、すこぶるリアルなのだ。[20]

『ビリー・バッド』は後期の多くの作品と異なっているようだ。それほど「謎めいて」おらず、教訓的とさえ言える。……問題はどことなく単純化されているように見える。また、キリスト的なビリーと悪魔的なクラガートの対立は明らかに図式的だが、その価値を割り引いているため、ほとんどメロドラマ風に見える。ヴィア艦長だけが物語に複雑性を与えているようだ。懐中時計の平衡輪〔てん輪〕〔balance wheel〕のように働く彼の思案が、事件の迅速明瞭な解決を妨げている。……複雑な暗示、曖昧性を導入するのはヴィアの決定と、それに対する疑わしい理由づけである。(21)

ヴィア艦長は複雑性の座〔locus〕として、善悪の衝突だけでなく、物語の「受納的」解釈と「皮肉的」解釈の衝突においても、その「平衡輪」になっている。批評的な意見は艦長を「不道徳」・「高潔」、「自己‐韜晦的」・「自己‐犠牲的」、「有能」・「卑劣」、「責任感ある」・「犯罪的」、「道徳的」・「倒錯的」、「知的」・「愚鈍」、「穏健」・「権威主義的」と断言してきた。(22) しかし、同じ人物がなぜこうした正反対の反応を引き起こすのか。審判がなぜこのような激しい裁きに出会うのか。

メルヴィルによるヴィアの描写の問題点を分析するため、まずはヴィアの読みがビリー・バッドやクラガートの読みとどう異なるかを吟味してみよう。

一、純朴／皮肉という二項対立が個人間の対称に基づいていたとすれば、ヴィア艦長の読みは一つの社会的構造――英国戦艦の厳格な階級構造――の内で生じる。純朴な読み手（ビリー）が自己を守るために他者を破壊するのに対し、皮肉な読み手（クラガート）は攻撃を他者に投射することで自己を破壊する。そして、第三の読み手（ヴィア）は自己も他者も下位に位置づけ、政治的秩序を維持するため、結局は双方を犠牲にする。

二、ビリー、クラガート双方の読みは、性格すなわち人物の決定——無垢を維持するか、罪を証明するか——を明白な目的としていた。一方、ヴィアは性格を行動に、存在を行為に従属させる。「軍事法廷は、今回の案件において、殴打の結果にのみ注意を絞らなければならない。結果は殴打者の行為以外のものとして捉えないことが正当である」(p. 384／一二四頁)と、彼は士官たちに告げている。

三、ビリーの行為の形而上的な読みと精神分析的な読みの対立においては、一撃を偶然とみなすべきか、(無意識的に)動機づけられたものとみなすべきか、が決定的な問題だった。だが、ヴィアの法廷の読みでは、どちらの選択も無関係である。「バッドの意図、非‐意図は、〔反乱条例の〕目的とは無関係である」(p. 389／一三二頁)。重要なのは一撃の原因ではなく、その結果なのだ。

四、純朴あるいは字義的な読み手は、言語を額面どおりに受け取り、記号を動機づけられたものとして扱う。皮肉な読み手は、記号と意味の関係は恣意的でありうるし、外見は逆転されると考える。ヴィアにとっては、記号の機能や意味は明白でも逆転可能でもなく、社会的に取り決められた慣習によって固定されている。ヴィアの性格自体が、外的風貌と内的存在の関係ではなく、社会的地位を示す「ボタン」によって決定されている。ビリーとクラガートの性格が「自然」に負うと言われているのに対し、ヴィアは自身の行為や存在が契約的忠誠というコンテクスト内のみで意味をもつと考えている。

われらが着けているこのボタンは、〈自然〉への忠誠を誓わせるのか。いや、忠誠は〈国王〉へのものだ。神聖な原初の〈自然〉であるこの海が、われらが動き、船員として存在する領域だとしても、国王の士官であるわれらの義務は、自然と呼応する領域にあるだろうか。まったくそうではない。任務を引き受けた時、われわれはそこに最も重要な意義を認め、自然な自由行為者であることを止めたのだ。宣戦が布告される時、任命される戦闘員は前もって相談を受けるだろうか。われらは命令によって戦うのだ。われらの裁定が戦争を支持するとしても、それは偶然の一致にすぎない。(p. 387／一二九頁)

このように、裁定はヴィアにとって、個人的良心の機能でも、絶対的正義の機能でもなく、彼を介して作用する「軍法の厳正〔な〕」(p. 387／一二九頁) 機能である。

五、ビリーとクラガートが自然的・直接的に読むのに対し、ヴィアの読みはしばしば先例(歴史的事実、幼年時代の記憶)や、暗示的言及(聖書や、さまざまな古代・近現代の著者への言及)や、類比(ビリーはアダムのようであり、クラガートはアナニア〔新訳聖書『使徒行伝』第五章第一―五節、嘘をついたため、神罰を受けて死ぬ〕のようである)を利用する。ビリーにもクラガートにも知られた過去がないように、彼らは記憶なしで読む。彼らの生が彼らの読みとともに終わるように、彼らは前途の見通しなしに読む。一方、ヴィアは過去や未来を取り調べ、解釈の指針とする。

六、このように、バッドとクラガートが、状況も結果も考えず、直接的に対立し合うのに対し、ヴィアはもっぱら、付随する歴史的状況を踏まえて読む。ノア湾やスピットヘッドでの反乱が、「海軍の権威に対し危機的な」(p. 380／一一六頁) 状況を生み出していた。また、敵艦隊との戦闘が始まる可能性が常にあるため、ベリポテント号には艦内に不安を抱えている余裕はない。

一方にバッド／クラガートという形而上的な葛藤、他方にヴィア艦長の読み。両者の対立を引き起こす根本的な要素は一語で要約できる。歴史である。純朴な読み手や皮肉な読み手は、言語に絶対的・無時間的・普遍的な法（動機づけられたものとしての記号、もしくは、恣意的なものとしての記号）の作用を押しつけようとする。一方、軍法という問題が物語内に現れて、法をまさに歴史的現象として暴き出し、読みの行為すべての条件には、コンテクスト的不安定性という要素があることを強調する。恣意性と動機づけ、皮肉と字義性は、言語がそのあいだで恒常的に揺れ動く媒介変数だが、歴史的コンテクストだけが、それぞれの読み手に、両者がいかなる比率で感知されるかを決定する。メルヴィルは実際、歴史が出来事のみの物語だけでなく、まさに皮肉や信念の働きにおける揺動の物語であることを示している。

この出来事が暫くのあいだディブディン〔チャールズ・ディブディン、一七四五―一八一四年、イギリスの劇作家・音楽家〕の活発な調子を皮肉に変えてしまった……。（p. 333／三一頁）

艦隊においては、ある期間、あらゆるものが崇められる。（p. 408／一六四頁）

ビリーを絞首刑に処すというヴィアの決定に関して対立する批評的裁定は、結局のところ、正当化の過程で歴史にいかなる場を振り当てるかによって二分される。皮肉派にとってのヴィアは、自己の保身、あるいは貴族にとっての世界保全のため、歴史を誤用している。ヴィアの裁定を悲劇的だが、必然的と受け取る者にとっては、ヴィアの有利なように歴史的切り札を積み重ねてきたのは、まさにメルヴィルである。いずれの場合も、歴史を解釈の道具と考える点では同じである。つまり、裁かれているのは歴史の効用なのだ。したがって、受納から皮肉へと歴史的に動いている『ビリー・バッド』批評自体の方向は、疑いなく、それと同じ歴史的観点から解釈できる。

証拠は、親‐ヴィア的な裁定、反‐ヴィア的な裁定のいずれについても、テクスト内に見出すことが可能である。

不安と心配でいっぱいのまま、軍医は船室を離れた。ヴィア艦長は突然、精神に動揺をきたしたのだろうか。（p. 378／一一四頁）

軍医が専門家として個人的に推測したように、ヴィア艦長は本当に、突然、錯乱の犠牲者になったのだろうか。この物語が投じる光によって、それぞれが自分で決定しなければならない。（pp. 379-380／一一五—一一六頁）

これまで語られてきた不幸な出来事がこれ以上ないほど悪い状況下で起きたというのは、疑いようのない事実である。というのも、それは反乱鎮圧の直後であり、海軍当局にとってきわめて危機的な時期だったからだ。英国海軍の全司令官には、すぐには融合し合うことのできない二つの資質が要求された——慎重さと厳格さである。（p. 380／一一六頁）

となれば、ベリポテント号の艦長が……迅速さに劣らず慎重さも必要と感じたのは不思議ではない。……これについては、彼は誤っていたかもしれないし、そうでなかったかもしれない。（p. 380／一一七頁）

テクスト内に顕在するこうした裁定の揺動効果は、裁定行為の重要性を強調しながら、その結果を決定不能にすることにある。いかに難しいものであっても、裁定がメルヴィルのテクストの中心的な関心事であることは明白である。ヴィアによって下される裁定であっても、ヴィアに対して下される裁定であっても、それは同様だ。

だが、ヴィアの究極的なステイタスが不確かであることには、さらにもう一つ理由がある。メルヴィルの死亡により、原稿が未完状態になっていることだ。校訂編集者のヘイフォードとシールツによれば[23]、ヴィアに対して最大の疑いを投げかけるのは「のちの鉛筆による訂正」である。メルヴィルは亡くなった時、明らかにまだ、テクストの第三の読み手に対する態度を微調整中だったのだ。したがって、この物語における究極的な皮肉は、歴史を斟酌する読み手についての読者の最終的裁定が、歴史の介入——作者の死という歴史的偶然——によって未解決のままにされている、ということである。歴史はここで、語り〔narration〕の中身においてだけでなく、物語〔narrative〕の生成においても、解釈に影響を与えている。つまり、こうした歴史的偶然によって宙吊りにされているのは、歴史の正確な意味表明価値〔シニフィアン価値〕にほかならない。ヴィアの読みとクラガート、バッドの読みの弁別特徴である「歴史」の意味を、どうしても当然視しえないのは明らかである。

政治的行為遂行としての裁定

詩人が〈ミューズ神〉の三脚台に座ると、自身の考えを制御できなくなる。……彼が対照的な登場人物たちによって人間を描くと、しばしば自己矛盾を余儀なくされ、対立する発言のどちらに真実が含まれているかが分からなくなる。しかし、立法者にとって、そのようなことは不可能である。立法者は彼の法に、同じ主題について異なる二つのことを言わせてはならないのだ。

プラトン『法』

結局のところ、論点はメルヴィルがヴィア艦長について実際何を考えていたかではなく、むしろ、メルヴィルがヴィア艦長を提示する方法の何が問題なのか、ということである。読者は裁定という行為について、彼〔メルヴィル〕から何を学ぶことができるのか。メルヴィルは裁定の対象というよりも、裁定の一例を読者に提示しているように思われる。そして、批評家たちがヴィアの決定の正当さを褒めそやしたり、非難したりする際に帯びがちな激烈さは、メルヴィルが読者に裁定するよう求めているのが殺人ではなく、実は裁定であることを示しているのだ。

　とはいえ、ヴィアの裁定は殺人行為である。ヴィア艦長は話す代わりに殺人を犯すビリーとは違い、まさに話すことによって殺人を犯す読み手なのだ。ビリーは言葉の無能力さによって人を殺《あや》めるが、ヴィアは修辞の能力や洗練によって人を殺す。ヴィアの場合、裁定は言語を通じて生死の力を行使することにほかならない。そのように、殺人と言語が遭遇する地点を占拠することで、ヴィア艦長は「あいだの致死的空間」にまたがるよう身を置いている。ビリーの行為遂行的な力が発話と認識の消失点に位置し、クラガートの認識的な知覚力が偏《ひとえ》に知覚者の消滅を通じて達成されるのに対し、ヴィア艦長の読みは力と知識、行為遂行と認識、錯誤と殺人をともに結集する。裁定は行為として機能する認識なのだ。こうした行為遂行と認識の結合が、ヴィアの読みを歴史的なものとしてだけでなく、政治的なものとして明示している。もしも政治が行為と理解を融和させる試みと定義されるなら、メルヴィルの物語は、政治をはなはだ問題含みのものにする解釈的・行為遂行的構造の分析にとって、模範的なコンテクストを提供するものと言えるだろう。

　メルヴィルの物語は、知識と行為の結びつきが決して容易ではないことを十分に証明している。ヴィアは確かに、この物語の中で最大の苦悩を味わう人物として、しばしば見られてきた。彼がビリーの性格を理解することと、彼の軍務はまったく一致しない。他方、認識的な正確さは「歴史」を考慮するよう要求する。だが、何が「歴史の知識」を構成するのか。「状況」はいかに定義されるべきなのか。「先例」とはどのような種類の因果性を含意しているのか。そして、重なり合いながらも相容れない「コンテクスト」はどうすべきか。ヴィアは罪のあるなしを決する前に、彼の決定を可能にする参照の枠組みを規定し、制限しなければならない。彼はそこで、「本質的な」コンテクストよりも「法的な」コンテクストを選ぶことで、それを実行するのだ。

> 法的な見方をすれば、悲劇の明白な犠牲者は、罪なき人間を犠牲にしようとした男だった。そして、この罪なき人間の否定できない行為は、海軍の立場から見れば、最も非道な軍事犯罪だった。それだけではない。この件に関わる本質的な正邪が明白になればなるほど、忠実な海軍司令官の責任は余計に具合の悪いものになったのだ。彼にはそんな素朴な基準に基づいて事を決する権限など与えられていなかったからである。(p. 380／一一六頁)

だが、こうしてしかるべき参照の枠組みを決定することが、まさに決意の成り行きを定めている。つまり、ヴィアが彼のコンテクストを一度規定してしまえば、彼は事実上、彼の裁断に達したことになるのだ。裁定の条件を選択すること自体が、まさに裁定を作り上げている。しかし、裁定の条件を選択する条件とはいったい何であろうか。

二者択一の可能性は、「海軍的なもの」と「素朴なもの」、「〈自然〉」と「〈国王〉」、軍事法廷とヴィアの言う「〈最後の審判〉」（p. 388／一三一頁）のあいだにあるように見える。だが、そのような対立において、「〈自然〉」という概念が厳密に何を要するのか、という問題が生じる。どのような方法で、またどのような変化によって、「〈自然〉」に対するヴィアの忠誠は可能となりえたのか。どうしたら、法の裁定が「素朴な」正義を例証できるのか。

軍法や慣習的な権威に忠実でありながら、ヴィアは明らかに、ビリーの行為にも「絶対的な」基準を適用できると考えている。というのも、彼は新しい展開がある度に、次のような叫びで応じるからだ。

「アナニアへの神の審判だ！」（p. 378／一一二頁）

「〈神〉の天使に打たれて死んだのだ！　だが、天使は絞首刑にせねばならない！」（p. 378／一一三頁）

「軍事法廷ほど専断的ではなく、慈悲深い法廷なら、嘆願により大幅な酌量が与えられるだろう。〈最後の審判〉なら、無罪となるだろう」。（p. 388／一三一頁）

「まあ、謎はある。だが、聖書の言いまわしを使うなら、それは「不法の秘密の力」だ。魂を問題にする神学者が論ずべき事柄だ」。(p. 385／一二五頁)

クラガートの反感の源を示すこの最後の表現は、すでにメルヴィルの語り手によって触れられ、「聖書的要素に染まっている」ものとして片づけられていた。

聖書に基づく語彙がなおもなじみ深いものであったなら、ある種の異常な人間を規定し、名指すのはさほど難しいことではないだろう。だが、現在の状況からすれば、聖書的要素に染まっていると非難されないような何らかの権威筋に助けを求めなければならない。(p. 353／六八頁)

クラガートの「性質」を指示するのに、ヴィアは聖書に、そしてメルヴィルはプラトン的なトートロジーに助けを求める。だが、双方の場合とも、説明を引用で固めるとはどういうことかという疑問が、さらにヴィアの場合には、法的な謎を宗教的なテクストに委ねるとはどういうことか、という疑問が生じる。ヴィアが引用や暗示によって「絶対的なもの」――軍隊的なものに対立するもの――を名指しているならば、それは、裁定を可能にする二者択一的な参照の枠組みが自然と国王ではなく、むしろ二つのタイプのテクスト的な権威――聖書と〈反乱法〉――であることを示唆してはいないだろうか。これは、ヴィアが「罪もなく」二つのテクストのいずれかを選んでいるということではなく、法的コンテクストにおいて「自然」の性質は決して当然視できないということである。メルヴィルが「自然的」人権の擁護者として言及するトマス・ペイン〔一七三七―一八〇九年〕でさえ、自身の自然概念を聖書的神話に立脚させることを避けられないのだ。古代の権威をまさに拒絶しながら、彼は次のように書いている。

実は、古代から受け継いだものはあらゆることを立証することで、何も確立しない。〈天地創造〉時の人権の神聖な起源にまで行き着かなければ、それはどこまで行っても権威に対する権威にすぎない。そうした起源に、われわれの探求は休息所を見出し、われわれの理性は故郷を見出す。(24)

最終的な参照の枠組みは心でも銃でも、また、自然でも国王でもない。聖書の権威なのだ。権威はテクスト性の消失点にほかならないように見える。そして、自然とはテクスト的な起源が忘却されている権威なのだ。戦艦の世界の軍事的秩序の背後にさえ、宗教的な指示対象が横たわっている。つまり、ベリポテント号の最後の戦闘は、アテー号〔無神論者号〕と呼ばれるフランスの戦艦を相手になされるのだ。政治がまさに「言語」と「人生」の線引きを不可能にするものと考えられるように、裁定はテクスト性／対象言及性という対立の宙吊りに立脚していると思えるだろう。ヴィアはまさに、「遠い昔への暗示」と現在の出来事の「境界」を認識しない読み手として提示されているのだ。

彼には、当時話題の人物や出来事を説明する際、現代だけでなく、古代の歴史的人物や事件を引用する傾向があった。無粋な仲間たちにとっては、そうした遠い昔への暗示は――それが実際いかに適切であろうと――まったく風変りなものだったが、ヴィアはそんな状況に無頓着のようだった。他の仲間たちの読むものは、概して新聞雑誌に限られていたのだ。だが、そうしたことを考慮するのは、ヴィア艦長のような性格の者には容易ではない。誠実さが直截さを命じるので、時には、飛行中の渡り鳥が境界を越えたことに気づかず遠方に達してしまうようなことが起こるのだ。(p. 341／四六頁)

だが、ビリー・バッドとジョン・クラガートに彼らの領域と上官の船室——私的な領域と政治的な領域——の「境界」を「横断する」よう求めることで、ヴィアは無意識のうちに、彼が裁定しなければならない物語的交差配列の条件を設定しているのだ。

先に述べたように、多くの批評家によれば、ヴィア艦長の機能は物語の「単純化しすぎた」アレゴリー的対立の中に「曖昧性」を挿入することにある。だが、ヴィア艦長は同時に、最も激烈な批評的かつ危機的な対立を引き起こしている。換言するなら、彼は相反すると思われる曖昧性と二極性の力を同時に結集しているように見えるのだ。

バッド／クラガート、受納／皮肉という対立の中間に位置するヴィア艦長は、二極性と曖昧性が相互に転換するための焦点として機能している。興味深いことに、彼はプロットの進行においてもまったく同じ役割を演じている。ヴィアは、クラガートの告発の正当性を調べるため、「無垢な」ビリーと「罪ある」クラガートを引き合わせるが、この行いは事の解明ではなく、罪と無垢の逆転をもたらすことになる。ビリーに対するヴィアの父親のような言葉が曖昧な行為を惹起し、ヴィアはそれに「有罪または無罪放免」の裁定を下さなければならないのだ。メルヴィルの読者たちは、ヴィアが提供していると考えられる曖昧性に直面し、艦長は不道徳または高潔である、邪悪または公正である、とすかさず主張するのだが、ヴィアもまた、直面している「倫理的ジレンマ」の「謎」を明確に知覚しながら、そうした状況を二項対立に還元しなければならない。

すると、裁定の機能は曖昧な状況を決定可能なものに転換することに思われるだろう。しかし、それは内部の差異（意識的な服従と無意識的な敵意に引き裂かれた者としてのビリー、思いやりのある父親と軍隊の権威に引き裂かれた者としてのヴィア）を、あいだの差異（クラガートとビリー、〈自然〉と〈国王〉、権威と有罪のあいだの〔差異〕）に転換することでなされるのだ。対立する力のあいだの差異は、衝突しているもの〔entities〕が認識可能なことを前提としている。問題になっているものの一方の内なる差異は、まさにまず、一つのものという観念そのものを不確かにし、「法的な視点」を適用不可能にしてしまう。曖昧性と二項性双方の戯れを検討するメルヴィルの物語は、その批評的差異を内にもあいだにも設定せず、二つのあいだの関係の中に、あらゆる人間政治学の根本的な問題として位置づける。『ビリー・バッド』における政治的なコンテクストでは、すべてのレヴェルで、内部の差異（戦艦上の反乱、「永続的制度」に対する脅威としてのフランス革命、ビリーの無意識的な敵意）があいだの差異（ベリポテント号対アテー号、イギリス対フランス、殺人者対犠牲者）の下位に設定されている。メルヴィルの選んだ歴史的背景がきわめて意義深いのはそのためである。フランス革命時におけるフランスとイギリスの戦争は、ともに内的分裂を抱えるビリーとクラガートの対決と同じく、内なる差異とあいだの差異が同時に機能する顕著な実例である。戦争とはまさに、あらゆる差異を二項的な差異に徹底的に変換することなのだ。

したがって、政治的権威を維持するには、法が規則的、予測可能な形で、「内部の差異」を「あいだの差異」と誤読させる一連の規則として機能する必要があると思われるだろう。しかし、プラトンからのエピグラフが示唆するように、法が曖昧性の抑圧という表現で定義されるなら、法自体が「内部の差異」に基づくものの圧倒的な実例ということになる。ビリー同様、法は法自体の「致死的空間」を排除しようとして、結局はみずからを致死の空間に刻みつけることしかできないのだ。

このように、差異の暴力的効果を規制する政治的な認識作用は、排除されなければならないものを位置づけようとする試みである。だが、暴力の場や起源を知る可能性がないため、認識自体が暴力行為となる。純粋な理解という見方からすれば、対立するもののあいだに線を引くことは、還元不可能な曖昧性――それは、一つの「もの」の境界を決定する可能性そのものを転覆する――にまさに暴力を振るうことである。

虹の中のどこでスミレ色が終わり、どこでオレンジ色が始まるか、線を引いて示せる者がいるだろうか。色の違いははっきり見えるが、スミレ色はいったいどこから正確にオレンジ色に溶け込むのか。正気と狂気も同じことだ。顕著な症例なら問題はない。だが、狂気と仮定されるだけで、症状があやふやでさまざまな程度を示すとなれば、正確な線を引こうとする者は少ないだろう。もっとも、報酬が十分なら、引き受ける専門医もいるかもしれない。口に出せることではないが、金銭のためならやろうとする連中はいるものだ。(p. 379／一一五頁)

線を引くことは、行為として、不正確であり暴力的である。それはまた、裁定する者と裁定される者の「あいだの差異」、「専門家」の利益および関心と専門的な意見にそなわる真実の違いを見定める可能性自体を疑わしいものにする。あらゆる裁定行為が明示するのは対象の価値ではなく、やり取りの構造内における裁定者の位置である。別の言い方をするなら、裁定対象に関わる力線の外にあるような、裁定〔者〕の立場など存在しないのだ。

だが、裁定することが(この語〔partial〕の二つの意味において)常に不完全＝不公平な〔*partial*〕読みであるとすれば、政治の彼方に読みの場は存在するだろうか。メルヴィルの読者であるわれわれは、力と報酬がやり取りされる活舞台の外にいるのだろうか。法が曖昧性を決定可能性に無理やり変えるものなら、読みを政治的行為として機能させることなく、曖昧性を曖昧性として読むことは可能だろうか。

メルヴィルはこれについても一家言を有している。というのも、『ビリー・バッド』には「何ごとにおいても決して干渉せず、何の助言も与えない」（p. 363／八七頁）第四の読み手、すなわち、ダンスカーがいるからだ。「言葉少なく、皺多き」男、「大昔の羊皮紙のような顔色」（p. 347／五七頁）をしたダンスカーは、曖昧な言辞を理解しながら口にするまさに典型的な人物である。ビリーに彼のつまらぬ不運を説明するよう請われた時、ダンスカーはただ、「ジェミー・レッグズ〔クラガート〕はおまえを嫌っているのだ」（p. 349／六〇頁）と言うだけだ。この解釈はクラガートの曖昧な行動に対する読みとしては完全に正しいが、それ以上の説明なしにビリーに手渡される。

もっと不快に謎めいていない言葉を、彼〔ビリー〕は引き出そうとしたのだ。しかし、この年老いた海のケイローンは、さしあたり若きアキレスに十分言って聞かせたと考えたのだろう。口を噤《つぐ》み、すべての皺を寄せ集めると、もうそれ以上、言質を与えようとしなかった。（p. 349／六一頁）

このように、ダンスカーは、曖昧性を理解しながら「言質を与えること」を拒む読み手として、認識的には可能なかぎり正確で、行為遂行的には可能なかぎり中立であるような読みを演じている。だが、いかに中立であろうとしても、ダンスカーの読みは政治的領域の外では生じない。さらに教えるにせよ、直接干渉するにせよ、この件には関わらないという彼の拒絶自体が、ビリーのスープ事件での叫び（「さあさぁ、誰がジェミー・レッグズが僕を嫌っているなんて言っているのさ」）を引き起こすことになるのだ。知識の転移が無垢でないのは、力の転移と同じである。政治的な力の作用＝戯れが生じるのは、知識がすべてを包囲できるような地点を見出せないからである。

なすことなく知ろうとする試み自体が行為として機能しうるように、裁定は常に顕在的な行為であるという事実が、その認識的な窮状にさらにもう一つ解決不能な問題を付け加える。ヴィアが指摘するように、「最後の審判」ではいかなる裁定も生じえないため、裁判官は誰一人〈最後の審判〉を下せない。判決に至るためには、ヴィアは致命的一撃の結果だけではなく、みずからの判決の結果も見定めねばならない。裁定が行為であるのは、それが人を殺すからだけではなく、今度はそれが裁定にさらされるからである。

「有罪と宣告した上で、刑を軽減できないでしょうか」と、航海長が尋ねた……
「諸君、こうした状況では、それがわれらにとって明らかに合法的とはいえ、そうした寛恕の結果を考えてみたまえ。……いかなる言葉で告知されようと、乗組員たちにとっては、前檣楼員の行為は非道な反乱で犯された紛れもなき殺人、ということになるだろう。どんな罰が与えられるべきか、彼らは知っている。だが、そのような罰が与えられないなら、なぜ、と彼らは思いめぐらすことだろう。水兵とはどんなものかご存知だろう。彼らはノア湾での最近の暴動を振り返らないだろうか」。（p. 389／一三二―一三三頁）

危険はしかし、ノア湾での反乱を繰り返すということだけではない。無垢にもかかわらず、ビリーに罪を繰り返させるという危険でもある。ビリーは上官を殴った瞬間から、政治的な告発対象となっている。彼はもはや、プロット〔陰謀〕なき存在ではないし、二度とそのようなものになれない。もし放免されても、彼自身、その理由を説明できないだろう。乗組員の質問や悪巧みの焦点として、前以上に自己弁護ができなくなり、再び殴打することは確実だろう。認識としての政治的読みは、過去を理解しようとする。一方、行為遂行としての政治的読みは、未来においてそれが再発する必要性＝必然性を排除しようとする。

このことは、すべての裁定者が、自身の裁定行為の効果を、自身の決定に関わる認識的コンテクストの内に包含しなければならない、という不可能な立場にあることを意味している。そうした効果を支配する歴史的因果性の本性に関わる問いは、決定することも、無視することもできないのだ。ヴィアは、公の立場にあるため、みずからの読みが政治的権威を有する行為とならないような読み方を選択できない。だが、メルヴィルが『ビリー・バッド』で示しているのは、そうした権威は、まさにみずからの適用効果を包含＝抑制できないことにある、ということだ。

つまり、メルヴィルの『ビリー・バッド』は、政治的アレゴリーとして、善・悪、正義・不正の検討をはるかに上まわるものとなっている。それは、政治的理解や行為をきわめて不確かなものにする、知ることと／なすこと、話すこと／殺すこと、読むこと／裁定することのねじれた関係を劇的に表現している。メルヴィルは、一連の知（識）の空間からクラガートの「悪」を巧妙に創出することで、認識の空所が単なる不在ではなく、真の行為のような行為遂行的力を帯びることを示している。知られていないものの力は、そのように感知されていないため、ますます効果的になる。自分が知らないということを理解していない乗組員は、「謎」の存在を明確に感知し、抑圧する艦長に劣らず、行為遂行的な読み手なのだ。「粗暴な力」を「形式、調子の整った形式」に従わせようとする法的秩序は、暴力を究極的な権威に変換することで、初めてそれを排除できる。また、おそらくは力の作用＝戯れへの強圧行為として始まる認識は、みずからの精妙化をとおして、支配しようとするものの範囲を広げるだけである。『ビリー・バッド』に行きわたる「致死的空間」あるいは「差異」は、知識と行為、行為遂行と認識のあいだに位置してはいない。それは、認識の内部で、行為として機能している。それは、行為の内部で、読者が打つ〔この打つ（hit）という語には、出くわす、達する、……に合うといった意味もある〕ものと、理解するものの符合を妨げている。そして、これこそが、メルヴィル最後の作品の意味をきわめて印象的な＝人を打つ〔*striking*〕ものにしているのだ。

原　注

（1）　E. L. Grant Watson, "Melville's Testament of Acceptance", *The New England Quarterly*, 6 (June 1933), pp. 319-327（同一の表現は次の二著にも現れる）; John Freeman, *Herman Melville* (New York: Macmillan, 1926), p. 136 および Raymond M. Weaver, *The Shorter Novels of Herman Melville* (New York: Liveright, 1928), p. li; William E. Sedgwick, *Herman Melville: The Tragedy of Mind* (Cambridge, MA: Harvard University Press, 1944), pp. 231-249; F. Barron Freeman, *Melville's "Billy Budd"* (Cambridge, MA: Harvard University Press, 1948), pp. 115-124.

（2）　Joseph Schiffman, "Melville's Final Stage, Irony: A Re-Examination of Billy Budd Criticism", *American Literature*, 22, no. 2 (May 1950), pp. 128-136; Phil Withim, "*Billy Budd*: Testament of Resistance", *Modern Language Quarterly*, 20 (June 1959), pp. 115-127; Karl E. Zink, "Herman Melville and the Forms: Irony and Social Criticism in *Billy Budd*", *Accent*, 12, no. 3 (Summer 1952), pp. 131-139; Lawrance Thompson, *Melville's Quarrel with God* (Princeton: Princeton University Press, 1952).

（3）　Kenneth Ledbetter, "The Ambiguity of *Billy Budd*", *Texas Studies in Literature and Language*, 4, no. 1 (Spring 1962), pp. 130-134; S. E. Hyman, quoted in R. H. Fogle, "*Billy Budd*: Acceptance or Irony", *Tulane Studies in English*, 8 (1958), p. 107; Edward M. Cifelli, "*Billy Budd*: Boggy Ground to Build On", *Studies in Short Fiction*, 13, no. 4 (Fall 1976), pp. 463-469.

（4）　Lee T. Lemon, "*Billy Budd*: the Plot Against the Story", *Studies in Short Fiction*, 2, no. 1 (Fall 1964), pp. 32-43.

（5）　John Middleton Murry, "Herman Melville's Silence", *Times Literary Supplement*, 10 (July 1924), p. 433.

（6）　Herman Melville, *Billy Budd,* in *Billy Budd, Sailor, and Other Stories*, edited by Harold Beaver (New York: Penguin Books, 1967), p. 407〔メルヴィル『ビリー・バッド』飯野友幸訳、光文社（光文社古典新訳文庫）、二〇一二年、一六〇頁〕. 他の指示がないかぎり、『ビリー・バッド』への言及はすべてこの版による。この版はヘイフォードとシールツによる校訂テクストを復刻したものである。

（7）　興味深いことに、可逆性は『ビリー・バッド』の終わりだけでなく、その起源をも構成していると思われる。注釈者たちがこの物語の主要な典拠とみなしてきたサマーズ号の反乱事件は、メルヴィルが『ビリー・バッド』を執筆していた時期、つまり事件から四六年後、対照的な表現でこの事件を再開・再説した二篇の相反する記事によって、彼の注意を引きつけたのである。

（8）　Charles Weir, Jr., "Malice Reconciled: A note on Melville's *Billy Budd* ", in *Critics on Melville*, edited by Thomas J. Rountree (Coral Gables, Fla.: University of Miami Press, 1972), p. 121.

（9）　Freeman, *Melville's "Billy Budd"*, p. 73.

（10）　William York Tindall, *Great Moral Dilemmas in Literature, Past and Present,* edited by Robert M. MacIver (New York: Institute for Religious and Social Studies, Harper, 1956), quoted in *Melville's Billy Budd and the Critics*, edited by William T. Stafford (Belmont, Calif.: Wadsworth, 1969), p. 188.

（11）　Lewis Mumford, *Herman Melville* (New York: Harcourt, Brace and Company, 1929), quoted in *Melville's Billy Budd and the Critics*, p. 135.

（12）　Schiffman, *op. cit.,* p. 133.

（13）　Richard Chase, *Herman Melville: A Critical Study* (New York: Macmillan, 1949), excerpted in *Melville's Billy Budd and the Critics*, p. 174.

(14)　*Ibid.*, p. 173.

(15)　Otto Fenichel, *The Psychoanalytic Theory of Neurosis* (New York: W. W. Norton, 1945), quoted in *Melville's Billy Budd and the Critics*, p. 176.

(16)　Edwin Haviland Miller, *Melville* (New York: Persea Books, 1975), p. 358.

(17)　*Ibid.*, p. 362.

(18)　Rollo May, *Power and Innocence* (New York: W. W. Norton, 1972), pp. 49-50〔ロロ・メイ『わが内なる暴力』（ロロ・メイ著作集3）小野泰博訳、誠信書房、一九八〇年、四五―四六頁〕.

(19)　John Middleton Murry, quoted in *Melville's Billy Budd and the Critics*, p. 132.

(20)　Tindall, *op. cit.*, quoted in *Melville's Billy Budd and the Critics*, p. 187.

(21)　John Seelye, *Melville: The Ironic Diagram* (Evanston, IL.: Northwestern University Press, 1970), p. 162.

(22)　Kingsley Widmer, *The Ways of Nihilism: A Study of Herman Melville's Short Novels* (Los Angeles: Ward Ritchie Press, for California State Colleges, 1970), p. 21; Hannah Arendt, *On Revolution* (New York: Viking Press, 1963), pp. 77-83〔ハンナ・アレント『革命について』志水速雄訳、筑摩書房（ちくま学芸文庫）、一九九五年、一二三―一三〇頁〕; Widmer, *op. cit.*, p. 33; Milton Stern, *The Fine Hammered Steel of Herman Melville* (Urbana: University of Illinois Press, 1957), pp. 206-250; Weir, *op. cit.*, p. 121; Withim, *op. cit.*, p. 126; Weir, *op. cit.*, p. 121; Thompson, *op. cit.*, p. 386; Weir, *op. cit.*, p. 124; Leonard Casper, "The Case against Captain Vere", *Perspective*, 5, no.3 (Summer 1952), p. 151; Weir, *op. cit.*, p. 121; Thompson, *op. cit.*, p. 386; James E. Miller, "*Billy Budd*: The Catastrophe of Innocence", *Modern Language Notes*, 73 (March , 1958), p. 174; Widmer, *op. cit.*, p. 29.

(23)　とりわけ、次の箇所（pp. 34-35）を参照せよ。Editors' Introduction, Herman Melville, *Billy Budd, Sailor*, edited from the manuscript with introduction and notes by Harrison Hayford and Merton M. Sealts, Jr. (Chicago: University of Chicago Press, 1962).

(24)　Thomas Paine, *The Rights of Man* (Garden City: Anchor Press, 1973), p. 303〔トマス・ペイン『人間の権利』西川正身訳、岩波書店(岩波文庫)、一九七一年、六六頁〕.

7　参照の枠組み

ポー、ラカン、デリダ

Poe, Lacan, Derrida

盗まれた序文

みずからを分析しながら、実際には分析を行う自己も、そのための中立的なメタ言語もそなえていないことを示す文学テクストは、否応なしに分析を要求される。そうした要求に応じた二人の傑出したフランス人思想家の読みが、そのテクストと同様、逆説的な分析への要求を呼び起こすとすれば、ここに生じる三幅対は、（文学の）読解行為という問題圏でそれを読もうとする読者を、目がまわるほど不安定な立場に置くことになる。

問題となる三つのテクストはエドガー・アラン・ポーの短編「盗まれた手紙」、ジャック・ラカンの「「盗まれた手紙」についてのセミネール」、そして、ポーに関するラカンの読解を読むジャック・デリダの「真実の配達人〔Le Facteur de la Vérité〕」である。[1] 三つのテクストのいずれにおいても、分析行為が言説舞台の中心にあると思われる。そして、分析行為の分析行為は、ある意味で、そうした中心性を瓦解させるだろう。その結果生じる非対称で底知れない構造の中では、いかなる分析も――この私の分析も含めてだが――他の〔分析の〕要素を分析の過程で順次変容・反復することなく、議論に介入できない。つまり、この分析過程は安定したものではないが、それにもかかわらず、いくつかの規則的な効果を生み出す。ここでの研究に基盤を提供するのも、この規則性の機能であり、この効果の構造なのだ。

いかなる場合であれ、分析的な統御の可能性は、多くの形で転覆させられる。ここで、われわれが三つのテクストを扱っていること自体が、決して確かではないのだ。ポーの物語はその三幅対〔「モルグ街の殺人」、「マリー・ロジェの謎」、「盗まれた手紙」〕の中に埋め込まれているだけではなく、独特の種類の間テクスト性によって不断に穿たれている（セネカからではないセネカからのエピグラフ、デュパンの署名として使われるクレビヨン〔クロード・プロスペール・ジョリオ・ド・クレビヨン、一六七四―一七六二年。フランスの劇作家〕の『アトレウスとテュエステス』〔一七〇七年〕からの数行、等々）。ラカンのテクストは逆向きに提示されているだけではなく（序論が結論のあとに置かれている）、その議論は決して終わらない（「本論文集のはじめに」、「続きの紹介」、「ポワン版」への「紹介」）。そして、デリダのテクストは余白や注で予告されてから七年後に発表されただけでなく、それ自体がその繰り延べや差延〔*différance*〕によって構造化されている（「しかし、われわれはまだそこまで進んでいない〔mais nous n'en sommes pas encore là〕」のような表現の反復に注目せよ）。さらには、ここにははたして真正な主題事項は存在するのか、という思いを読者に抱かせるほど、異常に多くの脱線性とおぼしきものがこれらのテクストを特徴づけている。まるで、盗まれた手紙の経路をたどろうとするいかなる試みも、それ自体から自動的に盗まれているといった感じである。これから見るように、それこそがまさに、手紙が常にすでに表明してきたことなのだ。

このように複雑な三つのテクストを「公正に評価」することは、明らかに不可能である。しかし、分析行為に関するこれら三つの読みで問題にされているのは、何がそうした「公正さ」の本質なのかということにほかならない。議論が一つの犯罪物語――窃盗とその解消――をめぐって増殖していくのは、決して偶然ではないだろう。いずれのテクストも、どこかで公正さに手心を加えることは避けられない。統御することがなくても、力の効果は欠けていないからである。

読者はこうした一連の前置きに付き合わされるにつれ、盗まれた手紙という主題の繰り延べがいかに伝染的になりうるか、ということに気づき始めるかもしれない。しかし、これら三つのテクストをどのように提示するかという問題はさらに深刻である。というのも、それぞれのテクストはみずからと同時に他のテクストも提示し、どのようなテクストの「提示」にも潜在する謬見〔fallacies〕を明白に曝け出すからだ。そうした謬見が、避けられないだけでなく、あらゆる読解行為の構成要素であるということは――これもまた、各々のテクストによって証明されている――いくらか慰めになるだろう。概して言えば回避不能だが、生じた不公正は、その細部をいつでも修正できると思えるからである。この議論を続行する理由もまさにそこにある。

全体を引用するには長過ぎるテクストを読者にどう提示するかということが、長いあいだ、文学批評の根底的問題の一つであり続けてきた。何とかしてテクストの短縮版を示さなければならないとすれば、絶えず想起される解決法は二つ、すなわち、要約と引用である。これらの戦法が別々に用いられることはまずありえないが、それらを明確にどう結びつけ、並び換えるかが、それによって生み出される批評的物語の「プロット」を大方決定づけてしまう。したがって、われわれ自身の〔批評的〕物語がまず行うのは、問題となる三つのテクストにおける、要約と引用の戦略的な使用効果を分析することであろう。

Round Robbin'

Round robin　1 それぞれの競技者が他のすべての競技者と対戦する競技様式。2 署名した順序を隠すために、署名を円形に並べた上申書もしくは抗議書。3 グループのメンバーに送られ、多くの場合、各人が順番にコメントを加えていく回状。4 拡張的な継続。

『アメリカン・ヘリテッジ英語辞典』

一八四五年、エドガー・アラン・ポーは三つの探偵小説の三作目「盗まれた手紙」を、この物語におけるすべての窃盗を皮肉に考慮した上で、『ギフト——クリスマス、ニューイヤー、そしてバースデイのプレゼント』と題された文集に発表した。「盗まれた手紙」は二つの場面——そこでは、語り手、その友人C・オーギュスト・デュパン、〈パリ警視総監〉（最初の場面のみ）の対話が展開される——を一人称の語りで伝える物語である。二つの場面は、一月後という言い方で隔てられている。語り手が逐語的に報告するいずれの対話においても、他の登場人物の一人が窃盗の話を物語る。最初の場面では、〈大臣〉が自分宛の手紙を盗んだという〈王妃〉の目撃証言を、〈警視総監〉が反復する形で報告する。第二の場面では、デュパン自身がその同じ手紙を〈大臣〉——彼（〈大臣〉）はそのあいだに、宛名を自分宛に書き改めていた——から盗み出したことが語られる。語り手自身は、二つの「犯罪」物語のあいだに置かれた一節で、手紙の持ち主が自分の目の前でデュパン——彼は手紙ではなく、彼への小切手に言及しただけである——から〈警視総監〉（彼は報償金の残りをポケットに入れるだろう）へ、そしておそらくは〈王妃〉へと再び変わるのを、無言の場面として語っている。

いずれの対話でも、すべての言葉が読者に忠実に反復されているように見えるため、語り手は彼の物語をもっぱら直接的な引用によって提示したと思われるだろう。要約の可能性が期待された時でさえ——例えば、警察が手紙の捜索に失敗した際に用いた方法について正確に描写する時——、読者には〔対話の〕詳細がすべて与えられている。したがって、〈警視総監〉の言葉の直接的な引用が要約に取って代わられる短い瞬間があるのは、いっそう驚くべきことである。これから確認するように、この瞬間は、短いとはいえ、少なからぬ重要性を帯びている。それは最初の場面を締め括る一節の中で生じる。

> 「それ以上のアドバイスはしてやれないな」とデュパン。「問題の手紙がいったいどんな形をしているのか、正確に分かってるんだろうね？」
> 「もちろん！」——かくして〈警視総監〉はメモ帳を取り出し、盗まれた手紙の中身と外観とがいったいどんなふうなのか、その特徴を細大漏らさず読み上げた。[1] ひととおりまくしたてると、彼はこれまでにないぐらい落ち込んで帰って行った。(Poe, pp. 206-207)

このように、要約されているのは、この物語で話題となる手紙の描写である。また、要約の機能とは、一般的に、発話形式を削ぎ落し、読者に内容だけを伝えることと考えられているが、ここでの要約の使用は、それとはまさに逆のことを行っている。それは〈警視総監〉の談話内容を伝えず、その形式だけを述べているのだ。また、この省略で隠されているのは、手紙自体の内容にほかならない。つまり、手紙のメッセージが決して明らかにされないという事実——これは、ラカンがこの物語を読む際の土台になるだろう

——は、ポーのテクストの機能によっても消極的に明示されている。デリダならそれを書記言語の抑圧（メモ帳——そして手紙に書かれたものの隠蔽）と呼んだであろう。そして、要約対引用という戦略的な用法は、文学テクストだけでなく、批評的な語りにも侵入し始める。

ラカンによるポーのテクストの提示は、語り手に〈警視総監〉とデュパンが伝える二つの窃盗の要約、あるいはプロットの摘要を含んでいる。デリダはラカンを批評する際、このラカンの要約を引用しているのだから、引用されたポーの物語のラカンによる要約を引用しているデリダの文章を引用することで、われわれはそこに内包されるあらゆる戦術を結び合わせることができるだろう。(2)

このような場面は二つあり、われわれは第一の場面をただちに原場面＝原光景〔scène primitive〕という名で呼ぶことにしますが、無頓着にそうするのではありません。なぜなら、第二の場面は、第一の場面の、まさにここで本日話題になる意味での、反復とみなしうるからです。

ところで、人〔on〕がわれわれに言うところによれば［この「人」とはポーでも、記述者でも、語り手でもなく、この三者によって対話形式の場面に登場させられるG警視総監である。J・D(3)〔ジャック・デリダ〕］、原場面＝原光景が演じられるのは王宮の婦人用私室であるため、手紙を受け取る時そこに一人でいた最高身分の人、やんごとなきお方とも言われているのは〈王妃〉ではないかと推測されます。こうした推測は、もう一人のやんごとなきお方の登場によって彼女が陥る困惑からも確証されますが、これについては、もしそのもう一人のお方が前述の手紙について何か知ることにでもなれば、ほかならぬ、この婦人の名誉と安全が危険にさらされることになるだろうと、すでに人［相変わらずG。J・D］がこの話の前に語っています。われわれは実際、D大臣の登場によって始まる場面から、もう一人のやんごとなきお方が間違いなく〈王〉であることをすぐさま確信させられます。この時実際、〈王妃〉にできることは、「表書きの方を上にひっくり返して」手紙をテーブルに置いたまま、〈王〉の不注意に賭ける以外になかったのです。しかし、その手紙は大臣の山猫のような鋭い目から逃れられないばかりか、彼はすかさず〈王妃〉の困惑に気づき、その秘密を嗅ぎつけるのです。ここからは、すべてが時計仕掛けのように展開します。大臣は、いつもどおりの敏捷さで日常の業務を済ませたあと、目の前の手紙と外見のよく似た一通の手紙をポケットから取り出し、それを読むふりをしてから、問題の手紙の傍らに置きます。そして、なおも二言三言、一座の人たちを楽しませるような言葉を口にすると、その厄介な手紙をいとも無造作に奪い取り、退室してしまいます。〈王妃〉は彼の小細工を何一つ見落としませんでしたが、この時そばにいた夫〔〈王〉〕の注意を喚起するのを恐れ、それに干渉できませんでした。

　したがって、誰一人身じろぎすることのないまま行われたこの駆け引き〔opération〕を架空の傍観者が目撃していたとしても、すべては誰の注意も引かずにすぎてしまったかもしれませんし、この演算〔opération〕の商〔*quotient*〕といえば、大臣が〈王妃〉から手紙を盗んだという事実と、それよりさらに重大な結果ですが、今手紙を保持しているのは大臣であり、しかも邪心なくそうしているのではないことを〈王妃〉が知っているという事実です。

　〔この演算の〕余り〔*reste*〕は、シニフィアンに関するすべてを――それをどう扱うべきかを常に心得ているわけではありませんが――考慮するよう訓練された〔精神〕分析家なら決して無視しないであろうもの、つまり、大臣が身代わりに残していった手紙、今や〈王妃〉の手で丸めて捨てられてもよい手紙です。

第二の場面——大臣の執務室の中。それは大臣の官邸にありますが、警視総監がデュパン——ポーはここで、謎解きに固有の才能をもつデュパンを再び登場させます——に語った話としてわれわれに知らされるのは、警察は一年半前から、大臣が夜中にしばしば官邸を留守にするのにつけこんで、できるだけ頻繁に現場を訪れ、官邸およびその周辺を徹底的に捜索したということです。それは無駄でした——状況からすれば、大臣が例の手紙を身辺に保管していると、誰もが推測できるのにもかかわらず、無駄に終わったのです。

デュパンは大臣に来訪を告げます。大臣はこれ見よがしの無頓着さと、夢想的倦怠を装った言葉で彼を迎え入れます。しかし、デュパンはそうした見かけに欺かれることなく、緑の色眼鏡に守られた目で、建物の間取りを子細に観察します。いくぶん金ぴかで目を惹く粗末なボール紙の状差しがマントルピースの中央に下がっていて、その仕切りの中に投げやりに放り込まれているように見える、かなりすりきれた手紙に彼の視線が停まった時、彼はすでに、自分が探しているものにたどりついたことを知っています。彼の確信は、寸法が一致することを除けば、彼が知っている盗まれた手紙の特徴とは対照的に設えられているかに見えるあれこれの細部によって、いっそう強められます。

彼はこのあと、自分の嗅ぎ煙草入れをテーブルの上に「置き忘れて」退出し、あくる日、現在の外観に似せた偽造の手紙をもって、嗅ぎ煙草入れを取りに戻ればよいのです。頃合いを見計らって仕掛けておいた街頭での突発事故が大臣の注意を窓辺に惹きつけているのを利用して、今度はデュパンのほうが手紙を奪い、それを偽造品と取り替え、大臣に対し、ごくふつうの暇乞いを取り繕うだけでよいのです。

騒音がなかったわけではありませんが、ここでもまた、大きな騒ぎになることもなく、すべてが生じたのです。演算の商は、大臣はもはや手紙をもっていないが、彼自身それを知らないということ、手紙を奪ったのがデュパンであるなどとは露ほども考えていないことです。おまけに、大臣の手に残っているものは、あとの展開にとって決して無意味ではありません。デュパンが作り物の手紙になぜある文面を書き記したのかという点については、のちに立ち戻ることにしましょう。いずれにせよ、大臣はこの手紙を利用しようとする時、そこに書かれた次のような言葉を読んで、それがデュパンの筆跡だと気づくことになるでしょう。

……かくも恐るべき陰謀は、
アトレウスにはあてはまらずとも、テュエステスにはふさわしい。[4]

これはクレビヨンの『アトレウスとテュエステス』に由来するものだと、デュパンは教えています。

　この二つの筋書きが似ていることを強調する必要があるでしょうか。あるのです。なぜなら、われわれが照準とする類似は、それらの差異を調整する目的だけで選ばれた諸特徴の単なる寄せ集めから成り立っているのではないからです。それに、結果として何らかの真実がそこから生じるためには、他の類似特徴を犠牲にして、こうした類似特徴を留め置くだけでは足りないでしょう。われわれが指摘したいのは、二つの筋書きが相互に動機づけられる間主体性〔intersubjectivité〕と、この間主体性が二つの筋書きを構造化している三つの項なのです。

　これら三つの項の特権性は、それらが決定を促す三つの論理的時間と、この決定が裁定される主体に割り当てる三つの場所の双方に照応することから確認されます。

この決定は一つの視線の動きにおいて下されます。というのも、それに続く操作は、視線の動きがそこでひそかに続いていても、決定には何も付け加えませんし、そうした操作が第二の場面に時宜的に繰り延べられても、この瞬間の統一性は崩れないからです。

この視線は他の二つの視線を前提にしています。それは、他の二つの視線の欺瞞的相補性に残された裂け目に注目することで、それらを包括し、無防備に差し出された強奪を先取りしています。したがって、三つの時間は三つの視線を配し、三つの主体に支えられ、そのつど別の人物によって体現化されます。

第一の視線は何も見ていない視線――すなわち、〈王〉、そして警察です。

第二の視線は、第一の視線が何も見ていないのを見て、自分の隠しているものが見過ごしにされていると幻想する視線――すなわち、〈王妃〉、そして大臣です。

第三の視線は、これら二つの視線によって、隠さなければならないものが、奪い取ろうとする者に曝け出されているのを見て取る視線――すなわち、大臣、そして最後にはデュパンです。

こうして描き出された間主体的な複合を統一的に把握していただけるなら、われわれは喜んで、伝説的に駝鳥（l'autruche）のものとされている危険の躱《かわ》し方にその後ろ盾を求めたいと思います。というのも、この方法は結局、政治的と形容するにふさわしいからです。それはここで三人の当事者に分け与えられています。第二の者は、第一の者が頭を砂の中に突っ込んでいるらしいことから、自分は見られていないと思い込んでいるのかもしれませんが、実は、第三の者に平然と尻尾の羽根を毟《むし》り取られているのです。この〔駝鳥という〕名称が、それ自体の内に、永久に新しい意味を見出すためには、諺にもなっているこの名称〔"pratique la politique de l'autruche（駝鳥のやり方を実践する）"〕は「危険を直視しようとしない」という意味の諺〕に一文字を加え、la *politique de l'autruiche*[5] とするだけで十分でしょう。

こうして、反復される行為についての間主体的な係数〔module〕が与えられてしまえば、あとは、フロイトのテクストにおいてわれわれの関心を惹く意味での反復の自動性〔*automatisme de répétition*〕をそこに認めるだけで十分でしょう。（SPL, pp. 41-44; PT, pp. 54-57）[2]

したがって、それぞれの人物が次に行うべきことを決定するのは、個々の主体の性格でも、手紙の内容でもなく、グループ内における手紙の位置である。手紙が意味の単位（シニフィエ）としてではなく、ある種の効果を生み出す単位（シニフィアン）として機能しているという理由から、ラカンはこの物語を一つの真実――すなわち、「われわれが研究しているフロイトの思想を契機に立ち現れる真実、つまり、主体が物語の中で、あるシニフィアンの経路から受け取る重大な行為決定を明らかにすることで示される、主体にとって構成力をもっているのは象徴的な秩序であるという真実」（SPL, p. 40〔E, p. 12／I、八頁〕）――の例証として読んでいる。その意味内容が明らかにされなくても、この物語の中で十分に機能している以上、手紙は一つのシニフィアンのように作用している。「その本質は、手紙がもたらした効果が外側、つまり、われわれ読者や作者だけでなく、内側、すなわち、物語の語り手を含む登場人物たちまで及んでいながら、誰一人として手紙が意味していたことを気にもかけなかったということです」（SPL には該当箇所なし。E, p. 57／I、六九頁、強調はジョンソン）。つまり、「盗まれた手紙」はラカンにとって、一種のシニフィアンのアレゴリーになっているのだ。

ラカンの読みを批評＝批判するデリダは、このアレゴリカルな解釈の有効性については、別段反論していない。だが、その暗黙の前提や手続きには疑問を呈している。デリダは反論を二種類の標的に合わせている。一、ラカンは手紙に何を入れたのか、そして二、ラカンはテクストに何を取り残したのか、である。
一、ラカンは手紙に何を入れたのか。デリダによれば、ラカンは手紙の意味内容が欠けていると主張しながら、この欠如を手紙の最も重要な意味にしているのである。しかし、デリダの反論はそこで止まらない。ラカンがこの欠如によって言おうとしているのは、真実としての去勢としての欠如という真実〔the truth of lack-as-castration-as-truth〕だとまで主張するのだ。「盗まれた手紙の真実は、真実〔そのもの〕であり……ここで覆いをかけること／覆いを剝がすことは、穴、非‐存在〔non-étant〕に関わる。つまり、非‐存在としての存在〔l'être〕という真実である。真実とは、覆いをかけられた／覆いを剝がされた去勢としての「女性」である」〔PT, pp. 60-61〔CP, p. 467／五二一―五三頁〕〕。だが、ラカン自身は「セミネール」のテクストで、もともと去勢という語を使用していない。それが暗示されていることは否定できない。だが、デリダはラカンが空白のままにしたものを埋め合わせることで、みずからが批判するラカンの仕草、すなわち、空白を埋める仕草を同じように反復しているのだ。
二、ラカンはテクストに何を取り残したのか。この反論はそれ自体が二重的である。デリダはまず、彼〔デリダ〕がポーの「デュパン三部作」と呼んでいる他の二つの物語との関連から「盗まれた手紙」を考察していないとして、ラカンを批判する。また、デリダによるなら、この物語をシニフィアンのアレゴリーとして読んでいる瞬間、ラカンはこのアレゴリーのテクスト――デリダはそれを「エクリチュールの舞台」と呼んでいる――におけるシニフィアンの散種力〔disseminating power〕に対して盲目になっている。テクストの参照の枠組みなど存在しないかのように、そこから一部だけを切り離し、複雑なテクストの機能を単一の意味に還元してしまうのは、文学批評史においてもまことに由々しき汚点と言えるだろう。だが、そうだからこそ、ラカンのテクストに対するデリダ自身の読みが、そこで告発している罪を反復していることがますます際立ってしまうのだ。まず、デリダは象徴的決定と偶然的連続の関係に関する息の長い議論展開には一言も触れていない。また、デリダはラカンの「文体」を明白なメッセージをしばらくのあいだ覆い隠すための単なる装飾として、あっさり片づけている。「さらに、ラカンの「文体」は、分離可能な内容、エクリチュールを越えて決定可能な一義的意味への到達を長いあいだことごとく頓挫させるために作られていた」(PT, p. 40〔CP, p. 449／二七頁〕)。デリダがみずから批判する仕草そのものを反復しているからといって、それだけで、そうした仕草の効果を告発する彼の批判が無効になるわけではない。しかし、それによって、そのような仕草を非難するデリダの言明は、当然問題視されることになるだろう。

一歩先んじることを、一歩出遅れることへと不可避的に変えているように思えるのは、いかなる種類の論理だろうか。

それは、まさに盗まれた手紙の論理である。

風変りな一対

俺は女王を抱いた！
おお、逃れえぬ罰……

マラルメ「半獣神の午後」

したがって、大臣が状況から引き出している支配力は手紙に起因しているのではなく、彼が知ろうと知るまいと、手紙が大臣に与える役割に起因しているのです。

ラカン「「盗まれた手紙」についてのセミネール」

ラカンの過ちを正す（記す）デリダの努力が、あるレヴェルにおいて、いかに同じ過ちを反復するものにすぎないか、また、前者の不正を修正することが、後者において新たな不正となる空白の埋め合わせをどれほど不可抗力的に支配しているかについては、これまで見てきたとおりである。実は、空白を埋め合わせることで勝利に決着をつけるという行為は、ポーの物語内ですでに詳細に処方されている。つまり、盗まれた手紙の代わりに〈大臣〉に残した模造品の「中身をからっぽにしておく」（Poe, p. 219／一一三頁）ことを嫌がるデュパンは、自身が解決しつつある略奪行為をまさに正確に反復することで、それを取り戻すのだ。空白に記されたのは署名としての引用だが、それは奇妙にも、ラカンからの引用に挟まれたデリダのイニシャル化された署名〔J・D〕に似ている。デリダは明らかにこうした類似性を利用している。そして、デュパンによって転写された引用のテクストは、最初に転写されることになった、犯罪の反復としての修正〔rectification-as-repetition-of-the-crime〕という構造をそのまま描き出している。

——かくも恐るべき陰謀は、
アトレウスにはあてはまらずとも、テュエステスにはふさわしい。

テュエステスに妻を長らく誘惑されていたアトレウスは、この禁じられた結合の果実、息子のプリステネスを、テュエステスに〔文字どおり〕食べさせようとしている。復讐者の企みは自分にはあてはまらずとも、弟のテュエステスにはふさわしい、とアトレウスは言う。冒瀆＝暴力の受取人が手にしようとしているのは、逆向きに送り返された彼自身のメッセージにすぎない。ラカン、デリダ双方が示すとおり、デュパンを「三幅対」の「駝鳥」の一羽として位置づけているのは、そうした復讐心に満ちた怒りなのだ。手紙を「正当な」宛先に戻すことだけで満足しないデュパンは、大臣がかつてウィーンで彼に与えた「ひどい仕打ち」を想起することで、不当な犠牲者として、みずから小競り合いに身を投じ、個人的にその復讐を果たしているのだ。

このように、懲らしめがその行き過ぎを正当化するには、それに先立つ口実的〔pretextual〕、前‐テクスト的な〔pre-textual〕犯罪を配置しなければならない。相手と渡り合う行為においては、あらゆる程度の冒瀆＝暴力が許されるのだ〔「奴と渡り合うために、僕は目が悪いと訴えた」［Poe, p. 216／一一〇頁、強調はジョンソン〕とデュパンは語っている〕。デリダは、『ポジシオン』の長大な注の中で、デュパンが遡及的に行う物語の修正は、読者の中でも反復されると。デリダは、『ポジシオン』の長大な注の中で、以前ラカン側からこれと同種の攻撃があったと断じている。彼はそこで、のちに「真実の配達人〔Le Facteur de la Vérité〕」において展開される内容を略述している。「私がこれまで公表したテクストにおいては、実際上、ラカンへの言及はほとんど皆無である。このことは、『クリティック』誌〔一九六五年〕に「グラマトロジーについて」が発表されて以来〔人の話では、さらにそれ以前から〕、ラカンが……積み重ねてきた再占有化〔réappropriation〕という形の攻撃、もしくはそれを狙いとした攻撃だけでなく、〔他の事柄に〕照らしても正当化されるだろう」〔強調はジョンソン〕。攻撃の先在性は先在性の攻撃性によって二重化されている。「私の初期のテクストが発表された頃、ラカンの『エクリ』はまだ製本・出版されていなかった」[6]。すると、今度はラカンが、『エクリ』の「ポワン」版への「紹介」の中で、「あらゆるグラマトロジー以前に、私が厳密に文字の審級と呼んでいるもの」[7]と言い及ぶ。こうして、双方が相手の所有を認めないものについて張り合うこと、類似性と差異性の起源を遡及的に修正することが、抹消と二重化という決定不可能な形式によって、前後に旋回することになる。このように、「誰がそれを始めたのか」（あるいは、「それ」が双方のいずれかによって始められたのかどうか）が決定不可能になるなら、誰が先んじているかを決定することも、それが誰の「才能」なのかを見極めることも不可能である――このことが、渡り合う〔getting even〕という仕事をきわめて風変りな〔*odd*〕ものにしているのだ。

ラカンは、二項対立の総体と目される二つの項のあいだのこうした揺れ動きを、ポーが語る八歳の天才少年の物語と関連づけながら考察している。この少年は、丁半〔even and odd〕のゲームで、強運と言われるほど、勝ちを収める。そのゲームは、相手が握っているおはじきの数が偶数〔even〕か奇数〔odd〕かをあてるというものだ。この学童は、相手の身体的な特徴と同一化し、そこから相手の知性の程度や、それに見合った推理の流れを推し量ることが、自分の成功の理由だと説明している。デリダが無視している「セミネール」の部分でラカンが示しているのは、一つの総体イメージとしての相手との同一化だけでは、成功――そして、デュパンの実際の戦略――を保証するには十分でないということである。というのも、相手がそれに気づいた瞬間から、デュパンは自身の外見と戯れ、それと、それに見合うと思われる推理を切り離すことができるからだ。（これはまさに、デュパンと〈大臣〉の遭遇において生起していることである。一つまり、〈大臣〉が無頓着を装うのは紛れもなく彼の用心深さによるものだが、その視線は盲目にされている。一方、デュパンが盲目［「目が悪い」］を装うのは、明晰さを確保するための用心深い行為だが、それはその後、みずからの盲目形式に屈することになる)。「こうなると、推論は際限のない揺れ動きの中で、ただただ反復されるしかない」(E, p. 58／I、七一頁)と、ラカンは述べている。また、ラカンは、この学童の手法を自身の教室でテストした時、各競技者がほぼ不可避的に、自分がおはじきを失うだろうと感じ始めた、と報告している(8)。

しかし、これらのテクストの錯綜が単なる駝鳥間の抗争、「勝者」の決定のためになされる単なる丁半ゲームに還元できるとすれば、そこにはまず理論的な重要性はないことになるだろう。だが、事は逆である。つまり、みずからが自身の発したジョークの対象に成り下がってしまうのを避けようとする各傑物たちのやり方が、対立を予測できない形でずらし換え、テクスト的な遭遇を洞察の源に変えているのだ。というのも、対抗者と共通の場――それなしには、いかなる接触も不可能である――で出会うという可能性そのものが、ある種の対称性、同一性、遭遇が修正を目指す過ちの反復をともなうとすれば、そうした過ちを確実に回避することは、必ず、二つの力の非一致や不適合をもたらすからである。標的に命中させることが、ある意味において、その標的になることだとしたら、標的を外すことは、たぶん、他の所で標的に命中させることだと言えるだろう。ラカンとデリダが互いにどう出会っているかではなく、両者が互いにどう出会い損なっているかが、解釈のための空間を押し開くのだ。

ここでの問題は、明らかに、2という数のステイタスに関わっている。二人の対抗者、もしくは両極的な対立者の対決が、いつも同時に、逆発・空発を引き起こすとすれば、その理由は、2がきわめて「風変りな〔odd〕」数〔これはむろん、奇数という意味でもある〕だからという以外にありえない。一方で、2は鏡像的な対称性の幻想、あるいは隠喩として、ナルシスティックな安心感を与えるもの(私のアイデンティティを強化するものとしての他者イメージ)ないしは、まったく破壊的なもの(私を完全に消し去ることができる他者の存在）になりうる。これはラカンが「想像界的二重性」と呼ぶものである。それを特徴づけているのは、その絶対性、対立という形であれ、融合という形であれ、当該項の統一性を転覆するかもしれぬあらゆる事件や偶発事からの自立性である。ラカンはこれに、象徴界を対置している。象徴界とは、アイデンティティという概念の中に、差異、他者性、あるいは時間性を立ち入らせるものである――それは想像界的二重性に降りかかる何かではなく、常にすでにそこに内在していた何かである。それは、想像界的な一対の対称性ではなく、一項の自立的統一の可能性をことごとく転覆する何かである。それは２という数ではなく、１という数の不可能性なのだ――そしてそれは、はなはだ逆説的なことに、人を３という数に導くことになる。

３が２を１の不可能性に変えるとすれば、一対から三つ組みへの移行によって、内在的な明晰さは増大するのか。三つ組みはどうあっても、一対より「正しい」のか。

精神分析にとってはそうである、というのがデリダの主張である。三つ組みは人間の欲望機能を説明する、魔法のオイディプス的形象である。子供と母親の初源的・想像界的な一体化――二元的一体化――は、父親の掟――それは、去勢の脅迫を元に近親相姦を禁ずるものである――によって転覆される。子供は欲望対象における代替の必要性（欲望対象は、代替の場、反復の焦点となる）として「去勢を単純に引き受け」なければならない。そして、その後、子供の欲望は「正常化された」ものになるのだ。ラカンのポーの読みに現れる「三つ組み」あるいは「三幅対」に対するデリダの批判は、ラカンの三角図式の使用が、精神分析的な神話に由来するという想定に基づいている。

デリダの批判は二つの経路を取るが、双方とも数に纏わるものとなっている。

一、「盗まれた手紙」の構造は、語り手を除かなければ、三角形に還元できない。語り手の排除は、「精神分析」がみずからの図式を見出すために文学に加えた暴力の、過剰かつ、きわめて見え透いた結果である。したがって、精神分析が三角形と見ているものは、実際は四角形であり、文学はその第四辺という視点から、まさに三角形の可能性を問題視している。つまり、3=4なのだ。

二、こうした二重性は退けることも、三角構造の内に単純に吸収することもできない。「盗まれた手紙」は、二重化と細分化の不気味な力に横断されているのだ。語り手とデュパンは互いに分身だが、デュパン自身は最初、「〈二重霊魂〔Bi-Part Soul〕〉」(Poe, p. 107／一八頁)、一種の〈二重人格者デュパン〔Dupin Duplex〕〉、「創造的で分析的な」人物として紹介されている。〈D大臣〉には彼と見間違えるほどの兄弟がいるが、彼とこの兄弟は彼の二重性(詩人かつ数学者)によって区別される。このように、〈大臣〉とデュパンは名前を含めた他の類似点だけでなく、双方がすでに二重的であるという事実を介して、互いの分身になるのだ。デリダは以下のように書いている。

> 「〔セミネール」は〕容赦なく、この分身と不気味さ〔*Unheimlichkeit*〕の問題性を排除する。おそらく、そうした問題性は想像界、すなわち、象徴界や三角状のものから厳しく引き離さなければならない二元的関係に含まれると考えるためだろう。……二元的構造の中で無限に繰り広げられる二重性の「不気味な〔*unheimlich*〕」関係は、そこですべて省かれるか、隅に追いやられている。……こうして制御されることになるのは不気味さ〔*Unheimlichkeit*〕であり、再所有化、終結、あるいは真実への希望もなく、模擬から模擬へ、分身から分身への移送=返送を引き起こしうる、不安きわまりない狂乱である。(PTでは省略されている〔CP, pp. 488-489／七七―七八頁〕)

このように、三角形の角は常にすでに二分され、3＝2（の因数）となっている。そうなると、この丁半〔偶数と奇数〕のゲームでは、デリダがラカンの半〔奇数〕（3）に対抗し、丁〔偶数〕（4または2）に賭けているように見える。だが、2と4は不気味にもいくぶん半〔奇数〕化し、対する3は、安心を与える対称性へと丁〔偶数〕化されている。こうしたことはどのようにして生じたのだろうか。また、「盗まれた手紙」の解釈に、いかなる結果をもたらすのだろうか。

この問いに答える前に、デリダの批評用語を問題視するための指摘をいくつかしておかなければならない。

一、語り手とデュパンが厳密に二元的な一対であり、オイディプス的意味での第三項が介在しない関係にあるなら、二人の最初の出会いが、同じものをめぐる潜在的な対抗意識によってもたらされたという事実——「二人が非常に珍しい同じ稀覯本を探していたという偶然」（強調はジョンソン〔「モルグ街の殺人」の一節。邦訳、一五頁〕）——はどのように説明したらよいのだろうか。彼らがその本を見つけ、それを共有できているかどうかとは関わりなく、これは三角形の関係ではないだろうか。

二、「盗まれた手紙」に対するラカンの読みは、この物語を三幅対の構造に分割するが、デリダによって注解された「セミネール」の紹介部分で説明されている彼〔ラカン〕の〔間〕主体性のモデル、いわゆるシェマLは、明らかに四角形である。ラカンの反復的な三幅対を単なる反復構造としてではなく、主体の三角的・オイディプス的モデルとして読むために、デリダは、ポーのテクストの一角を削除したとしてラカンを非難したのとまさに同じやり方で、シェマLの一角を削除しなければならないのだ——そして、デリダは、四角形のシェマLについて詳述されているラカンのテクストの一角を削除することで、それを実行することになる。

しかし、ここで問題にされている事柄は、はたして単なる数のゲームに還元できるだろうか。

さらに二つの問いを発することで、別の角度からこの問題にアプローチしてみることにしよう。

一、分割された単一性と二重性＝二元性の関係とはいかなるものだろうか。二つの2は同義だろうか。例えば、「〈二重霊魂〉」は本当に二つの統一体から構成されているのだろうか。あるいは、分割を二つの分離した部分をもたらすことではなく、単に単一という概念を問題視するものとして思い描くことは可能だろうか。このことは、デリダが「二重性＝二元性」と呼ぶものをラカンの「想像界」にではなく、「象徴界」に組み入れることになるだろう。

二、分身が永久に分裂あるいは増大を繰り返すものだとすれば、2という数ははたしてそれにあてはまるだろうか。1=2であるなら、どうして2=1+1でありうるのか。分身の不気味さが決して二重化＝分身化を停止しないことだとすれば、2という数は、それがもし真の二重的＝二元的な対称地点で停止しても、依然不気味であり続けるだろうか。デリダがここで語っているのは、あらゆる二重性＝二元性というより、統一性の散種プロセスが帯びる際限のなさそのもののことではないだろうか。

すでに明らかなように、これらの問いにおいては、数という概念自体が問題含みとなっている。したがって、数に基づく議論をもはや字義どおりに読むことはできない。デリダが二重化された四角形をラカンの三角形に対置しているとしても、それは、彼がオイディプスを一匹の蛸にしたいから、というわけではないのだ。

　では、三角形への批判は何に向けられているのか。

　デリダによれば、精神分析的な三角形の問題は、それが正しくない数の項目を含むということではなく、それが上首尾な弁証法的調停や欲望の調和的な正常化——すなわち、止揚〔*Aufhebung*〕——の可能性を前提にしているということである。オイディプス的三幅対の三項は対立を開始するが、その解消はヘーゲル的弁証法のジンテーゼ的な瞬間に似ている。〔精神分析的な〕プロセスは、ファルスを性差という問いの場として、その中心に位置づける。母親にペニスがないのを目撃することと、近親相姦に対する処罰としての、父親による去勢への脅迫が結びついた時、子供は二者択一の事態（テーゼ対アンチテーゼ、ペニスの現前対不在）から、ジンテーゼへと移行する（ファルスはこの時、去勢をファルスの同時的な現前および不在として受け入れることで、すなわち、欲望の主体そして客体は、実際には存在しなかった何かの常に代替でしかないという事実を受け入れることで、子供は初めて、欲望の回路に立ち入ることができるという真相の記号となっている）。こうしたプロセスは、デリダが引用しているラカンの論考「ファルスの意味作用〔La signification du phallus〕」において、とりわけヘーゲル的な用語で喚起されている。

　依然として、これらの指摘はすべて、それ〔ファルス〕がその役割を演じられるのは、覆い隠された形においてでしかない、すなわち、潜在性の記号としてでしかない——ファルス自体、意味作用可能なあらゆるものがシニフィアンの機能にまで高められた〔*aufgehoben*〕あとに、そうした潜在性を刻印される——という事実を覆い隠すにとどまっています。

ファルスは、みずからの消滅によって開始する（手引きする）、この止揚〔*Aufhebung*〕そのもののシニフィアンです。（E, p. 692／Ⅲ、一五六頁、PT, p. 98〔CP, pp. 507-508／九六頁〕）

「一見したところ、ここで止揚〔*Aufhebung*〕というヘーゲル的な動きは転倒されている。というのも、そうした動きは感覚的なシニフィアンを理念的なシニフィエに止揚する〔relève〕からである」（PT, p. 98〔CP, p. 508／九七頁〕）と、デリダはコメントしている。だが、デリダのこの考えに従うなら、ラカンが音声言語を書記言語に優先させることは、そうした転倒を無効にし、内包不可能な他者性のあらゆる可能性を再占有化し、デリダの脱構築的企てすべての焦点であり続けてきた「ロゴス中心主義」の枠内にすべてを連れ戻すことになるだろう。

ラカンによる音声の特権化が、デリダの言う意味で、厳密にロゴス中心主義的であるかどうかということはきわめて複雑な問題なので、この場でそれを十分検討することはできない(9)。だが、こうしたすべてのことは、「盗まれた手紙」とどう関わっているのだろうか。

この問いに答えるために、ラカンにとっての手紙が（母親の）ファルスの象徴であるということを、デリダがラカンのテクストからどのように演繹しているかを調べてみることにしよう。ラカンは「セミネール」の中でファルスという語を一度も使用していないので、これはすでにデリダ側の解釈、それもかなり巧妙な解釈だと言える。ラカンも自身の「セミネール」をのちに読み直した時に書かれた文章、「ポワン版」への「紹介」において、去勢されたという語――この語も、元のテクストでは一度も使用されていない――を付すことで、暗黙裡にそれに同意している。デリダとラカンの見解の相違は、「手紙＝ファルス」という等式の有効性ではなく、その意味をめぐって生じているのだ。

では、デリダはラカンのテクストから、どのようにしてこの等式を引き出しているのか。すべてはまた本論でさらに詳しく論じられることになるが、演繹は次のような四つの基本的推論の流れに沿って進められている。

一、手紙は、〈王妃〉が所有していないファルスの代替物として、〈王妃〉に「所属している」。それは次々と交替する保有者のそれぞれを女性化（去勢化）し、結局は、その正当な所有者に戻される。

二、ポーによる、〈大臣〉邸内における手紙の在処に関わる記述は、ラカンのテクストのさまざまな比喩によって拡張され、暖炉――そのマントルピースの中央から、手紙が垂れ下がっていることが判明する――の形と、女性解剖模型上のあの一点――そこにはファルスが欠けている――との類似を暗示することになる。

三、手紙は分割できない、とラカンは言っている。「しかし、われわれが主張したのはまず、このシニフィアンの物質性ですが、この物質性は多くの点において奇異〔*singulière*〕であり、その第一点は、それが分割を許さないということです」（SPL, p. 53〔E, p. 24／I、二四頁〕）。デリダは、こうした分割不可能性は実に奇異だと述べたあと、だが、それをファルスの理念化――ファルスの無欠性は、精神分析的体系全体の教化啓発に欠かせないものである――と見るなら理解可能になる、と続けている。ファルスが無事に理念化され、音声の内に位置づけられると、シニフィアンと呼ばれるものは、自己‐現前的な音声言語の「単一的で、生き生きとした、切断不可能な無欠性」を獲得し、シニフィエに／によって、明確に固定される。「ファルスがあいにく分割可能であり、部分対象というステイタスに還元されるとしたら、教化啓発はことごとく瓦解するであろう。それはどんな代価を払っても避けねばならないことなのだ」（PT, pp.

96-97〔CP, p. 506／九六頁〕)。

四、そして最後に、ポーの物語が「真実」を「例証する」とすれば、「セミネール」の最後の言葉は、当然、不確かな所のない表現でその真実を再確認していると思われる。「したがって、「盗まれた手紙」、さらには「引き取り未了の手紙」が意味しているのは、手紙はいつも宛先に届くということです」(SPL, p. 72〔E, p. 41／I、四七頁〕、強調はジョンソン)。ここで、ラカンが郵便事業の効率性を云々しているとはとうてい考えられないので、ラカンは――デリダによれば――曖昧性など微塵もない意味の可能性、メッセージの究極的な再占有、メッセージとメッセージ自体との完全な等価性を確認しているに違いない。また、ポーの物語が例証する「真実」とは、デリダの目から見れば、覆いをかけられた／覆いを剝がされた去勢という真実であり、体系を作動させる欠如としての、ファルスの超越的なアイデンティティであるため、ラカンの「セミネール」のこの最後の一文は、精神分析理論の絶対的な真実と、文学テクストの絶対的な解読可能性の双方を確認していると思われる。ポーのメッセージは精神分析的な神話によって、あますところなく明確に理解され、説明されることになるだろう。「意味すること（真実）の解釈学的発見としての解読（デュパンの解読と「セミネール」の解読）自体が、その宛先に到達するというわけだ」(PT, p. 66〔CP, p. 472／五九頁〕)。

したがって、ファルスの法＝掟とは、再占有という形で正当な所有権の場に立ち返ること、分裂や取り返しのつかない喪失を越えて機能する分割不可能なアイデンティティ、完全に自己‐現前的で、曖昧性とはまったく無縁の意味、すなわち真実を暗示しているように思われる。

こうしたタイプの体系に関する問題は、それが、自身の練り上げにとって必要不可欠な、純然たる偶然

＝事故、取り返しのつかない喪失、再占有不可能な残滓、際限なき分割といったものの可能性を説明できないことにある、とデリダは反論している。手紙の巡回が最後にファルスの法＝掟を確認するためには、まずはそれに背くことから始めなければならない。手紙は大逆罪の記号なのだ。ファルス・ロゴス中心主義〔phallogocentrism〕は、制御できない多様な曖昧性、明白な意味すべてから逸脱するエクリチュールの散種的な戯れを容赦なく抑圧する。「手紙が宛先に決して届かないということではなく、手紙の構造には常に宛先に届かない可能性がそなわっているということである。……ここでは、散種が真実の契約としてのシニフィアンと去勢の法＝掟を脅かしている。それはシニフィアン、すなわちファルスの統一性を傷つけるのだ」(PT, p. 66〔CP, p. 472／五八―五九頁〕)。

どうやら、デリダのテクストは、ラカンの「セミネール〔Seminar〕」に対して、「反セミネール〔Disseminar〕」を標榜しているかのように思われる。

ここまでの話から容易に見て取れるのは、ラカンのやり口――それは、文学テクストを明白なメッセージに還元しているように見える――に対する散種的な批判力は、ラカンのテクストの非曖昧性という前提に左右されるということである。なるほど、手紙は常に宛先に届くという言明は十分明快と言えるだろう。しかし、この言明を再度コンテクストの中に置いてみると、状況は明らかに、非明白な様相を呈することになる。

これですべてが出揃い、われわれはデュパンがそれによって読者を騙《だま》さなければならなかった想像的な方策の彼方に、彼の本当の戦略を読み取ったと信じるべきでしょうか。おそらくそのとおりです。なぜなら、デュパンが最初に言っているように、「もし熟考を要する問題だとしたら、暗闇の中で吟味するのが得策だ」としても、われわれは今や、真っ昼間にたやすくその解決を読むことができるからです。解決はすでに内包されていて、この短編のタイトルから簡単に引き出すことができたのです。そして、それはわれわれがずっと以前からあなたがたの裁量に委ねてきた、間主体的な伝達方式そのものに従っているのです。つまり、言うなれば、そこで送り手は、受け手から、自分自身のメッセージを逆さまにされた形で受け取っているのです。したがって、「盗まれた手紙」、さらには「引き取り未了の手紙」が意味しているのは、手紙はいつも宛先に届くということです。（SPL, p. 72〔E, p. 41／I、四六―四七頁〕）

この最後の文の意味が問題となるのは、それ自体が曖昧だからではなく、それに先立つ文章の中で、一連の逆転が繰り広げられているからだ。「得策の」吟味が暗闇の中で生じるとすれば、「真っ昼間に読む」とは何を暗示しているのか。それは事実的な明晰さではなく、そうした明晰さの虚妄を確認するものと捉えることはできないだろうか。もしそうなら、「おそらくそのとおりです」は、われわれは読み取ったのか、という問いではなく、われわれは読み取ったと信じるべきでしょうか、という問いに対する答えではないのか。そして、もしもこうした解釈が可能なら、この答えは明晰さの最終確認をすべて空疎にし、確たる内容もない主張の力によってみずからを持しているのではないか。さらに、送り手が受け手から自分自身のメッセージを逆さまにされた形で受け取るとすれば、ここで言う送り手、受け手とは誰なのか。また、そのメッセージとは何なのか。「盗まれた手紙」という表現が示しているものも完全に定かというわけではない。それはポーのテクストなのか。それが話題にしている手紙なのか。あるいは、「盗まれた手紙」という表現にすぎないのか。

この一節についてはのちに別の検討を加える予定だが、今はとりあえず次の点だけを確認しておくことにしよう。つまり、この一節の曖昧性は、デリダが自身の解釈を構築する際に拠り所とした一義性という前提そのものを、転覆するとは言わないまでも、問題視するには十分と思われる、ということである。

しかし、デリダ側のこの過度な単純化が、盲目さ、見過ごし、誤謬によるものでないことは確かである。ポール・ド・マンが、デリダの同様なルソー論について述べているように、問題は、「そのパターンが面白すぎて、わざとらしい[10]」ということだ。デリダほどの慧眼な読み手が、ラカンの言明を、その言明が現にそこから逃れようとしている体系やパターンに執拗かつ強引に押し込めようとするやり口は、何らかの戦略的必要性に応じるものに違いない。だが、そうした必要性は、デリダのポーの読み方を特徴づけるテクストの手紙＝文字〔letter〕に対する注意深さとは無縁である。事実、デリダの分析に深く立ち入れば立ち入るほど、精神分析と呼ぶものに対するデリダの批判はすべてもっともだが、その批判はラカンのテクストが実際に述べていることにはまったく該当しないと確信させられることになる。デリダが実際に反論しているのは、ラカンのテクストではなく、ラカンの力、あるいはむしろ、今日のフランス言論界において、明らかにある権力効果の原因となっている括弧付きの「ラカン」に対してなのである。ラカンのテクストが語るものが何であろうと、それは――デリダの言に従うなら――彼〔*he*〕がそう語っていると語るとおりのことを語っているかのように機能するのだ。手紙はいつも宛先に届くという言明は、まったく解読不可能かもしれないが、その断言力は、ラカンがすべてを解明したことの証しとして、ますます真面目に受け取られてしまう。実際、そうした主張は、彼に支配＝精通といった様相を与えることになる。手紙を奪われた〈王妃〉の目に、〈大臣〉が同様の姿で映ったように。ラカンはこのことを次のように説明している。「〈大臣〉が状況から引き出している支配力は手紙に起因しているのではなく、……手紙が〈大臣〉に与える役割に起因しているのです」。

したがって、一見「盲目的」と思われるデリダの読みも――われわれはその奇想をここで追求しているわけだが――決して間違いではなく、ラカンのテクストの「平均的な読み」と呼びうるものの見定め――デリダの脱構築の真の目的――であることが分かる。ラカンのテクストが、デリダがそれはこう語っているのだと語るとおりのことを語っていると読まれる以上、その実際的なテクスト機能は、デリダの分析が行われる論争の場とは無関係ということになるだろう。そして、このことはまさに、エピグラフの最初の語――つまり、彼ら〔*ils*〕――によって示唆されている。

> 彼らは、彼が表明したばかりの大いなる真実に対し、彼に感謝する――というのも、彼らは発見したからだ（おお、真実と立証しえぬものを立証する者たちよ！）、彼の言明したすべてが絶対的に真実であることを――とはいえ最初は、それが単なる虚構ではないかと疑った、とこの律儀な者たちは告白している。自分に関しては、そのことについて一度も疑ったことはない、とポーは応じている。（PT, p. 31〔CP, p. 441／一八頁〕）

このボードレールからの引用がラカンではなく、ポーに言及していることは事実である。だが、それによって、最初の一文にある身元不明の「彼」が、〔デリダの論考の〕タイトルである「真実の配達人」であるという印象が完全に拭い去られるわけではない。このように、ラカンによるポーの分析の災いは、テクストの手紙＝文字の中というよりも、むしろ、騙され易い読者たち――その分析に欺かれる「律儀な者たち」――の中に位置づけられている。ラカンの不幸〔ills〕は、実は彼ら〔*ils*〕だということだ。

ポーを読むラカンについてのデリダの読みが、実は、ステイタスの決定が困難な読みを脱構築するものだとすれば、それは、ラカンのテクストが、咎められている犯罪に関し、まったく無罪だということを意味しているのか。ラカンが、デリダが抗争しているのと同じ種類のロゴス中心主義に反対していることが証明できたなら、それは、両者が本当は同じことを語っているということを意味しているのか。これらの問いについては、少なくとも当面、宙吊りのままにしておかなければならない。

しかしながら、ラカンを読むある一つのやり口を示して、そこからラカンのテクストに罪を転嫁するデリダの論法は、それ自体公平ではないし、どうあろうと、結局は比較的単純な犯罪物語として事が開始されているというコンテクストにおいて、無視できないものである。それは結局、一つの枠づけ〔でっち上げ〕〔*frame*〕にほかならない。

参照の枠組み

と見れば、彼女はすでに鏡の中の裸形の死体、たとえすぐにも、
枠縁によって閉じ籠められたこの忘却の中に、
煌めきの七重奏が確然たるかげを映し出すのだとしても。

マラルメ「X字型のソネット」

デリダがこうして、解釈的な不正行為を行ったとしてラカンを枠づけし〔ラカンに濡れ衣を着せ〕、デリダ自身も、少なくとも部分的には、そうした不正に加担しているとすれば、こうした枠づけ〔罪の捏造〕

は、文学と精神分析という問題およびコンテクストにおける、読む行為の特質について、われわれに何を教えてくれるだろうか。

実に興味深いことだが、デリダがラカンを枠づける〔ラカンに濡れ衣を着せる〕主な罪の一つは、精神分析的な読みが文学テクストの枠組み〔*frame*〕を排除しているということである。ここで言う枠組みとは、「盗まれた手紙」に先立つ二つの物語だけでなく、物語が語られる際の語りの層、さらには、そうした層を「超えた」、エクリチュール〔*écriture*〕としてのテクストの機能すべてから構成されている。

> ラカンは、テクストである小説〔fiction〕――一般的と称される語りは、その内部から切り抜かれている――を、一言もなく排除している。「盗まれた手紙」と題された小説が語りから一語もはみ出ていないだけに、これはますます安易な――安易すぎる――操作である。しかし、そこには小説がある。語りの周囲には、不可視ながらも、構造的に還元できない枠が存在するのだ。その枠はどこから始まるのか。タイトルの最初の文字からか、セネカの銘句からか、「一八××年、私はパリにいた」からか。事はそれ以上に複雑だが――これについては、のちにまた触れるとしよう――、この複雑さは、こうした枠を無視することでテクストの構造を見誤るという事態すべてを予測させるのに十分である。ラカンは、この中立化、あるいは馴化された枠の内部で、縁取りのない語りを取り上げ、またも枠を取り落すことで、別の切り抜きを行うのだ。彼は、語りから、語られた物語――すなわち、表象内容、物語の内的な意味、全注意力を要求し、精神分析的（この場合は、オイディプス的）図式をくまなく動員し、解読の努力をすべてその中心に惹きつけるような、極度に枠づけされたもの――を形成する二つの対話を取り出す。ここに欠けているのは、枠、署名、パレルゴン〔*parergon*〕〔周縁的なもの〕の問

題の推敲である。そうした欠如こそが、シニフィアンの舞台をシニフィエとして再構築すること（記号の論理においては、常に不可避のプロセス）、エクリチュールを書かれたものに、テクストを言説に、さらに厳密には「間主体的な」対話に再構築することを可能にしているのだ（「セミネール」が「盗まれた手紙」の二つの対話部分しか注釈していないのは、少しも偶然ではない）。（PT, pp. 52-53〔CP, pp. 459-460／四一―四二頁〕）

周知のように、「盗まれた手紙」は、「モルグ街の殺人」および「マリー・ロジェの謎」とともに、ボードレールが「一種の三部作」と呼んだものに属している。このデュパン三部作について、「セミネール」は一言も言っていない。それは、語られた〔二つの〕三角形（「現実のドラマ」）を取り出し、それらに語りを集中させ、解釈（手紙の宛先）の重みを担わせるだけでなく、デュパン武勲譚の三分の一を、馴化された枠として省かれた全体から取り出しているのだ。（PTには該当箇所なし〔CP, p. 487／七六頁〕）

これほど暴力的に枠づけし、語られている形象自体から第四辺を切り捨て、そこに三角形しか見ようとしないことで回避されているのは、おそらく、エクリチュールの舞台で予測されているある種の複雑性――たぶん、オイディプスの複雑性――である。（PT, p. 54〔CP, p. 461／四三頁〕）

どうやら、ラカンの罪は無視を数回重ねたことらしい。語り手、物語の非対話的な部分、三部作の残る二つの物語を無視したというわけである。しかし、こうした批判は、排除されたものを包摂せよという単なる申し立てなのだろうか。そうではない。問題は単に量的なものではない。排除されたものと、包摂されたものは同質ではないのだ。ラカンは、ポーのテクストを「現実のドラマ」、すなわち、精神分析家が日々自分の患者から聞かされている物語のようなものとして取り扱うことで、このテクストのとりわけ文学的な側面を摑み損ねている、とデリダは述べている。取り出されないままに残されたもの、それは文学そのものにほかならない。

これは、枠組みが文学的テクストを作り出すという意味だろうか。「文学とは何か」という問いに捧げられた『ニュー・リテラリー・ヒストリー』誌のある号（盗まれた手紙に関わる議論とはまったく無関係な内容である）の中で、寄稿者の一人がまさに次のような結論に到達している。「文学とは言語である……しかし、それは、われわれがそのまわりに枠組み〔*frame*〕を描いた言語である。この枠組みは、言語が常に所有している資源を、特別な自意識をもって考えようとする決意の表れである」(11)（強調はジョンソン）。しかしながら、こうした文学観は、テクストが文学的であるのは、それがある明確な境界内にとどまっているからだ、ということを示唆している。文学的テクストとは、おそらく多面的なものだろう。だが、それは依然、一つの対象物にすぎないというわけである。デリダが考えているのはそういうことではない。それは次の主張から明らかである。

> 語り手の位置、語り手が語っていると思われるものの内容と語り手の関わりを見過ごすことで、二つの三角形をはみ出すものすべてが、エクリチュールの舞台から締め出されることになる。
>
> しかも第一に、可能な接近方法も縁取りもなく、境界が崩れ去っているようなエクリチュールの舞台が問題である場合には。見せかけの始まり、「最初の言葉」から、語り手はこの「短編小説」の統

一性を際限なき漂流――つまり、「セミネール」がいささかも考慮していないテクスト的な漂流――へと押し流すいくつかの命題を自身に語りつつ、歩を進める。（PT, pp. 100-101〔CP, p. 511／九九頁〕）

果てしなく増やせると思われるこうした追加喚起は、枠組みの効果やパレルゴン的論理のパラドックスにわれわれの注意を向けさせる。証明しなければならないのは、「盗まれた手紙」が一つの枠組み（それを締め出すことで、「セミネール」がメタ言語的な俯瞰から、積極的かつ内密の制限によって、その三角形的な内部を確保できる枠組み）の中で機能しているということではなく、枠づけ効果の構造があまりに強固なため、そこからは縁《ふち》のいかなる総体化も生じえないということだ。枠組みは常に枠づけされている。つまり、みずからの内容のしかじかの断片によって。総体なき断片、全体なき「分割」、それこそがここで、分割なき――分割にアレルギーを示す――文字＝手紙の夢を頓挫させているのだ。（PT, p. 99〔CP, pp. 513-514／一〇三―一〇四頁〕）

ここでの議論は、先の反論を逆転しているかに見える。ラカンは枠組みではなく、文学テクストの枠づけ不可能性を排除したとされているからである。だが、デリダが「パレルゴン的論理」と呼ぶものは、まさにこうした相容れない（しかし、完全に矛盾しているわけではない）二つの議論がともに有効であるという理由から、逆説的なものとなっている。枠組みの完全な包摂化は、必須であると同時に不可能だということである。つまり、枠組みとは内側と外側のあいだの境界線ではなく、内側／外側という二極性を解釈行為に適用することの可能性をまさに転覆するものとなるわけだ。

枠組みは実際、鼓膜や処女膜と並んで、一連の逆説的な「境界線事例」の一つである。デリダは最近そうした事例をとおして、空間的な論理が理解可能性と結びついた時の限界について検討を加えてきた。ラカンもまた、結び目の論理による「新たな幾何学」を案出することで、ユークリッド的な理解モデル（例えば、理解は空間的な包摂を意味する）を押しのけようと努めてきた。空間的な論理から脱しようとするこの二つの試みの関係はさらなる明確化を要するが、この関係の内包する困難さが、……から脱する〔*to break out of*〕が依然として空間的な隠喩であるという事実に拠ることは、ある程度推測可能かもしれない。しかしながら、こうした企ての火急性に過剰評価はありえない。というのも、形而上学、政治学、信念、そして知（識）そのものの論理は、決定可能な客観的境界や輪郭——ここで問題にしているのは、その可能性と／あるいは、正当化の可能性である——を押しつけることを基礎にしているからである。「理解すること」が、境界を決定できないものを枠づけすることだとすれば、われわれは、われわれが理解しつつあるものを、どのようにして知ることができるのか。この節を枠組み〔罪の捏造〕という語の空間的および犯罪的な意味に纏わる言葉遊びから開始したのは、それほど根拠のないことではない。それに実際、ユークリッド的な理解可能性のモデルに内在する虚偽の問題は、ここでの理論的考察と無関係どころか、まさに「盗まれた手紙」のプロットにとって中心的なものとなっている。というのも、〈警視総監〉の捜査方法を支えているのは、ほかならぬ、限定的・同質的なものとしての空間という概念だからである。「たぶんご存じだろうが、きちんと訓練を受けた警察官にとっては、秘密の引き出しなんて存在しないも同然なのさ。この手の捜査をやっていて「秘密の」引き出しなんてものを見逃すような人間はろくでなしに決まっている。ことは至って分かり易いのさ。どの棚にもしかるべき嵩——空間——があるわけだから、そこを正確に計測する。一ライン〔$\frac{1}{12}$インチ。約二・一ミリ〕の$\frac{1}{50}$ほども見逃しはしない」（Poe, p. 204／八八—八九頁）と彼は説明している。見えていないものは隠されているに違いないという想定——ラカンが

「現実主義者の愚鈍さ」と呼ぶ想定――は、見るという行為の誤った客観＝客体概念に依拠している。「隠されている／さらされている」という二極性だけでは、デュパンが手紙を見つけることはむろん、警察が手紙――それは、裏返しにされた状態で、完全にさらされていた――を見つけられないことも説明できない。そこに「主観的＝主体的」な要素が追加されなければならないのだ。それは、「隠されている／さらされている」という二極性に、「盲目／視覚」という二極性を干渉＝衝突させることで、幾何学的な理解モデルを転覆する。同様の問題は「裸の王様」の物語によっても提起されているが、デリダは（フロイトの説明の中で）、この物語を「隠されている／さらされている」という二極性を越えられない精神分析の失敗例として引き合いに出している。手紙の「場所」については、のちの議論で再度話題にする予定だが、あらゆる捜査の「限界」が、幾何学的な空間ではなく、「見る」とは何かについての暗黙裡の考え方の内に据えられていることはすでに明らかだ。

これまで見てきたように、デリダが文学テクストの枠組みを問題化できるのは、自身が「エクリチュールの舞台」と呼ぶもののおかげである。彼はこの表現を、以下の二つの意味で使用している。

一、全面的にシニフィエへと変換されることに対して、テクストというシニフィアンが示す抵抗。ラカンはシニフィアンの機能を例証するものとして、手紙がポーの物語の中でたどる経路に注目したが、精神分析的な読みは、依然、語り自体におけるシニフィアンの機能に盲目のままである、とデリダは述べている。デリダによれば、「盗まれた手紙」をシニフィアンのアレゴリーとして読むラカンは、「シニフィアン」をこの物語の真実に転換している。「したがって、シニフィアンの移動＝転移は、シニフィエとして、この短編の中で語られる対象として分析されている」（PT, p. 48〔CP, p. 455／三六頁〕）。デリダはこれに対し、そうして意味へと要約されることに抵抗し、還元不可能な残滓を残すものこそが、まさにテクストとしてのシニフィアンだと反論する。「残り、売れ残り。それは「盗まれた手紙」、つまり、このタイトルを冠したテクストであろうし、その場は、またもや不可視の太文字のように、それが見出されると期待されていた所、すなわち、「現実のドラマ」の枠づけられた内容、あるいは、ポーの短編の、隠され、封印された内部にではなく、虚構〔小説〕という、この上なく開かれたこの手紙＝文字の中に、開かれた手紙＝文字として存在している」(PT, p. 64〔CP, p. 471／五七頁〕)。

二、実際的なエクリチュール――「盗まれた手紙」を（文学的な）参照の枠組みで取り巻く書物、図書館〔収蔵図書〕、引用、そして先立つ物語。物語は「書斎もしくは書庫」(Poe, p. 199／七九頁）で始まるが、語り手はそこで、ポーの先立つ二つの物語で語られたデュパンの二件の探偵仕事について先ほど話し合ったことに、なおも思いを巡らせている。先行する最初の小説〔「モルグ街の殺人」〕は、デュパンと語り手の最初の出会いを物語っているが、場所はもちろん、図書館の中。二人はそこで同じ稀覯本を探していたのだ。このように、物語の始まりは、先行するエクリチュールへの無限後退的な言及となっている。デリダは、「したがって何も始まらない。逃れられない漂流、あるいは彷徨があるだけだ」(PT, p. 101〔CP, p. 511／九九頁〕）と述べている。デュパン自身、文字どおり、歩く図書館である。書物は彼の「唯一の贅沢品」であり、語り手は「彼の膨大な読書量」に「驚嘆させられる」(Poe, p. 106／一五頁)。デュパンが最後に書き記す最も個人的と思われる言葉――すり替えた〈大臣〉宛の手紙の中に忍ばせた辛辣な文句――さえ、引用にほかならない。その引用の転写と本当の作者をわれわれに伝えたところで、物語は終わる。デリダはこう結論づけている。「だが、デュパンは、この短編全体を縁取る不可視な引用符に加え、この最後の言葉を引用符に入れて引用し、自身の署名行為を語るよう余儀なくされている。つまり、これが彼に向けて私が書いたこと、そして私の署名の方法なのだ、と語らされているのだ。引用符に入れられた署名とは何なのか。また、こうした引用符の内部においては、自署そのものが、引用符に入れられた引用なのだ。この残滓は依然として文学である」(PT, pp. 112-113〔CP, p. 524／一一二頁〕)。

デリダは、これら二つの剰余的な次元を通して、この物語の枠組みの、底知れぬほど崩壊的で、総体化不可能な境界〔edges〕を示そうとしている。しかしながら、こうした反論は、それ自体が見かけ以上に問題含みであり、諸刃の剣〔double-edged〕でもある。二番目の反論から見てみよう。デリダの論証によれば、「文学」とはまさに、そして明らかに、盗まれた手紙の始めと中間と終わり——さらには内部——ということになる。だが、この結論はいったいどのようにして得られたのか。大部分は、物語中に列挙された書物、図書館〔収蔵図書〕、その他諸々のエクリチュールをリストアップすることによってである。つまり、「表象内容」の内部における「エクリチュール」の機能ではなく、そのテーマを追うことで、結論に至ったというわけだ。しかし、例えば、デュパンが引用による署名を用いたことが、デリダにとっては、「この残滓は依然として文学である」ことの証だとしたら、それは、「文学」がこの物語の中で、シニフィアンではなく、シニフィエになっていることを示してはいないだろうか。シニフィアンの作用＝戯れを実際に跡づけることが可能なら、それは「エクリチュール」なる意味素〔*seme / sème*〕の範囲を超出した所で作用しているのではないだろうか。また、「シニフィアン」を物語の「シニフィエ」にしたとして、デリダがラカンを批判しているとしたら、デリダもここで、まったく同じやり方で、「エクリチュール」を「書かれたもの」に転換しているのではないか。デリダが「シニフィアンの舞台をシニフィエとして再構築すること」と呼んでいるのは、盗まれた手紙を読むという論理における、「不可避的プロセス」そのものに思えるのだ。

デリダはもちろん、ラカンが説明していないこのテクスト的な漂流は「この短編の真の主題」ではなく、むしろ、あらゆる主題の「驚くべき省略」（PT, p. 102〔CP, p. 513／一〇一頁〕）とみなされるべきだと、二度にわたって断言することで、こうした反論に暗黙裡に対抗している。しかし、不可避と思われるシニフィアンからシニフィエへの横滑りという問題は、枠組みの論理への反論としてではなく、そうした論理の根本的な問題として、依然取り残されたままである。というのも、枠組みは常にその内容部分によって枠づけされているといったことが「パレルゴン的論理のパラドックス」ならば、このパラドックスを最もよく例証しているのは、シニフィアンとシニフィエ間の横滑り――それは、デリダとラカンの意に逆らう形で、両者によって実演されている――にほかならないからだ。デリダが、みずから読んでいる「ラカン」を「セミネール」に限定されたものとしても、ラカンのその後の著作を包摂するものとしても枠づけていないことを正当化すること自体が、枠組みの矛盾論理に従うものである。デリダは、真実の体系――それがたとえ、〔ラカンの〕他の著作で疑問視されていようと――を具現化しているように見えるラカンの著作の一部分を検討する一方で、ラカンの著作のこの同じ部分は、おそらくいつの日か、「分割に堪えぬものを切り分ける性急な大学人たち」によって、「若きラカン」（PT, p. 82〔CP, p. 491／八〇頁〕）の著作と呼ばれることになろう、と語っている。自身が実際この場でなしていることをどう考えようと、それを説明するデリダの矛盾めいたやり口は、あまりにも完全にパレルゴン的論理のパラドックスに応じているので、この自己‐転覆は熟慮の末の策だった可能性もあるのだ。

このように、枠組みの問題が、あらゆる解釈の対象を斜めに設定する、あるいは、それ自体と折り重なる〔*pli*〕ように設定することで問題化するものだとすれば、デリダの分析の過ちは、ラカンのアレゴリカルな読みにこうした逆説的な機能を対置させたことではなく、自身の洞察の結果をさらに追求しなかったことにある。例えば、枠組みが、どこから始めて、どこで停止すべきかの見定めを不可能にするとしたら、デリダはなぜ、デュパン三部作という境界内部で立ち止まっているのか。また、「エクリチュール」を検討することが、われわれの位置に関わる不気味な不確かさを、底知れぬものの内に撒き散らすことだとすれば、デリダの述べる散種的な図書（館）は、ある意味でまだ、いささか快適すぎるとは言えないだろうか。

「盗まれた手紙」は「文学」と署名されている、とデリダは述べている。手紙の内容――〈本来〉われわれに見ることが許されている唯一のもの――は別のテクストの中にある、つまり、手紙の意味の場は手紙の中にではなく、それとは別の所にある。そうした意味のコンテクストは、そのコンテクストが欠如している状態――すなわち、テクストの外部に本来の出所（クレビヨンの『アトレウスとテュエステス』）を明示すること、および、手紙から手紙へ、テクストからテクストへ、兄弟から兄弟へという代替構造によって、テクストの内部で、外部と内部という表現が明確に定義できなくなっている状態――である、という意味でないとすれば、「文学」と署名されているとはいったいどういう意味であろうか。しかし、実際にその他のテクストを開いてみなければ、みずからに対する底知れなさという他者性の正確なあり方も、この物語の縁が単純な形で崩壊しているわけではないという状況も確認できないだろう。

そこで、「図書（館）」をエクリチュールの記号というテーマ的な存在＝現前に還元することを避けるため、書棚から幾冊かの書物を引き出し、その中身を見てみることにしよう。これはラカンもデリダも採用していない方法だが、それがある意味で、いかに両者を包み込むかについては、すぐに明らかにされるだろう。

何よりもまず、ポーの研究者たちによれば、デュパンという名前そのものが、ポーの内的な図書（館）に由来している。それは、『フランスの異彩を放つ当代人物たちのスケッチ集〔*Sketches of Conspicuous Living Characters of France*〕』（Philadelphia: Lea & Blanchard, 1841）と呼ばれる一冊の書物の頁から来ているのだ。因みに、ポーは最初のデュパン物が発表されたのと同じ月に、『グレイアムズ・マガジン』誌にその論評を寄せている。そして、このスケッチ集では、少数派のフランス人政治家、アンドレ＝マリー＝ジャン＝ジャック・デュパン自身も、歩く図書館として描写されている。「彼の著作から判断すると、デュパンは完全なる歩く百科事典に違いない。ホメロスからルソー、聖書から民法法典、一二銅表法〔ローマ法における日常生活に最も重要な条文を短縮し、一二枚の板に刻んだもの〕からコーランまで、彼はあらゆるものを読み、あらゆるものを記憶している……」（*ibid.*, p. 224）。つまり、探偵デュパンの「由来」は、多面的な読書家だという点にある。デュパンとは、デュパンの書き手〔ポー〕が、読み手としての書き手を描いた一冊の書物の中でその名前を読んだ、一人の読み手――すなわち、エクリチュールにおいては事実上、還元不可能なほど二重性を帯びたものとしてしか、その特質を記述できないような読み手なのだ。「彼は、政治的な肖像画家たちが最大限の対照を駆使して描き出すような人物である。彼は同じ絵の中で、大柄で小柄、勇敢で臆病、凡庸で高貴、無欲で貪欲、強情で従順、執拗で気紛れ、白で黒といった人間として描かれることになるだろう。つまり、何も分からないということだ」（*ibid.*, p. 210）。さらに、書きとめられた二重のデュパンを描写する際、その媒体となるエクリチュール自体もまた二重である。それは、あるフランス人が書いた一連の文章の、ウォルシュ氏なる人物による翻訳のことだが、このフランス人の名は翻訳者にさえ知られておらず、自称「誰でもない者〔*homme de rien* / nobody〕」（*ibid.*, p. 2）と語られている。つまり、「誰でもない者」が、一連の文章を書いた原著者の固有名と化しているのだ。[12]

しかし、「盗まれた手紙」の最後の言葉を書いたのが、誰でもない者ではないことは明らかである。それはむろん、ポーではない。クレビヨンである。デュパンの〈大臣〉宛の手紙が盗まれていたというコンテクストとして読むなら、クレビヨンの『アトレウスとテュエステス』には注目すべきものがある。それは単に、復讐の物語を最初の罪の対称的な反復として語っているからではなく、まさに盗まれた手紙を介してそれを語っているからだ。一通の手紙がアトレウス〈王〉に、彼への背信の大きさを伝え、彼の復讐の道具として役立つことになる。〈王〉自身がその手紙――亡くなる直前、〈王妃〉が愛人のテュエステスに書き送っていた手紙――を盗み取っていたのだ。その手紙は、誰もがアトレウスの息子だと信じていたプリステネスが、実は彼の弟テュエステスの息子であることを暴露する。アトレウスは、手紙およびその伝言を二〇年間秘密にしたあと、自身の本当の出生に気づいていないプリステネスに父親殺しを強要しようと計画する。この計画は、プリステネスが恋人テオダミア――プリステネスは、彼女が自分の姉妹であることを知らない――の父親殺害を拒んだために頓挫する。そこで、アトレウスは例の手紙を提示して、禁制の家族を再会させ、みずからの復讐をプリステネスの父親殺しから、テュエステスのインファントファジー〔infantophagy（自分の子供を食べること）〕に転換することを余儀なくされる。〈王〉を裏切る〈王妃〉、権力を目的に盗み取られる、裏切りを表象する手紙、最初の罪を再現する復讐行為とともに、結局はその受取人の手に戻る手紙――反復の物語としての「盗まれた手紙」は、それ自体が、そこから最後の言葉を盗み取っている物語の反復なのだ。反復強迫というフロイト的な「真実」は、単に物語の中だけで例証されているわけではない。それは物語によっても例証されている。物語は、それが伝える法そのものに従っている。物語は、それ自体の内容によって枠づけられているのだ。つまり、「盗まれた手紙」はもはや、それ自体の「原光景」を単純に反復しているのではない。それが反復しているのは、それに先立つ反復の物語にほかならない。「最後の言葉」は、「最初の言葉」の「非初発性〔nonfirstness〕」が反復される場を名指しているのだ。

これは、参照の枠組みを盗まれた手紙の内部に折り重ねている唯一の例ではない。それよりもいくぶん隠されてはいるが、もう一つ別のほのめかしは、「奴こそは、人間〔男〕としてしかるべきことも、あるまじきことも、すべてやってのけるんだ」(Poe, p. 201／八三頁)という〈大臣〉の描写に含まれている。この言葉は、野心的な妻に対するマクベスの不服――「男にふさわしいことは何でもするが、それ以上のことをする奴は男ではない」(第一幕第七場)――を反響させている。『マクベス』への言及は、〈大臣〉の描写に関するラカンの読みが、女性性に向けられていることを立証している。つまり、男としてあるまじきことをやってのけるのは、まさにマクベス夫人なのである。それに、マクベス夫人は最初に目撃される時、何をしているだろうか。手紙を読んでいるのだ。おそらく、盗まれた手紙ではないが、曖昧な運命の手紙と言ってよいだろう。それはマクベスを〈王〉の殺害に加担させるが、その後、〈王〉の地位につくマクベスもまた、殺害された〈王〉の運命を不可避的に共有することになるだろう。手紙に直面した〈王〉たちは、無傷ではいられないように見える。妻が彼の弟に宛てた手紙によって裏切られるアトレウス。マクベスがマクベス夫人に宛てた手紙によって裏切られるダンカン。マクベス自身もまた、己の〈運命〉の手紙を読むことができるという自信によって裏切られる。そして、言うまでもなく、「盗まれた手紙」の〈王〉。彼の権力は、彼が自身を裏切る手紙の存在について認知すらしていないことによって裏切られているのだ。

このようなテクストがともに提示している問題は無数〔legion〕である。男〔人間〕とは何か。子供の父親とは誰か。近親相姦と殺人と子供の死の関係とは何か。王とは何か。どうすれば、自身の運命の手紙を読むことができるのか。見ることとは何か。これらの物語が寄り集まる交差路は、それとは別の交差路で生じた物語、すなわち、オイディプス〈王〉の悲劇を指し示しているように思われる。つまり、次の一事を除いて、われわれはまた出発点に立ち戻ってしまったように思えるのだ。一事とは、もはや「盗まれた手紙」がオイディプスの物語を反復しているのではなく、オイディプスの物語が「盗まれた手紙」の底知れない内部から盗み取られたあらゆる手紙を反復している、ということである。

しかし、手紙はそこで停止しない。というのも、デリダによれば、デリダがラカンに帰しているオイディプス的な読みそのものが、まさに盗まれた手紙——マリー・ボナパルトによるエドガー・アラン・ポーの生涯と作品に関する精神‐伝記的な研究から、ラカンが盗み取った手紙——にほかならないからである。「デュパン同様、「セミネール」が手紙を、それが見出されるべき場所、女性の両脚〔jambes〕のあいだに見出す時、謎の解読は真実の中に錨をおろしている……そうした解読はなぜ、一九三三年にボナパルトがテクストを飛び越え、「盗まれた手紙」の精神‐伝記的な分析を提示した時と同じ意味、同じトポスを、真実とともに見出すのか」（PT, p. 60〔CP, p. 472／五九頁〕）。ボナパルトはこの分析で、デュパンが〈王妃〉に手紙を取り戻させることを、母親に、欠如していた母親的ペニスを回帰させることと考えている。さらに言うなら、〈大臣〉邸の手紙の隠し場所は、女性の身体の「まさに……解剖図」である。そうした理由で、ボナパルトは、「〔この状差しは〕……マントルピース中央の真下にある小さな真鍮のノブから垂れ下がっていた」を、「〔この状差しは〕……マントルピースの上にある小さな真鍮のノブから垂れ下がっていた〔suspendu ... à un petit bouton de cuivre *au-dessus* du manteau de la cheminée〕」と訳したボードレールは「完全に間違っている」（次の箇所に引用されている。PT, p. 68〔CP, p. 474／六一頁〕）と指摘している。ボナパルトの参照の枠組み——女性の身体——は、こうした翻訳の誤りを許容できないのだ。

手紙の位置という主題についてそれとなく口にした言葉から、ラカンはデリダに、〔ボナパルトへの〕参照に触れるのを怠っているという枠づけをされる〔濡れ衣を着せられる〕はめになる。ラカンは次のように述べている。「ボードレールが翻訳しているように、彼〔デュパン〕がマントルピースの上にそれ〔盗まれた手紙〕を突き止めるのか、はたまた原文に記されているように、マントルピースの下にそれを突き止めるのかを知るといった問題は、たとえ打ち捨ててしまっても、料理法〔cuisine〕の推理を損なうことはないのです」。そして、ラカンはこう注釈する。「女性料理人〔cuisinière〕の推理にとっても同様です」(SPL, pp. 66-67〔E, p. 36／I、四〇頁〕)。このように、ボナパルトを豪放に「女性料理人」扱いするラカンを見て、デリダはこう確信する。「このような注釈はまず、「セミネール」がボナパルトを一度も名指していないのに、ラカンが彼女を読んでいたことを明らかにする。負債や先行性をあれほど気にする著述家として、彼が、自身の解釈全体を方向づける疎通〔frayage〕のプロセス、すなわち、手紙固有の〔本来の〕経路としての再ファルス化、マントルピースの脚〔jambes〕のあいだに見出されたあと、「宛先」に戻される「手紙の回帰」をそこに認めていた可能性があるだろう」(PT, p. 68〔CP, p. 474／六一一頁〕)。〔母親に返されなければならないファルスとしての〕手紙という解釈それ自体が、解釈を盗み取られた「母親」——すなわち、マリー・ボナパルト——に返されなければならない。したがって、デリダはまさに、彼がラカンの内にあるものとして批判する以下のような論理——修正と是正の論理——に従っているのだ。「手紙の経路が直線であると想定し、それをその正しい〔真っすぐの〕道に戻すこと。それは逸脱を修正し、偏差を是正し、……一つの方向、一本の真正な線を取り戻すことである」(PT, p. 65〔CP, p. 471／五七—五八頁〕)。だが、デリダの批判はみずからが非難するのと同じ論理を反復している、という事実自体よりもさらに興味深いのは、この修正が、そうした批判の基盤そのものを問題視するようなもう一つの修正を前提にしていることとである。というのも、手紙の正確な位置といった問題は「たとえ打ち捨ててしまっても、〔料理法および女性料理人の推理を〕損なうことはないのです」と語るラカンに対し、デリダは以下のように抗議するからだ。「損なうことはない？　損害は逆に、「セミネール」の内部自体においても取り返しのつかないものになるだろう。マントルピースの上なら、手紙は「その脚柱〔jambages〕のあいだ」、「その脚〔jambes〕のあいだ」にはありえなかったことになるだろう」（PT, p. 69〔CP, p. 474／六二頁〕）。このように、解釈の手紙を正当な持ち主に戻すために、デリダはラカンのテクストを是正し、その明白な矛盾を排除しなければならない。そして、それもすべて、ラカンの企てを修正や循環的な回帰の企てとして批判するためなのである。このような「修正」が批判されなければならないなら、その始点と終点を決めるのは困難である。したがって、デリダが、修正の論理に適うようラカンのテクストを修正する時に問題化しているのは、彼の批評目的＝対象のステイタスそのものにほかならない。

しかし、ラカンのテクストを是正すること自体が、是正を要求する切断ならば、「大きな女性の身体」（SPL, p. 66〔E, p. 36／I、四〇頁〕）というラカンによる〈大臣〉邸の描写と、手紙の正確な場所は問題にならないという彼の言明との矛盾を、いったいどう解釈すべきだろうか。私にはこれが、「手紙＝ファルス」という等式に対する、デリダとラカンの解釈の違いの最も枢要な論点のように思われる。

ボナパルトの場合には、まさにマントルピースと女性の身体の類似性が、手紙のファルス的機能を導き出していた。ファルスは比喩的表象のモデルとなる、現実的、解剖学的な指示対象だとみなされていた。つまり、ボナパルトの参照の枠組みは、参照＝対象指示〔*reference*〕そのものだったということだ。

一方、デリダにとってのファルスの参照の枠組みは、ファルスの参照的＝対象指示的なステイタスを否定する行為においてそれを温存するという、「精神分析理論」の方法である。論考「ファルスの意味作用」におけるラカンの議論を注釈しながら、デリダは次のように記している。

> ファルス・ロゴス中心主義は一つのものである。そして、男と呼ばれるものも、女と呼ばれるものも、それに支配されていると言えよう。われわれが想起させられるように、ファルスは一つの幻想（「想像的効果」）でも、一つの対象（「部分対象、内的対象、良い対象、悪い対象、等々」）でもなく、「それが象徴している器官、つまり、ペニスやクリトリスではなおさらない」〔E, p. 690／III、一五三頁〕だけに、ますますそう言えるだろう。したがって、男性中心主義は、それとは別のものでなければならないだろう。
>
> では、いったいどうなっているのか。ファルス・ロゴス中心主義は、そのすべてが一つの限定された状況（この語にはそのあらゆる射程範囲を与えよう）――すなわち、ファルスがファルスをもたないものとしての母親の欲望であるような状況――を出発点に分節化＝明言化されている。（個人的、知覚的、局所的、文化的、歴史的、等々の）状況から出発して、「性理論」と呼ばれるものが練り上げられるのだ。そこでのファルスは、それが象徴している器官、つまりペニスでもクリトリスでもないが、よりいっそう、そして何よりもまず、ペニスを象徴している。……盗まれた手紙の意味を「それ固有の〔本来の〕経路」内に認めるためには、こうした帰結を強調しておかなければならなかったのである。（PT, pp. 98-99〔CP, pp. 508-510／九七頁〕）

このように、ファルスの非‐参照性〔非‐対象指示性〕は、結局のところ、ペニスがその指示対象であることを保証している、とデリダは述べている。

こうした要約が——「セミネール」は言うに及ばず——「ファルスの意味作用」におけるラカンの実際的な言明に適用可能かどうかを見定める前に、その帰結を、デリダの批判内にさらに追求してみることにしよう。「真実の配達人」のまさに冒頭から、精神分析は、どこを見ても、それ自体しか見出すことができない、と暗に批判されている。「精神分析は、仮定することで、みずからを見出す＝見出される」（PT, p. 31〔CP, p. 441／一八頁〕）。どこに注意を向けようと、精神分析はみずからの（オイディプス的な）図式しか認識しないように見える。デュパンが手紙を見つけるのは、「結局は手紙が見出されることを、手紙がその固有の〔本来の〕場に循環的かつ適切に立ち戻るにはどこに見出されねばならないかを、彼が熟知しているからである。デュパンによって、また、……不安定な仕方でみずからの位置を占める精神分析家によって知られているこの固有の〔本来の〕場とは、去勢の場にほかならない」（PT, p. 60〔CP, p. 467／五二頁〕）。したがって、精神分析家の行為とは、予想されているものの単なる再認識、デリダが、次の「セミネール」からの引用の、強調を施した部分でラカンが明瞭に語っていると考える再認識にほかならない。「そのように、盗まれた手紙は、大きな女性の身体のように、デュパンが大臣の事務室に入った時、その空間に身を横たえています。しかし、彼はすでに、そのようにして、そこに手紙を見出すことを予期していますから〔強調はJ・D〕、あとは、緑の色眼鏡で覆われた目で、その大きな身体を裸にするだけでよいのです」（PT, pp. 61-62〔CP, p. 468／五四頁〕）。

しかし、再認識が盲目の一形態、対象の他者性に対する暴力の一形態だとすれば、ファルス的図式の予想可能な複雑性を示唆するラカンの言を排除し、この精神分析家がマントルピースの脚柱のあいだで、自身の計略に着手する瞬間を押さえようと、身を潜めて待っているデリダもまた、読みというより、むしろ、「再認識」を行っていると言えるだろう。自身が言うように、彼は精神分析のある古典的な概念を再認識している。「最初から、われわれは応用精神分析（学）の古典的な風景を再認識している」(PT, p. 45〔CP, p. 453／三三頁〕、強調はジョンソン)。（再）認識を支配する理論的参照の枠組みは、あらゆる解釈的洞察に、その盲目さを生じさせる要素のように思われる。分析家は、この参照の枠組みによって、自身が読んでいるテクストの作者を、何らかの実践〔策略〕を行ったとして枠づけする〔陥れる〕。だが、そうした実践〔策略〕の場は、テクストの文字〔テクストという手紙〕の彼方と同時に、読者のヴィジョンの背後に位置している。読者もみずからの枠組みによって枠づけられるが、まだ自身の罪に所有されてはいない。というのも、その罪は自身のヴィジョンがそれ自体〔自身のヴィジョン〕と一致するのを妨げるからだ。罪の捏造〔frame〕を行う者が、他者の残した十分に消し去られていない痕跡もしくは指示対象として読まれるのを期待する記号＝手がかりを残すことで、罪を自身から別の者に転嫁するように、いかなる批判であれ、批判を行う者は、他者――その他者が、いかに有罪あるいは無罪であろうと――に対する自身の枠組みによって枠づけられる〔陥れられる〕ことになる。

したがって、ここで提起されているのは、参照性＝対象指示性と解釈の関係の問題にほかならない。そして、ここにもまた興味深いねじれが認められる。デリダは、ラカンのファルス概念があまりに参照的＝対象指示的すぎると批判しながら、それに対して参照的＝対象指示的な論理を利用し続けるのだ。このことは、デリダがきわめて奇異とみなしている手紙の、あの有名な「物質性」と結びついて現れる。「前述の、分割を容認しない「シニフィアンの物質性」（手紙）に関する命題の射程と同様、……手紙の分割不可能性、あるいはむしろ、断片化に到達できない、手紙の手紙自体との同一性に関する命題の射程を、ここで誇張はできないだろう。こうした考えはどこから来るのか。断片化された手紙はあっさりと破壊されうる。そういうことは起こる……」(PT, pp. 86-87〔CP, p. 494／八三頁〕)。シニフィアンの物質性と呼ばれるものは、一つの観念化にすぎない、とデリダは語っているのだ。

しかし、シニフィアンがまさに「物質性／観念性」という二極性を疑問視するものだとしたらどうだろうか。ラカンの記述（「手紙を細切れにしてみたまえ。〔そうしたところで〕それは手紙のままです」）も、デリダのそれ（「断片化された手紙はあっさりと破壊されうる。そういうことは起こる……」）も字義どおりに読めないことはすでに明白ではないだろうか。とにかく、われわれはどちらを向いても、テクスト内の修辞的な折り重なり＝襞〔*pli*〕に足を掬われる。このことは、とりわけ、「そういうことは起こる〔*ça arrive*〕」という表現が、手紙が宛先に届くこと〔*arrival*〕をめぐる論争の転換点となる語〔arrive〕を用いていることから確認できるだろう。

こうして、「盗まれた手紙」の〔二つの〕読みを検討する本稿は、手紙という言葉がもはやいかなる字義性ももたない地点にたどりついた。しかし、字義性をもたない手紙とは、いったい何だろうか。

理解のための「折り重なり＝襞」

安心しちゃおられんぞ。
本当らしい嘘をつく魔女のごまかしが
気にかかってきた。

『マクベス』〔小津次郎訳〕

「あなたはなぜ、実際はクラクフに行こうとしているのに、私にリヴィウに行くと信じ込ませるため、クラクフに行くと言って、私に嘘をつくのですか」

ラカンがフロイトに倣って引用した冗談

手紙はつまり、みずからの修辞的ステイタスという問題を提起している。手紙は二つの長大かつ緻密な検討を貫いて、修辞的に移動するわけだが、そこでの手紙は、いかなる字義性ももたない、字義的な分析対象と想定されている。手紙は、これらの分析によって説明を与えられるだけではない。手紙の修辞は、〈精神〉分析的な言説のまさに修辞的な様式を問題化しているのだ。つまり、字義的〔*literal*〕が「文字どおり〔to the letter〕」という意味なら、字義的なものは、あらゆる比喩様式の中で最も問題含みのものとなるだろう。

修辞的な置換の場としての手紙は、まさに〈警視総監〉の手紙に関する言説を「トラウマ化」することで、ポーの物語に参入する。一連の逆説と絶対的な秘密主義を訴えたあと、〈警視総監〉はその手紙が引き起こす問題を、語り手が「外交儀礼風の言いまわし」と呼ぶ迂言法の積み重ねによって説明する。

「よろしい、説明しよう。事の起こりは、まず私が、さるやんごとなき方面から、一つのあまりにも重大な文書が宮殿の部屋より盗まれたと個人的に知らされたことだ。盗んだのが誰か、それはもう分かっている。疑いの余地はない。だいたい、その人物は文書を盗むところを目撃されているのだ。そして、彼がまだその文書を握っていることも、すでに分かっている」

「どうやって分かった」とデュパン。

「推理すれば一目瞭然なのさ」と〈警視総監〉。「まず文書の性質を考え、次に文書泥棒の手を離れた場合にすぐにも表面化するはずの顚末がいまだに起こっていないということを考えればいい。つまり、泥棒はその文書をいずれ何らかの形で利用するだろうが、いざ利用したら起こるはずのことがまだ起こっていない、ということさ」

「もう少し分かり易く言ってくれませんか」と私。

「うむ、あえて言ってしまうと、この文書を盗んだ者は、一定の権力がとてつもなく尊重される一定の領域において、大変な権力を手に入れたことになる、ということだ」。〈警視総監〉はいかにも外交儀礼風の言いまわしがお気に入りのようだ。（Poe, p. 200／八二―八三頁）

手紙はこうして、実際には何も隠していない修辞的な折り重なり＝襞として、ポーの物語言説に参入する。というのも、われわれは手紙に書かれたことを決して知りえないが、〈王妃〉、〈大臣〉、デュパン、〈警視総監〉――彼らは皆、手紙を手にしている――、さらには、〈警視総監〉がメモ帳の内容を読み上げるのを耳にした語り手さえ、それを知っていたからだ。すると、手紙が一連の遠回しな言い方〔circumlocutions〕を指令するやり口は、手紙の経路が登場人物たちの紆余曲折〔circumvolutions〕を指令するやり口と似ていることになる。とはいえ、それは、手紙の内容が隠されたままでなければならないということではなく、内容が暴露されるか否かは、手紙が支配する置換＝移動にとっては取るに足らない問題だということである。手紙の保持者それぞれの性格や行動は、手紙によって置換＝移動される主体〔彼ら〕がそうした場を読めるか否かとは関係なく、手紙が彼らに振り当てる修辞的な場によって決定されるのだ。

つまり、手紙はシニフィアンとしてふるまうのだが、それは、手紙の内容が欠けているからではなく、その内容を知っているか否かが手紙の機能を左右するわけではないからだ。したがって、手紙は分割できないと語ることでラカンが言おうとしているのは、ファルスは無傷のままでなければならないということではなく、ファルス、手紙、そしてシニフィアンは実体ではないということである。手紙が分割できないのは、それが分割として機能しているからにほかならない。手紙は、デリダが解釈するように、「断片化に到達できない、手紙の手紙自体との同一性」(PT, pp. 86-87〔CP, p. 494／八三頁〕、強調はジョンソン)をそなえるようなものではない。それは一つの差異なのだ。それは、その効果においてしか知ることができない。シニフィアンは連鎖の中の継ぎ目であり、同一的に特定可能な単位ではない。それは、「もっぱら置換=移動の中でみずからを維持している」(SPL, p. 59〔E, p. 29／I、三一—三二頁〕、強調はジョンソン)ので、それそのものとしては認知できない。シニフィアンには、差動的な関係といった、一般化不可能な場としての位置しか与えられていない。実を言えば、デリダはまさに、このシニフィアンの法則に対抗するという行為において、そうした法則を制定しているのだ。

おそらく、"*manque à sa place*〔その場に欠けている〕"という言いまわし中の一文字、たぶん、一文字にも満たないものを変え、そこにａと書かれる文字、すなわちアクサン記号のないａを書き入れるだけで、以下のことを示すには十分であろう。それはつまり、このシニフィアンの原子的なトポロジーの中に欠如がその場を有する〔*le manque a sa place*〕としても、そして、それがそこに明確な輪郭をそなえた特定の場をもつとしても、秩序は決して乱されはしなかったであろうということだ。(PT, p. 45〔CP, p. 453／三二—三三頁〕)

デリダはこうして、欠如の実体化――不在の実体としての手紙（ラカンはこうしたことを述べていない）――を批判しながら、その一方で、差異化の物質的な場である文字に操作を加え、小さなシニフィアン――それ自体には意味のないアクサン記号（ˆ）――を取り去ることで、ラカンがまさに、物質性および、差異の指標としてのシニフィアンの位置確定性について述べていることを例証しているのだ[13]。

しかしながら、「欠如」の本性という問題は、「ファルス」の意味や場に関する複雑性へとわれわれを連れ戻す。というのも、シニフィアンを「欠如」ではなく、むしろ「差異」として提示するのはかなり容易だが、ファルスとの関係においては、問題ははるかに扱いにくくなるからだ。「臨床医学がわれわれに示すところによれば、〈他者〉の欲望によるこうした試練は、主体がそこで、自分自身、現実的なファルスをもっているか否かではなく、母親がそれをもたないことを知るというかぎりで、決定的なのです」（E, p. 693／III、一五八頁、強調はジョンソン）というラカンの言明には、曖昧性はまったくないと思えるだろう。こうした理論は、人間のセクシュアリティのある地点においては、参照的＝対象指示的な瞬間を迂回できない、ということを暗示しているように見える。つまり、母親がペニスをもたないという観察＝視認は必要だということだ。したがって、「欠如」は、不在あるいは穴という実体として位置づけられるように思える。いくつかの解決なき探偵小説に関わるジェフリー・ハートマンの議論から、その地口を借用させてもらおう。盗まれた手紙がもしも母親のファルスだとすれば、「われわれは、探偵小説〔whodunit〕の代わりに、中に穴の開いたドーナッツのような小説〔whodonut〕を手にしているのだ[14]」。

しかし、こうした参照的＝対象指示的なレヴェルでもなお、観察＝視認対象は「欠如」しているのか。それはむしろ、一つの解釈――欠如ではなく、差異についての一つの解釈（「去勢」）――ではないのか。観察＝視認されるものが還元できないほど解剖学的だとすれば、ここで言う解剖学的とは、差異の還元不可能性以外の何を指しているのか。最も基本的なレヴェルにおいてさえ、ファルスは、あれこれの器官の現前ないしは不在としてのセクシュアリティではなく、差異としてのセクシュアリティを示す記号になっているのだ。

だが、ラカンは、ファルスにそれよりもはるかに複雑な定義を与えている。というのも、女性の定義が「愛の関係において、自身がもたないものを与える〔もの〕」であるなら、女性がもたないものの定義はペニスだけに限定されないからである。ラカンはこの議論の別の箇所で、「愛」を「もたないものを与えること」（E, p. 691／III、一五四頁）と表現している。ここで言う「愛」とは、ファルスの単なる同義語だろうか。おそらく。だが、そのためには、ファルスの定義をいくぶん修正しなければならない。ラカンの用語では、愛は「無条件的」な「愛の要求〔demande d'amour〕」、「現前ないしは不在の要求」（E, p. 691／III、一五四頁）という文脈で問題にされるものである。とはいえ、この「要求」は「〈他者〉がもたないもの」だけに及ぶのではない。それは言語にも及ぶのだ。そして、言語とは、「主体のメッセージが、〈他者〉の場所から発せられる」（E, p. 690／III、一五三頁）という形で、人間の欲望を疎外するものである。「要求」とはつまり、ある器官の、ではなく、〈他者〉――主体が〈他者〉の場所から発する問いに応じる〈他者〉――の無条件的な現前ないしは不在の要求なのだ。しかしながら、この「要求」はまだ「欲望」の定義には至っていない。欲望とは、「要求」から可能性のあるあらゆる「現実的な」欲求が取り去られた時、そこに取り残されるものである。「欲望とは、満足への貪欲さでも、愛の要求でもなく、後者から前者を差し引くことで生じる差異、両者の分割〔*Spaltung*〕現象そのものなのです」（E, p. 691／III、一五五頁）。ラカンが言うように、シニフィアンとしてのファルスが「欲望の比率〔*ratio*〕を与える」とすれば、このファルスの定義は、身体とも言語とも、もはや単純な関係をもてなくなる。こうした定義は、身体、言語の双方が単純であることを妨げるからだ。「ファルスは、この、ロゴスの部分が欲望の到来と結ばれるしるしの、特権的なシニフィアンなのです」（E, p. 692／III、一五六頁）。

この定義で重要なのは結ばれるという言葉である。というのも、言語（〈他者〉の場所を介して、欲求を疎外すること）と欲望（絶対的な要求から現実的欲求の満足を差し引いたあとに残るもの）が互いに完全に分離できず、また、双方自体の分割に同じ形で関係づけられていないとすれば、ファルスは、きわめて問題のある二つの連鎖間の接合のシニフィアンということになるからだ。しかし、こうしたコンテクストにおけるシニフィアンとは、いったい何であろうか。「シニフィアンとは、主体を別のシニフィアンに対して〔のために〕表象するものです」とラカンは述べている。シニフィアンは表象する。そして、それが表象するのは主体である。だが、それはあくまでも別のシニフィアンに対して表象するのだ。定義の最初の部分で提示された主体とシニフィアンの区別が、定義ののちの部分で転覆されるのでないなら、「別のシニフィアンに対して」という表現は、はたして何を意味するのか。「主体」と「シニフィアン」は、双方の完全な分離も、徹底した融合もなしえない定義の中で、複雑に折り重なっているのだ。この定義の中には三つの位置がある。そのうちの二つは同じ語が占めているが、その語は定義の途中で、それ自体から差異化されていく。というのも、その語は、他の語の場所を占拠し始めるからだ。このように、他のシニフィアンがそれに対して主体を表象するシニフィアンは、一つの主体のようなふるまいをする。なぜなら、それは表象が「理解される」場所だからである。シニフィアンはつまり、読み手に相当するようなものの場を設置するのだ。そして、この読み手は、表象の及ばない場所――表象の理解の起点となるような場所の有無にかかわらず、表象がはてしない代替の連鎖として記入される場所――があれば、それが何であれ、表象が理解される場所と化すわけである。

したがって、シニフィアンとしての手紙は、物でもなければ物の不在でもなく、言葉でもなければ言葉の不在でもなく、器官でもなければ器官の不在でもない。それは、ある構造――物や言葉や器官をはっきりと分離させることも、矛盾なく結合させることもできないような構造――の中の結び目なのだ。〈大臣〉邸内における手紙の位置が正確に表象されていることが重要であると同時に重要でないのは、そのためである。性的・解剖学的な差異が、あらゆる人間主体の中に説明されるべき還元不可能な非対称性を生み出すという意味では重要である。だが、手紙は、警察が探している幾何学的な空間の中にも、精神分析の字義的な理解（者）が探そうとする解剖学的な空間の中にも隠されていないという意味では重要ではないのだ。それは象徴的な構造、すなわち、その効果によって初めて認知される構造の「中に」置かれており、そうした効果は反復として認知される。デュパンが手紙を象徴的な秩序の「中で」発見するのは、彼がどこを探すべきかを知っているからではなく、何を反復すべきかを知っているからである。デュパンの「分析」とは、分析の必要性を生じさせた場面をもう一度反復することにほかならない。それは解釈でも洞察でもなく、一つの行為――結び目を作る行為を反復することで、構造の中の結び目を解く行為――である。実は、分析するという語は、語源的に、「結び目を解きほぐす」ことを意味している。ポーが、分析の本質に関する前置き的な見解〔「モルグ街の殺人」〕の中で、「物事を解きほぐす精神的な活動」（Poe, p. 102／九頁）と述べているのも、そうした意味を踏まえてのことである。分析家は意味を与えることによってではなく、解決をもたらすこと、すなわち結び目を解くこと〔*dénouement*〕によって仲裁を行うのだ。

しかし、（精神）分析の行為が、みずからが分析を行おう（結び目を解きほぐそう）とする構造を反復するものという形でしか、アイデンティティを有しないのであれば、精神分析は常に――すでにみずからが検討するテクストの中に入れ子構造化されていて〔*mise en abyme*〕、それ自体しか発見できないというデリダの反論は、精神分析に対する異議申し立てではなく、まさにその本質を突く深い洞察と言えるだろう。精神分析とは実際、それ自体がみずから追い求める原光景である。つまり、原光景とは、患者の中で決して生じることなく反復されてきたものの最初の出現である。精神分析は反復を解釈するのではない。それは、「去勢」、「両親の性交」、「エディプス・コンプレックス」、さらには「セクシュアリティ」と呼ばれる解釈のトラウマ、つまり、決してそのような形では生じなかった出来事の、ではなく、出来事としての、引き延ばされたトラウマ的解釈を反復するのだ。「原光景」とは一つの光景ではなく、解釈者を耐え難い立場に置くという結果を招来した、解釈的な不運である。したがって、精神分析とは、この解釈的な不運をその解釈としてではなく、その最初で最後の行為〔幕〕として再構築することである。精神分析は、決して生じなかったものへの不満〔dis-content〕を反復することによってしか、内容〔content〕を確保できないのだ。

しかし、デュパンが思い起こさせるように、「深く考えすぎ、ということもある。真実はいつも井戸の中に潜んでいるわけではない。実際、さらに重要な知識に関して言えば、真実は必ず表層に存在する、と僕は強く信じている」(Poe, p. 119／三七―三八頁)。われわれはここで、ラカンのシニフィアンに、ではなく、その彼方に目を向けてきたのではないだろうか。ラカンが「分割を許容し」ない「シニフィアンの物質性」を強調する時、それに対する彼の説明はどうなっているだろうか。手紙＝文字という語は部分冠詞とともに使用することは決してできない――つまり、あなたは「いくらかの手紙」も「いくらかの文字」ももつことができない。ただそれだけである。

言語は、聞く耳をもつ者に判定を引き渡します。部分冠詞として用いられる冠詞を使うことによっ

> てそうするのです。まさにこうした点で、精神は、それが生きた意味作用であるなら、奇妙にも、量化に対し文字以上に役立っているように見えます。次のような言い方を許容している意味作用そのものから話を始めることにしましょう。意味作用に〔*de* signification〕あふれた言説と言いますが、同じように、行為の中に意図〔*de l'*intention〕を認知する、もはや愛〔*d'*amour〕がないことを嘆く、憎しみ〔*de la* haine〕をため込む、忠誠〔*du* dévouement〕を尽くす、多くのうぬぼれ〔*d'*infatuation〕は、見境のない尻軽〔*de la* cuisse〕や、男たちの争い〔*du* riffi〕がいつでも存在することで宥められる、などと言います。
>
> しかし、手紙＝文字についてはどうでしょうか。この語を印刷上の要素、書簡、あるいは文人を素養するもの、そのいずれの意味に解したとしても、言われていることは文字どおりに〔*à la lettre*〕受け取らねばならない、郵便物担当下士官のもとに、あなた宛の手紙〔*une lettre*〕が届いている、さらには、あなたには文学的な教養〔*des lettres*〕がある、などと言います——しかし、手紙は、それがあなたとどう関係していようと、たとえそれが延滞郵便物を指していようと、手紙〔*de la lettre*〕はどこにもない、とは決して言いません。（SPL, pp. 53-54〔E, p. 24／I、二四—二五頁〕）

この一節がとりわけ翻訳に抵抗を示すのは、そのメッセージがシニフィアンの「表層的な」戯れの中に存在しているからである。目立ちすぎて目に入らない地図上の大きな文字のように、ラカンのテクスト的なシニフィアンは、「シニフィアン」というシニフィエを追求することで、見過ごされてしまう。

しかし、メッセージと関連した翻訳の問題はきわめて明白であるため、ここでそれが目に入らないのは、決して偶然ではない。というのも、「「分析〔解析〕」が「代数」を意味するのであれば、例えば、ラテン語の“*ambitus*”が「野心〔ambition〕」を、“*religio*”が「宗教〔religion〕」を、“*homines honesti*”が「高貴な人々〔honorable men〕」を意味するようになったと言うのと同じくらいバカバカしい話だ」（Poe, p. 212／一〇三頁）というデュパンの言明に関する議論の中で、ラカンは次のように尋ねているからである。

> こうした学識の誇示は、われわれのドラマの呪文〔キーワード〕をわれわれに聞かせるために用意されたものではないでしょうか。[15] この手品師は、今度はその秘密を明らかにすると言ってわれわれを騙すのではなく、ここでわれわれが何一つ目にすることなく、本当に秘密を明らかにするところまで彼の賭けを推し進めることで、彼の芸当をわれわれの前で反復しているのではないでしょうか。われわれをその虚構の存在によって真に誤らせることが、そこで手品師が到達できる頂点になるでしょう。
> （SPL, pp. 50-51〔E, p. 21／I、二〇―二一頁〕）

しかし、芸当はここで終わらない。というのも、ラカン自身、手紙の量化についての一節に、こうした状況を読むための「呪文〔キーワード〕」を、それらを誇示するかのように、滑り込ませてはいなかっただろうか。「意味作用にあふれた」、「意図」、「憎しみ」、「愛」、「うぬぼれ」、「忠誠」、「見境のない尻軽」、「男たちの争い」――これらの言葉はすべて、「セミネール」における「盗まれた手紙」の可能な「シニフィエ」として立ち現れているのだ。だが、物語を読む際の呪文〔キーワード〕が、このように、シニフィアンの戯れという形でしか登場しないとすれば、ラカンのテクストにおける「シニフィアン」と「シニフィエ」の差異は、事実上、転覆されていたことになる。読み手が、自身の誤読の地図〔ハロルド・ブルームの著書『誤読の地図』（一九七五年）に因む表現と想像される〕の意味的な表層を解読する時、最後に読むことになるのは、「あなたは担がれていたのです」という一言なのだ。そして、ラカンは、この「担がれている」という議論から語り手を排除するどころか、テクストの力学的な機能の中に、デュパンの芸当の説明に騙される、一人の入れ子型の読み手として位置づけている。この読み手は、デュパンが繰り返す不合理な推論を意識してはいないが、彼の話題に過大な畏敬を感じているので、そうした読み手の感服が、デュパンが極々忠実に伝えていることの機略縦横な機能に対し、われわれを盲目にしてしまうのだ。

テクストに担がれるというのは、テクストが事実確認的ではなく、行為遂行的であること、そして、読み手が、事実上、テクストのさまざまな効果の一つであることを含意している。テクストの「真実」は読み手のステイタスを疑念化し、読み手をその「宛先」として「上演化＝行為遂行化する」。このように、「真実」とは、虚構が覆いの背後にあるものとして暴き出す裸形の存在ではない。デリダが、「真実は虚構に棲まう」というラカンの言明を、真実の真実〔la vérité de la vérité〕の明白な表明、あるいは暴露と呼ぶ時(PT, p. 46〔CP, p. 454／三四頁〕)、彼は、この「言明」がなされる一節の残部に潜む、行為遂行的な倒錯性をまったく見ていないのだ。「読み手が最後の言葉――すなわち、手紙の宛先――としてそこに見出すであろうものを手紙に与えるのは、読み手次第です。つまり、解読され、読み手から戻って来るポーのメッセージを読むだけで、読み手は、虚構に棲まう真実ほど、自分が見せかけではないと考えるのです」(E, 10／I、二頁)。真実と虚構、読み手とテクスト、メッセージと見せかけの戯れは、「明白な」意味へと解きほぐすことができないものと化しているのだ。

われわれはこうして、手紙の宛先と、ラカンの「セミネール」の謎めいた「最後の言葉」の意味という問題に立ち戻ったことになる。「送り手は、受け手から、自分自身のメッセージを逆さまにされた形で受け取っているのです。したがって、「盗まれた手紙」、さらには「引き取り未了の手紙」が意味しているのは、手紙はいつも宛先に届くということです」（SPL, p. 72〔E, p. 41／I、四七頁〕）とラカンは書いている。送り手と受け手のあいだを移動する手紙の方向が逆になりうるというのは、まさに次のような事実を意味することになる。つまり、デリダがあたかもラカンへの反論であるかのごとく強調した事実、手紙のメッセージを客観的な対象として読みうるような立場はどこにも存在しないという事実である。「いかなる中立化も、いかなる一般的視点もありえない」（PT, p. 106〔CP, p. 517／一〇四頁〕）。これは精神分析がもたらした「発見」――分析家は（転移によって）、分析の「対象」自体と関わることになる、という発見――と同じである。

語り手を含め、手紙を手にした者――あるいは、ただ目にしただけの者――すべてが、結局は自分自身を宛先に手紙を発送したことになる。読み手もまた、手紙によって把捉される。つまり、読み手が手紙から一歩身を引き、それを傍観できる場所はどこにも存在しない。これは、手紙の意味は客観的というより主観的だ、ということではない。そうではなく、手紙とはまさに、主観的／客観的という二極性を転覆するものにほかならない、ということだ。手紙は、主観性＝主体性を、構造内でのある対象の移動によって、その構造内での位置が設定されるようなものにしている。したがって、手紙の宛先は、それが読まれる場所ならどこでもかまわない、つまり、手紙が読み手の意のままに、読み手に割り当てる場所、ということだ。手紙の宛先は、送り手によってア・プリオリに決定されている場所ではない。なぜなら、受け手はそもそも送り手であり、手紙を受け取る者なら――それが一人もいない場合も含め――誰でもかまわないからである。デリダは、手紙がその宛先に届かず、散種される可能性があると語る時、「宛先」を手紙の移動以前に存在する場所として読んでいる。しかし、ラカンが説明するように、手紙の宛先が文字どおりの受取人でも、それを所有する者でもなく、それに所有される者なら誰でもよいとするなら、「宛先に届く」という意味に関する食い違いは、そうした「宛先」の、まさに非客観的＝非客体的な性質を例証するものと言えるだろう。デリダが、自身の視点とラカンの視点を区別するために用いる修辞は、そうした法をみずから演じている。

ファルスは、去勢のおかげで、常にその場所に、すなわち、われわれが先に触れた超越的なトポロジーの中にとどまっている。ファルスは、それの代わりとなる手紙のように、そこでは分割不可能、すなわち、破壊不可能である。分割不可能性としての〔強調はデリダ。その他の強調はジョンソン〕手紙の物質性という、決して証明されない、得失の絡んだ＝興味を惹かされた〔*intéressée*〕前提が、この限定されたエコノミー、この固有のもの＝固有財産の循環に不可欠だったのはそのためである。

この言い方をどう解していただいてもかまわないが、ここで私の興味を惹く＝私に得失を与える〔*m'intéresse*〕差異とは、欠如は散種の中にその場所をもたない、ということである。（PT, p. 63〔CP, pp. 469-470／五五—五六頁〕）

この差異を示す表現にある「興味＝得失〔intérêt〕」という地口は、面白すぎて、わざとらしい。「ファルス」と「散種」の対立は、二つの理論的対象の対立ではなく、得失の絡んだ二つの立場の対立なのだ。送り手と受け手が、両面仕立てのメッセージの単なる二極にすぎないとすれば、ラカンがクレビヨンを引用する際に、まさに陰謀〔*dessein*〕を運命〔*destin*〕に置き換えたこと——デリダはこの引用の誤りを、自身の分析を終えるのに十分意味のあるものとして受けとめている——こそが、事実上、この引用のメッセージなのである。アトレウスとテュエステスのあいだに生じる暴力の送り手（陰謀）と受け手（運命）は、ともに等しく、手紙＝文字という暴力に支配されているのだ。

しかしながら、受け手と送り手のあいだの反射性は、対称性そのものを示しているのではなく、両項の相互依存性、あらゆる読みの転移的構造に見られる、問題〔*problem*〕としての対称性という問い〔*question*〕を喚起しているにすぎない。偶然、外部性、時間、反復といったものが、そうした反射性に入り込むや否や――すなわち、最初から、ということだが――、「〈他者性〉」が、ある意味で、その手紙の送り手となる。私が読んでいるメッセージは、逆さまにされた私自身の（ナルシシズムめいた）メッセージであるか、そのメッセージが、みずからのみずからに対する他者性〔its own otherness to itself〕、もしくは、他者のナルシシズムめいたメッセージによって横断される経緯を伝えるもの、ということになるだろう。いずれにせよ、手紙とは、ある意味で、私の死の具現化＝物質化なのだ。さて、こうしてさまざまな可能性が与えられてしまうと、それらは別々に機能できない。手紙の発送元や宛先といった問題を、そのような形で問うのはもはや不可能なのだ。また、この問題が二つ、三つ、あるいは四つの項に関わることが、そうした不可能性の理由なのか、ということも、決定不可能のままであるに違いない。

したがって、「手紙はいつも宛先に届くということです」という宣告は、単に冗語的であるとも言えるし、さまざまに逆説的であるとも言える。それは例えば、「私が読むことのできる唯一のメッセージは、私が送るメッセージである」、「手紙はどこにあろうと、そこが宛先である」、「手紙は読まれる時、その読み手を読んでいる」、「抑圧されたものは常に回帰する」、「私は他者を読む者としてのみ存在する」、「手紙には宛先がない」、「われわれは皆死ぬ」というように読めるのだ。これらの読みのどれか一つということではなく、相容れないこれらすべての読み――および、それら以外の読み――が、読むという行為を読む際に、手紙を反復する〔反復的に発送する〕ことになるだろう。この最後の言葉〔「手紙はいつも宛先に届くということです」」は、「セミネール」の最終的な真実を与えるどころか、究極的な分析的メタ言語の不可能性を、身をもって演じているのだ。

当初は、デリダが、体系化不可能なもの、「偶然」、「決定不可能なもの」を、体系化されたもの、精神分析的な「決定論」、「宛先＝定められたもの」に、それぞれ対置させていたと語ることが可能と思われたが、こうした対立の形勢は、今や逆転されているように見える。一見明白なラカンの結びは、みずからの散種しか語っていないし、「散種」は、一種の「最後の言葉」へと、みずからを昇格させているからである。つまり、こうした対立〔を設定すること〕自体が、ここで問題とされているものの力学的機能を誤読しているのだ。というのも、手紙が、手紙に関するあらゆる理論的言説の修辞的な不確定性を左右するとすれば、決定不可能性についての明白な言明と、決定可能性についての曖昧な主張間での揺れ動きは、手紙の不可避的な効果の一つになるからである。例えば、同じものの回帰に対する精神分析的な信念とみなしうる「欲望の破壊不可能性」は、同じものの反復としての反復ではなく、主体の散種へと帰着する、他なるもの＝他者性の反復を名指していることが明らかになる。また、「象徴的な決定」は「偶然」と対立するものではない。それは偶然の統辞法として立ち現れるのだ[16]。だが、「偶然」という、反復するものの起源は、どうあっても「知られ」えない。「知るということ」は、偶然の効果の一つだからである。われわれは、したがって、「偶然」自体が存在するか否かを、決して確証できない。「宛先＝定められたもの」と同様、「決定不可能性」を最後の言葉として用いることはできない。マラルメが述べたように、「偶然は存在し、存在しない〔il y a et il n'y a pas de hasard〕」からである。「確定不可能なもの」は確定可能なものと対立しない。「散種」は反復と対立しない。確定可能なものと確定不可能なものの差異が確証できたとしても、確定不可能なものは、確定可能なものの内に包摂されるだろう。決定不可能なこと、それは、ある物事が決定可能か否かということである。

手紙の読み手が、その行為遂行の襞に折り重ねられる究極の例として、おそらく次のことを特筆しておくべきだろう。この手紙——ラカンとデリダは、はたして同じことを語っているのか、あるいは、彼らの彼ら自身からの差異を演じているだけなのか、ということについて私の理解を妨げるものとしての手紙——に関する議論において、私自身の理論的な「参照の枠組み」となっているのは、まさに大部分が、ラカンとデリダの著作＝エクリチュールである。このように、枠組みは、その内容部分によって再度枠づけられる。送り手は、受け手から、彼自身のメッセージを、逆さまにされた形で再び受け取るのだ。したがって、文学という盗まれた手紙の真なる他者性は、おそらくいかなる方法によってもまだ説明されてはいないのである。

原　注

（1）　Edgar Allan Poe, *The Great Tales and Poems of Edgar Allan Poe* (New York: Pocket Library, 1951). 以後、"Poe" と略記。Jacques Lacan, *Écrits* (Paris: Seuil, 1966). 英語による引用は、断りがないかぎり、*Yale French Studies*, 48 (*French Freud*, 1972) の抄訳に拠る〔"Seminar on 'The Purloined Letter'," translated by Jeffrey Mehlman〕。以後、"SPL" と略記。ジャック・デリダの論考はフランス語で *Poétique*, 21 (1975) に掲載された後、若干削除され、*Yale French Studies*, 52 (*Graphesis*, 1975) に掲載された〔"The Purveyor of Truth", translated by Willis Domingo, James Hulbert, Moshe Ron and M.-R. L.〕。断りがないかぎり、この英語版に拠る。以後、"PT" と略記。

（2）　このような連結は、童謡に因んで、「これはジャックが作ったテクスト」と茶化して呼ぶこともできるだろう。しかし、実際にここで問題にされているのは、まさにそうした種類の連続あるいは連鎖なのだ。

（3）　この括弧付きの署名についてはのちに話題にしよう。差し当たり言っておくなら、それはまさに、デリダの署名がわれわれの円形署名＝回状〔round robin〕に加えられたというサインである。

（4）　Un dessein si funeste / S'il n'est digne d'Atrée, est digne de Thyeste (So infamous a scheme / If not worthy of Atreus, is worthy of Thyestes).

（5）　*La politique de l'autruche* とは、駝鳥〔*autruche*〕の方策〔politique〕に、他者〔*autrui*〕の方策＝政略、オーストリア〔*Autriche*〕の方策＝政略を結びつけた造語表現である。

（6）　Jacques Derrida, *Positions* (Paris: Minuit, 1972), pp. 112-113; *Ibid.*, p. 113〔ジャック・デリダ『ポジシオン』高橋允昭訳、青土社、一九八一年、一六一、一六二頁〕.

（7）　E, p. 11〔邦訳には該当箇所なし〕.

（8）　ラカンによる以下の記述を参照せよ。こうした演習によって引き起こされる「混乱、さらには不安の効果」(E, p. 60／I、七三頁)。

（9）　こうした問いに内在する誤解の可能性については、以下のような事実からある程度の予想を聞き出すことができる。デリダは、精神分析がロゴス中心主義的な方法で「エクリチュール」を抑圧していることを示すために、テープレコーダーに対するラカンの以下のような言明を引用している。「しかし、まさに疎外された形を通してみずからのもとに届くという理由から、録音された自身の言説の再伝達でさえ、たとえそれが自分の医者の口から発せられたものであっても、精神分析的な対話と同じ効果をもつことはできません」。デリダはこれを「模擬」への非難、「生きている現前的な言葉のために、録音や反復を失格させること」とみなしている。だが、ラカンは実際、何を言っているのか。それはただ単に、テープ録音が精神分析的な対話と同じ効果をもたない、ということだ。精神分析が言語的対話に基づく技法であるという事実は、精神分析をロゴス中心主義的な過ちへと自動的に還元するのだろうか。ラカンが「十全な話し言葉」と呼ぶものが、まさにデリダが

「エクリチュール」と呼ぶものに満ちているとみなすことも、同様に可能なのではないだろうか。

(10) Paul de Man, *Blindness & Insight: Essays in the Rhetoric of Contemporary Criticism* (London: Oxford University Press, 1971), p. 140〔ポール・ド・マン『盲目と洞察——現代批評の修辞学における試論』宮﨑裕助・木内久美子訳、月曜社、二〇一二年、二三七頁〕.

(11) Stanley E. Fish, "How Ordinary is Ordinary Language?", *New Literary History*, 5, no. 1, p. 52.

(12) こうしたエクリチュールの中心紋化=入れ子構造化〔*mise en abyme*〕に対する最後のひとひねりとして、この書物のイェール大学所蔵写本には「L・L・ド・ロメニーによる」という語句が鉛筆書きされている。それは、タイトルの下に、細心の一九世紀的筆致で、当書の「出自補足〔*supplément d'origine*〕」として記されている。

(13) ここで、*a*という文字にアクサン記号を付すべきか否かという問題が浮上するのは、おそらく偶然ではないだろう。文字*a*は、三人の著作家のエクリチュールにあっては、何よりもまず、盗まれた文字である。ラカンの「対象*a*」、デリダの「差延〔différance〕」、そして、養父ジョン・アラン〔John Allan〕に因んだエドガー・ポーのミドル・ネームの頭文字*A*。

(14) Geoffrey Hartman, "Literature High and Low: The Case of the Mystery Story", *The Fate of Reading, and Other Essays* (Chicago: University of Chicago Press, 1975), p. 206.

(15) *Ambitus* は「回り道」、*religio* は「神聖な絆」、*homines honesti* は「立派な人たち」を意味する。ラカンは物語の「呪文〔キーワード〕」としてのこれらの言葉についてさらに詳述し、こう述べている。「しかしながら、以上述べてきたすべてのことは、手紙の秘密は防御不可能なので、その秘密を暴露するのは、どうあろうとも名誉あることだ、ということを含意してはいません。*Honesti homines*, すなわち、立派な人たちは、大過なくそれを切り抜けることはできないでしょう。一つ以上の *religio* があって、神聖な絆がわれわれを反対の方向に引っ張るのを止めるのは、今日明日というわけにはいきません。*Ambitus*, すなわち、回り道についてはどうかと言いますと、お分かりのとおり、それを唆すのは、いつも野心であるとは限りません」（SPL, p. 58〔E, p. 28／I、三〇頁〕）。

（16）これは、「セミネール」の「序論」における数学的なモデルが明確に示している。規則的な統辞法は、完全に恣意的な一連の二項関係を出発点に、結合法則をそこに単純に適用することで生み出される。主体が一連の二項関係を覚えていなければ、そうした統辞法は存在しない、と反論された時、ラカンは次のように応じている。「だが、それこそがまさに、われわれが問題にしていることなのです。反復されるものは、人がそこで仮定しなければならないと思い込んでいる現実的なあるものからというより、むしろ、まさにかつて存在しなかったものから生じるのです」（E, p. 43／I、五一頁）。このように、記憶は、反復の条件ではなく、統辞法的効果の一つとみなすことが可能だろう。われわれが恣意的な一連の二項関係と呼んでいるものは、実際上、すでに一つの解釈であり、所与のものではない。それは偶然自体ではなく、われわれの蓋然性法則という概念に従う何かが、具現化＝物質化されたものにすぎないのだ。

訳注

〔1〕エドガー・アラン・ポー『モルグ街の殺人・黄金虫――ポー短編集II　ミステリー編』巽孝之訳、新潮社（新潮文庫）、二〇〇九年、九二―九三頁。邦訳は同書を参照した。

〔2〕次の各書における該当頁は以下のとおりである。Jacques Lacan, *Écrits* (Paris: Seuil, 1966), pp. 12-15（以後、ジョンソンが“*Ecrits*”と示している注記も含めて“E”と略記）／ジャック・ラカン『エクリ』第I巻、宮本忠雄・竹内迪也・高橋徹・佐々木孝次訳、弘文堂、一九七二年、九―一四頁。なお、第III巻は『エクリ』第III巻、佐々木孝次・海老原英彦・蘆原眷訳、弘文堂、一九八一年。Jacques Derrida, “Le Facteur de la Vérité”, *La Carte Postale: de Socrate à Freud et au-delà* (Paris: Flammarion, 1980), pp. 461-464（以後、“CP”と略記）／ジャック・デリダ「真実の配達人」清水正・豊崎光一訳、『現代思想』（デリダ読本――手紙・家族・署名）、第一〇巻第三号（臨時増

刊）、青土社、一九八二年二月、四三—四八頁。

訳者あとがき

本書は、Barbara Johnson, *The Critical Difference: Essays in the Contemporary Rhetoric of Reading*, Baltimore: The Johns Hopkins University Press, 1980; Paperback 1985 の全訳である。

バーバラ・ジョンソンは、一九四七年一〇月四日、ボストン近郊の町ウェストウッドに生まれた。一九六九年、オハイオ州のオバーリン・カレッジからイェール大学に進み、一九七七年に博士号を取得。指導教官は「イェール学派」の総帥ポール・ド・マン（一九一九―八三年）、論文のテーマは、フランスの象徴派詩人、シャルル・ボードレールとステファヌ・マラルメだった（この論文はのちに、最初の著作、*Défigurations du langage poétique: la seconde révolution baudelairienne*, Paris: Flammarion, 1979 として刊行される）。イェール大学で数年間教鞭をとった後、ド・マンが亡くなる一九八三年にハーヴァード大学に移る。そして、そこが彼女の終生の職場となった。

バーバラ・ジョンソンの華麗で偉大な経歴については、もはや詳しい説明は必要ないだろう。ここでは、このポール・ド・マンの最良の弟子が、どれほど優れた研究者だったかを示す一つのエピソードを紹介するにとどめよう。彼女がまだイェール大学にいた頃、フランスの哲学者ジャック・デリダ（一九三〇―二〇〇四年）が、講演のためアメリカにやって来た。デリダはフランス語の原稿を携えてきたが、講演は英語で行われることになり、急遽原稿の翻訳が必要になる。当事者たちは、この突然の変更に狼狽し、適当な翻訳者を探し回る。だが、引き受け手がどうしても見つからない。デリダの原稿が難解極まりないことは、誰もが承知していたからだ。結局、誰からも敬遠されたこの悪夢のような原稿は、あちらこちらと盥回《たらいまわ》しにされた挙げ句、ジョンソンのメール・ボックスに半ば投げやりに放り込まれた。だが、ジョンソンは、この難題中の難題を短時間のうちに見事に解決し、デリダに絶賛される。ちなみに、デリダがその後、自著 *La dissémination*, Paris: Seuil, 1972 の翻訳をジョンソンに依頼したのは、この時の俊敏な能力に驚嘆したためと言われている。

世界的な名声を獲得し、ハーヴァード大学教授ならびに文学批評界の輝ける花形として、知的興奮に満ちた著作を次々と発表していたジョンソンに、恐ろしい病魔が襲いかかる。病名は"Acute Cerebellar Ataxia". 全身の筋肉が徐々に機能を失い、最後は死に至る難病である。死は二〇〇九年八月二七日に訪れた。愛犬ニーチェと散歩し、「前衛のハイジ（The Heidi of the avant-garde）」と呼ばれたあの快活な女性はもういない。この日、文学研究界は最良の知性をまた一人失ったのだ。

彼女は強靱かつ冷静な姿勢で、迫り来る死を受け入れていたのかもしれない。二〇一〇年三月二六日、ハーヴァード大学で挙行された追悼式では、カミーユ・サン゠サーンスの交響曲が奏でられ、ウィリアム・ブレイクの詩が朗唱されたが、これらは彼女が死の直前にみずから選定したものだった。ジョンソンの遺灰は、自身の希望に従い、彼女が愛したニューハンプシャー湖へと続く森の小道――まさに、ヘンリー・デイヴィッド・ソローの『ウォールデン』の森にも似た静謐な場所――に、家族によって撒かれたという。単著として公刊されているジョンソンの著作は、死後刊行のものも含め、以下のとおりである。

Défigurations du langage poétique: la seconde révolution baudelairienne, Paris: Flammarion, 1979.（『詩的言語の脱構築――第二ボードレール革命』土田知則訳、水声社、一九九七年）
The Critical Difference: Essays in the Contemporary Rhetoric of Reading, Baltimore and London: The Johns Hopkins University Press, 1980.（本書）
A World of Difference, Baltimore: The Johns Hopkins University Press, 1987.（『差異の世界――脱構築・ディスクール・女性』大橋洋一・青山恵子・利根川真紀訳、紀伊國屋書店、一九九〇年）
The Wake of Deconstruction, Oxford: Blackwell, 1994.
The Feminist Difference: Literature, Psychoanalysis, Race, and Gender, Cambridge, MA: Harvard University Press, 1998.
Mother Tongues: Sexuality, Trials, Motherhood, Translation, Cambridge, MA: Harvard University Press, 2003.
Persons and Things, Cambridge, MA: Harvard University Press, 2008.
Moses and Multiculturalism, Berkeley: University of California Press, 2010.（死後刊行）
A Life with Mary Shelley, with a foreword by Cathy Caruth; introduction by Mary Wilson Carpenter; and essays by Judith Butler and Shoshana Felman, Stanford and California: Stanford University Press, 2014.（死後刊行）

また、特に重要な翻訳としては以下のものがある。

Jacques Derrida, *Dissemination*, Chicago: University of Chicago Press, 1981.（ジャック・デリダ『散種』藤本一勇・

立花史・郷原佳以訳、法政大学出版局、二〇一三年)
Stéphane Mallarmé, *Divagations: The Author's 1897 Arrangement; Together with "Autobiography" and "Music and letters"*, Cambridge, MA: Harvard University Press, 2007.(ステファヌ・マラルメ「ディヴァガシオン」松室三郎訳、『マラルメ全集』第II巻、筑摩書房、一九八九年)

ジャック・デリダが哲学研究の舞台で実践した「脱構築(deconstruction)」という方法(テクストの読み方)は、一九七〇—八〇年代にアメリカに移植され、文学研究に計り知れないインパクトを与えた。アメリカの脱構築批評を精力的にリードしたのは、当時イェール大学に在職していた四人の研究者——ポール・ド・マン、ハロルド・ブルーム、J・ヒリス・ミラー、ジェフリー・ハートマン(いわゆる"Big Four")——である。「イェール学派(Yale School)」と総称された彼らは、各自の研究領域で文学テクストの斬新な「読み」を実践する一方で、才気溢れる多くの弟子たち(イェールの「第二世代」)を育て上げた。ド・マンに師事したジョンソンもこの「第二世代」を代表する研究者の一人であり、文学テクストの読みに、デリダやジャック・ラカン(一九〇一—八一年)の思想を誰よりも果敢に移入している。

ジョンソンの研究は、ド・マンとの出会いから開始されたと言っても過言ではないだろう。最初に刊行された『詩的言語の脱構築』は、ド・マンに捧げられているし、本書の総エピグラフには、前年に刊行されたド・マンの主著『読むことのアレゴリー——ルソー、ニーチェ、リルケ、プルーストにおける比喩的言語』(土田知則訳、岩波書店、二〇一二年)から採られた三一行にも及ぶ文章が選ばれているからである。

この二冊は、ジョンソンの著作の中でも、ド・マンの脱構築的な読みの手法を、最も積極的に受け継いでいる。ド・マンとの違いをあえて指摘するなら、おそらく「明晰さ」ということになるだろう。だが、それは必ずしも、ジョンソンの著作が簡明だということではない。扱われている対象は晦渋で知られる詩人マラルメや、ラカン、ロラン・バルト、デリダといった現代思想の猛者たちである。少しも簡明と言われる理由はない。だが、そこにはド・マン特有の、あの曰く言い難い論理のねじれ、不連続性といったものはほとんど見られない。彼女の精緻でエネルギッシュな言説を粘り強くたどって行きさえすれば、必ずやその斬新な試みの価値や可能性を探り当てることができるだろう。

　本書は、テクストの内にとどまり、テクストを精密に読むという脱構築批評本来の姿勢を揺るぎなく保持している。こうした姿勢は、時として、テクスト中心主義と揶揄されることもあった。ジョンソンの読みは、次の書物『差異の世界』以降、「言語」や「テクスト」への関心を維持したまま、テクストの外部へとその実践領域を拡大していく（ちなみに、彼女のよき理解者だったリンジー・ウォーターズは、*Persons and Things* をド・マンからの完全な独立宣言と捉えている）。つまり、本書はジョンソンの全著作の中でも、本来的な意味での脱構築批評を最も誠実かつ鮮やかに実践している、特筆すべき一冊と言えるのだ。二〇一四年、ハーヴァード大学の教え子たち四人が彼女の著作選集（*The Barbara Johnson Reader: The Surprise of Otherness*, edited by Melissa Feuerstein, Bill Johnson González, Lili Porten, and Keja Valens, with an introduction by Judith Butler, and an afterword by Shoshana Felman, Durham and London: Duke University Press）を刊行しているが、そこには本書全七編のうち四編（1・3・6・7章）が収録されている。本書がジョンソンの初期を代表する著作であることは、こうした事実からも確認されるだろう。

　ところで、ジョンソンはこの初期の主著で何を訴えようとしたのか。その主張は無論、一つに集約できるものではない。だが、ここには他の著作にも通底する重要な問題意識を確認することができる。それは、彼女の複数の著作タイトル、そして本書の至る所に散種された「差異（difference）」という語と緊密に関わっている。

脱構築批評は同一性（identity）や統一性（totality）に還元されない「差異」の作用＝戯れを執拗に暴き出すことで、二項対立的な思考図式を転覆しようとする。つまり、脱構築批評にとって、「差異」はいわば欠かせない枢要理念なのだ。だが、「差異」がただ単にあるものと別のものの違いを指し示す用語にすぎないとすれば、差異的な思考は脱構築批評みずからが批判する二項対立的な思考図式を敷衍するにとどまるだろう。

A対Bという対立は、AとBのあいだの対立——ジョンソンの言う“difference *between*”——を意味するが、こうした従来型の二項対立図式では、A・Bそれぞれの同一性や統一性＝総体性が恒久不変のものとして前提されている。つまり、A・Bの差異を画定＝確定しているかに見えるA対Bという図式も、結局その深層においては、A・Bそれぞれの同一性や統一性＝総体性を確保し、維持するための装置として機能している、ということだ。

ジョンソンが前景化し、積極的に議論しようとしているのは、そうしたロゴス的な差異ではない。彼女は、「差異」という概念に論理的な二項対立とは無縁の、極度に反ロゴス的な意味を読み込もうとしているのだ。「あいだの差異（difference *between*）」に対し、ジョンソンはそれを「内なる差異（difference *within*）」と呼ぶが、本書を貫いているのは、テクストを生動化するもの、つまりこの「内なる差異」の摘出にほかならない。「内なる差異」は、「あいだの差異」とは異なり、テクストや精神の同一性・統一性を保証しない。それは逆に、テクストや精神を絶えず揺るがし、不安定にする。本書のタイトル *The Critical Difference* は、まさにこの「内なる差異」を名指している。つまり、“critical difference”とは「批評的差異」であると同時に、「批判的差異」、「危機的差異」、「決定的差異」、「臨界的差異」でもあるのだ。

「内的差異」とも称される、このみずからとの差異、すなわち、AのA自体からのずれという視点は、本書の「緒言」からも推察されるとおり、ジャック・デリダの「差延（différance）」という用語に由来している。また、ジョンソン自身は具体的に言及していないが、『プルーストとシーニュ』（一九六四年／宇波彰訳、法政大学出版局、一九七四年）や『差異と反復』（一九六八年／財津理訳、河出書房新社、一九九二年）のジル・ドゥルーズ（一九二五―九五年）もまた、差異を孕む反復やテクストの創造的な運動を論じる際、「内的な差異（différence interne）」、「内化された差異（différence intériorisée）」といった言葉を使用している。議論の内容や形式はそれぞれ異なるが、三者はいずれも相同的な思考の場で各自の主張を展開していると言えるだろう。

　では、ジョンソン――そして、ドゥルーズ、デリダ――はなぜ、「あいだの差異」ではなく、「内的差異」にこだわるのか。テクストや精神の安定した同一性・統一性を揺るがし、それらを内部から突き崩す「内なる差異」が、なぜそれほど重視されなければならないのか。一言で言えば、それが精神やテクストの「運動」、すなわち「生の動き」を把捉可能にする、おそらく唯一の視点だからである。ドゥルーズやデリダが「生の哲学者」だとするなら、ジョンソンは紛れもなく「生の批評家」ということになるだろう。

　構造主義によって提示されたA対B型の二項対立図式が、簡明で実用的であることは否定できない。だが、この図式では、A・Bそれぞれの内で蠢《うごめ》き、両者を運動体あるいは生命体として機能させている「差異」の動き（「内的差異」、「差延」）を把捉できない。A対B型の二項対立図式に押し込められた瞬間、A・B双方はたちまち生来の動きを停止し、不変の「同一性」・「統一性」へと凍結されてしまうからだ。つまり、A・Bはもはや生あるものではなく、ピンで刺し止められた昆虫標本のように、その「生」を失うのだ。ジュリア・クリステヴァ（一九四一年生）に先立つ構造主義が「静態的構造主義」と呼ばれる最大の理由は、おそらくそこにあるだろう。

ジョンソンが本書のすべての論考で提起していることの本質は、疑いなく、精神やテクストを「生」の側から、動くものとして認識することにある。精神は確たる不動性、いわゆる不変のアイデンティティを有してはいない。それは、揺動や変化の可能性を常に包み持っている。生あるものとは結局、そうした運動体以外の何ものでもないのだ。

二項対立的関係を議論することがすべて不毛だというわけではない。だが、A・Bそれぞれの内部で生じている差延的、脱構築的な動きに目をやらない限り、事の本質には届かない。そして、それはテクスト、つまり言語も同じである。言語にはロゴス的な原理に従いつつも、そうした原理をその内部から切り崩す、反ロゴス的な力が常に作用している。そして、この不穏極まりない力が、言語あるいはテクストに力強い生命を吹き込むのだ。ジョンソンが本書で主張しているのはおそらくそういうことだと思われる。自己の中に、自己と相容れない自己の姿を確認し続けること、テクストや言語の内に、それらの論理を切り崩す「差異」の契機を見つめ続けること。それこそが自己、そしてテクストを、生あるものとして読むということなのだ。ジョンソンの仕事がマラルメに関わる論考に始まり同じマラルメの『ディヴァガシオン』の翻訳で終わるのは、まさに象徴的である。批評という舞台に登場した彼女は、最初から最後まで、テクストを生あるものとして読むことを、おそらく誰よりも軽快に遂行＝実演し続けたと言えるだろう。

*

バーバラ・ジョンソンの著作を翻訳するのは、これが二度目になる。本書には最初に翻訳した『詩的言語の脱構築』と重複する部分もあるので、翻訳の作業を進めながら、幾度となくその当時を思い出した。

今から二〇年ほど前のことである。あの頃、「脱構築批評」は徐々に翳りをみせ、往年の勢いを失い始めていたが、私にとっての批評はそれでもなお「脱構築批評」だった。そして、現在に至るもその思いは変わっていない。ジョンソンの仕事は抜きん出た知性の輝きを放っていた。中でも本書は別格だった。ポール・ド・マンの書物には読者の理解を拒むような敷居の高さがあるが、本書にはそれがほとんど感じられない。それもたぶん、貴重な魅力の一つだったに違いない。本書からは数えきれないほどたくさんのことを教わった。法政大学出版局のリーフレットに寄せた表現を使わせていただくなら、私にとっての『批評的差異』は、「永遠の座右の恋人、二〇代の頃ひとめぼれし、今までずっと付き合ってきた恋人」のような存在だった。同世代には、同種の感慨を抱かれる方も少なからずおられるに違いない。この本に出会わなければ、私の学究生活は確実に今とは別の道をたどっていただろう。誇張ではなく、私にとって本書のインパクトはそれほど大きかったのだ。二〇一二年にド・マンの『読むことのアレゴリー』の翻訳を刊行した時、翻訳の仕事に関わるのはこれで最後にしようと思った。だが、どうしても訳しておきたい書物がもう一冊残されていたのだ。それが本書である。

この仕事を進め、無事刊行に漕ぎ着けることができたのは、本書の翻訳を提案され、最初から最後まで隙のない正確な作業をしてくださった、法政大学出版局の岡林彩子さんのおかげである。彼女の並々ならぬご助力に心より感謝したいと思う。

この拙い遅ればせの訳業が偉大な著者へのささやかな賛辞のしるしになるなら、これ以上の悦びはない。

二〇一六年五月九日

土田知則

[ラ　行]

［ナ　行］

［ハ　行］

［マ　行］

［ヤ　行］

人名索引

・本文に登場する人名を以下に掲げる．神話や伝説に登場する人名・神名，文学作品などの登場人物は対象としなかった．

［ア　行］

［カ　行］

［サ　行］

［タ　行］

《叢書・ウニベルシタス　1046》
批評的差異　読むことの現代的修辞に関する試論集

2016 年 7 月 25 日　初版第 1 刷発行

バーバラ・ジョンソン
土田知則 訳

発行所　一般財団法人 法政大学出版局
〒102-0071 東京都千代田区富士見 2-17-1
電話 03（5214）5540　振替 00160-6-95814
組版 村田真澄　印刷 ディグテクノプリント　製本 誠製本

ISBN978-4-588-01046-0　　Printed in Japan

著　者

バーバラ・ジョンソン（Barbara Johnson）

1947年，ボストン近郊に生まれる．オバーリン・カレッジからイェール大学に進み，1977年，ポール・ド・マン（1919-1983年）のもとでPh. D.を取得（フランス語・フランス文学）．イェール大学でフランス文学・比較文学を講じた後，ハーヴァード大学に移り，2009年に亡くなるまで教授を務める．ディコンストラクション批評をリードした「イェール学派」の第二世代を代表する研究者の一人．邦訳されている著書には，本書のほか，『詩的言語の脱構築――第二ボードレール革命』（原著1979年／土田知則訳，水声社，1997年），『差異の世界――脱構築・ディスクール・女性』（原著1987年／大橋洋一・青山恵子・利根川真紀訳，紀伊國屋書店，1990年）がある．

訳　者

土田 知則（つちだ とものり）

1956年，長野県に生まれる．1987年，東京大学大学院人文科学研究科博士課程単位取得退学．現在，千葉大学文学部教授．専門はフランス文学・文学理論．著書に，『現代文学理論――テクスト・読み・世界』（共著，新曜社，1996年），『間テクスト性の戦略』（夏目書房，2000年），『文学理論のプラクティス――物語・アイデンティティ・越境』（共著，新曜社，2001年），『ポール・ド・マン――言語の不可能性，倫理の可能性』（岩波書店，2012年）ほか，訳書に，ショシャナ・フェルマン『狂気と文学的事象』（水声社，1993年），マーティン・マックィラン『ポール・ド・マンの思想』（新曜社，2002年），ジャック・デリダ『そのたびごとにただ一つ，世界の終焉』（全二冊，共訳，岩波書店，2006年），ポール・ド・マン『読むことのアレゴリー――ルソー，ニーチェ，リルケ，プルーストにおける比喩的言語』（岩波書店，2012年）ほかがある．